丈夫守則與「齊家」之道

「齊家」之道

清代家訓中的男性建構

何宇軒 ——

HO, Yu Hin Kelvin

著

推薦序

　　拜讀何宇軒博士大作《丈夫守則與「齊家」之道：清代家訓中的男性建構》，深覺選題甚具新意。過去的學術研究成果對於古代社會中「婦道」之討論極多，而有關「丈夫之道」則甚為少見。作者另闢蹊徑，梳理古籍中極其豐富而又乏人問津的資料，探討古代社會對男性作為「丈夫」的要求。這項成果正好填補了已成顯學的性別史研究中的某些空白，也為正在起飛的男性史研究添上色彩，是十分有意義的嘗試。

　　作者的研究回顧寫得相當詳細。取材方面，作者集中利用清代家訓文獻進行研究，可以說是選擇了相當具代表性的文本。雖然仍有其他材料可供深化有關探討（例如總集、別集、蒙書，甚至書畫等），但本書在無涯史料中選擇以家訓文獻作為切入點去討論「丈夫之道」這個新鮮課題，而且議論宏富，分析之際也盡量照顧到旁及其他史料之徵引，所以堪稱水準之作。

　　本書的剪裁頗為得宜，闡述亦具層次。引論之後立刻交代傳統社會男性人格之形成及清代家訓之歷史價值，為全書的討論核心鋪設了相當得體的背景陳述。其後詳論清代男性對自身性別角色之認知及其治家之道，最後別開生面地討論到清代社會中丈夫到底是得益者還是受害者的重大課題。結論部分亦能首尾兼顧，有力地綜合全書觀點。

　　宇軒多年來在學術領域裏努力不懈，黽勉上進，著述愈見豐贍。我非常樂見他第二本專著的出版，並衷心祝賀他百尺竿頭，

更進一步！

劉詠聰謹序於香港浸會大學歷史系

二零二一年六月二日

自序

2018年，拙著《言為心聲：明清時代女性聲音與男性氣概之建構》出版。本書原為筆者博士論文，經過適量的修訂，終能完成及刊行。書中採用女性著述及視角作為主要探討對象，證明了明清才女筆下對傳統男性人格曾有多番論述，我們可以清楚認識到「男性氣概」的構建，不一定只由男性來完成，當中或許有不少女性的聲音，正如傳統社會對女性的人格期許，同樣包含男女兩性的取態一樣。與此同時，該研究亦通過文本的解讀探究古代女性的個人思想與情感、她們對男性角色的性別期許、女性對古代社會中兩性的道德規範之反思。

2021年，拙著《丈夫守則與「齊家」之道——清代家訓中的男性建構》再次獲得出版的機會，實屬榮幸之至。於此，必須向是書之出版社秀威資訊科技股份有限公司致以由衷的感謝。另外，秀威編輯陳彥儒先生多所協助出版事項、封面設計及書稿校對，其專業精神與精益求精之態度，在此亦一併申謝。拙著原為筆者碩士論文〈「夫道」——清代家訓所呈現的男性人格〉（香港浸會大學哲學碩士論文，2013年），出版時經過適量的修改及增潤。本書得以完成，筆者特感謝劉詠聰老師、李伯重老師的啟發與指導。伯重老師對拙文的內容及觀點提出重要的修改建議，業師詠聰老師於百忙之中撥冗撰寫推薦序及予以鼓勵，亦在此一一道謝。

中國男性史研究的成果，逐漸增加，其發展趨勢由初期的「方興未艾」（拙文〈方興未艾：學術界的中國男性史研究〉

發表於《漢學研究通訊》，32卷4期〔2013年11月〕，頁1-10）演變至現時的「漸放異彩」，已逐漸出現不同性質的嘗試（拙文〈漸放異彩：中國男性史之賡續研究〉發表於《漢學研究通訊》，36卷4期〔2017年12月〕，頁26-35）。不過，筆者認為，與「成果豐碩」仍有一段距離。誠如當代女性及性別史權威學者曼素恩（Susan Mann）所言，傳統學術界向來以父系、父權來形容中國社會，但是目前男性研究的方向正在不斷發展，已不再局限於這些層面，她已提出在中國歷史及文化研究之中，「男性氣概」、男性的性別關係等議題應受到重視。由此觀之，男性史研究可以發揮的空間極其寬闊。前人從女性文本切入來看男性氣概之建構的研究仍然相當缺乏，拙著《言為心聲》審視兩性如何共同參與「男性建構」，盼能補苴罅漏。另外，男性的自身性別角色認知、兩性關係、男性管理家庭內部成員關係的觀念等議題，相關研究同樣不足，仍有待發掘及補充，故此筆者亦從相關課題入手。

在傳統社會，儒家早就提出「大丈夫」理想人格的追求，「大丈夫」是有志氣、有作為的男子，這個概念的提出，正體現了男性對自身價值的追求。要達到社會上對「大丈夫」、「男子漢」、「鬚眉」等期許，男性也曾面對種種壓力。家訓是一種極具價值的歷史文獻，它是可供深入探討男性自我角色認知，以及男性與家人關係的重要資源。本書的研究時段集中在清代（1644-1912），因為清代是了解傳統思潮向新思潮過渡的重要時期。此外，清代男性所撰家訓在內容、教化的方式等方面都有明顯的變化。本研究會集中於「夫道」的討論，審視清代家訓中男性人格的呈現及他們對家中女性成員關係的管理觀念。與此同時，亦會探討清代男性所受規範。筆者期望本文可以對清代性別

史研究作出增補與貢獻，因為以丈夫為主要探究對象，肯定對我們理解清代的夫妻關係具有極大的啟發性。

　　拙著以「丈夫守則與『齊家』之道──清代家訓中的男性建構」為題，旨在強調本文討論時段的重要性、史料採用的獨特之處；通過文本的解讀，展現清代男性已建立一套丈夫的守則及對家中女性成員關係的管理觀念，亦可從性別視角切入，重新審視丈夫的角色規範及性別期望。筆者必須指出，本研究以清代家訓及「為夫之道」去探究男性自我角色認知、男性與家人關係等課題，只屬初步努力，仍有不少尚待深化及補充的空間。然而，此等書寫並未普遍為學者所注意，若拙作可先作起步，並能引起學術界更關注男性史及進一步推動相關研究，將是筆者的莫大榮幸。

　　在人生歷程及無數次的問學場合之中，眾位老師、學長、同窗及師弟妹、同道的鼓勵與關懷、家人及朋友的包容及關愛，均是畢生難忘，銘感五內。由於筆者已於拙著《言為心聲：明清時代女性聲音與男性氣概之建構》〈自序〉中詳細交代及一一道謝，故此處不作贅述。誠如《言為心聲》〈自序〉所言，「千言萬語，盡在不言中，是書之出版確是人生中新階段的重要見證」，本書《丈夫守則與「齊家」之道》的出版，也見證教學工作上的轉變及磨練。雖然我不是才華洋溢的人，我無悔選擇學術之路，也珍惜師生的情誼。若我的人生經歷之分享和教學工作上能啟迪學生，於本人而言，這已經是最高的榮譽。在人生道路上，過往一年在疫情之中渡過，讓我進一步反思健康的寶貴，得之不易，也讓我體會到，很多看似舉手能觸及的事情，原來箇中的自由，是十分難能可貴的。既然能夠活著，請珍惜種種緣份及機會。

最後，謹分享一句很有意思的說話：「人生可悲的是不能重來，可喜的是它亦不需要重來」。人生苦短，有時不必太執著虛幻之事。活在當下，珍惜所有。

2021年6月10日

目次

第一章

導論

第一節：研究目的

　　過往學界曾長期視傳統社會女性為受害者，但在這種觀念逐漸淡出的今天，當我們重新客觀地審視古代兩性關係、權力分配等問題時，又會有什麼新的視角？[1]在一個父系中心社會裏，男性的自我要求是怎樣的？傳統社會又是否真的只優待男性？傳統學術界向來以父系、父權來形容中國社會，但是目前男性研究的方向正在不斷發展，已不再局限於這些層面。例如當代女性及性別史權威學者曼素恩（Susan Mann）提出在中國歷史文化研究的領域之中，我們應重視「男性氣概」、男性的人際關係、性別關係等議題。[2]男性研究是在女性研究的推動下發展出來的，與女性研究相輔相成，單單側重女性研究並不足以完全理解性別關係。[3]回顧過去有關男性史的研究，學者的努力集中在幾方面，包括男性交友（male friendship）、男性同性戀（male homosexuality）以及男性氣概（masculinity）等，但是男性對自

---

[1]　當代女性及性別史權威學者曼素恩（Susan Mann）曾提出社會性別作為一種分析視角，可以打破學術研究中的無形壁壘，詳參曼素恩著，楊雅婷譯：《蘭閨寶錄：晚明至盛清時的中國婦女》（台北：左岸文化事業公司，2005年），頁380。而另一位性別史權威學者伊沛霞（Patricia Buckley Ebrey）亦指出「最好的婦女史不僅告訴我們歷史上的女人，婦女史挑動我們重新審視我們對歷史和歷史進程的理解」，詳參Patricia Buckley Ebrey, *The Inner Quarters: Marriage and the Lives of Chinese Women in the Sung Period* (Berkeley, L.A. & London: University of California Press, 1993), pp. 270-271。中譯文字據伊沛霞著，胡志宏譯：《內闈：宋代的婚姻和婦女生活》（南京：江蘇人民出版社，2004年），頁239。換言之，以性別視角切入研究歷史，有助我們進一步了解歷史、認識歷史，所以面對古代兩性關係、權力分配等議題的探討時，我們需要更仔細地進行探究。

[2]　Susan Mann, "AHR Forum-The Male Bond in Chinese History and Culture," *American Historical Review*, vol. 105, no. 5 (December 2000), pp. 1600-1614.

[3]　周華山：《性別越界在中國》（香港：香港同志研究社，2000年），〈誰來界定「男性特質」？〉，頁43。

己的性別角色認知、兩性關係等方面的探討仍然有待加強。有見及此，筆者嘗試從男性對自我性別角色上的認知入手。在傳統社會，儒家已提出「大丈夫」理想人格的追求，例如在《孟子‧滕文公下》中，孟子就提出：

> 「富貴不能淫，貧賤不能移，威武不能屈，此之謂大丈夫」。[4]

「大丈夫」是具備志氣、節操與作為的男子，亦體現了男性對自我價值的追求。那麼，要達到社會上對「大丈夫」、「男子漢」、「好漢」、「男兒」、「鬚眉」等期許，男性對自己有什麼要求呢？家訓是一種極具價值的歷史文獻，它蘊含了男性對自我以至家族的管理理念，在「男性氣概」研究領域內較為有名的學者黃衛總（Martin W. Huang）更進一步提出研究家訓文獻是很好的切入點去審視「男子氣概」。[5]故此，家訓文獻可供深入探討男性自我角色認知以及男性與家人關係，是極為珍貴的歷史資源。基於男性史的研究方興未艾，可以發揮的空間極其寬闊，故此筆者希望在這方面努力。

本研究所選取的時限方面將集中在清代，因為清代是古代與現代社會的一個交界，是了解傳統思潮向新思潮過渡的重要時期。另外，清代男性撰著家訓在內容、教化的方式等方面都有明顯的變化。至於撰寫家訓的作者亦更多元化，包括有帝皇、官

---

[4]　趙岐（?-201）注，孫奭（962-1033）疏：《孟子注疏》（阮元〔1764-1849〕《十三經注疏》本；北京：中華書局，1980年），卷第六上，〈滕文公章句下〉，頁2710。

[5]　Martin W. Huang, *Negotiating Masculinities in Late Imperial China* (Honolulu: University of Hawai'i Press, 2006), pp. 187-190.

員、商賈等等，可見清代是家訓歷史發展的一個重要時期。[6]在男性研究中，男性的角色很多，例如父親、兒子、丈夫、兄長等等，筆者爬梳清代家訓文獻，發現家訓中除了訓誡晚輩為人子、為人女、為人婦之道外，還有不少關於「為人夫」的論述。[7]因此，本研究會集中於「夫道」的討論，審視清代丈夫的自我性別角色認知及他們對家中女性成員關係的管理觀念。筆者亦期望本研究可以對清代的性別課題作出增補與貢獻，尤其是以丈夫的角色為主要探究的對象，對於我們理解清代的夫妻關係有極大的啟發性。同時，若果我們能夠關注古代男性的角色，可以更全面地探討兩性關係，將有助我們更有深度地去研究中國性別歷史，這也是本文的核心所在。

第二節：研究回顧

（一）中國男性史研究

審視近期有關中國男性史的研究，男性史研究明顯地逐漸增潤。筆者曾嘗試把相關研究歸納，提出學者的努力集中在男性交友、男性同性戀、男性氣概等幾方面，並以〈方興未艾：學術界的中國男性史研究〉為題，發表研究回顧，探討以上議題的研究成果，亦提出反思及建議。[8]然而，本文也必須補充提出男性史研究陣容逐漸擴大，亦衍生了一些新視野及嘗試，例如男性消費行

6 　有關清代家訓的歷史發展，可參考本書第三章〈清代家訓的歷史價值〉。
7 　參拙文〈家訓文獻的性別面貌〉，收入劉詠聰編：《性別視野中的中國歷史新貌》（北京：中國社會科學出版社，2012年），頁220。
8 　拙文〈方興未艾：學術界的中國男性史研究〉發表於《漢學研究通訊》，32卷4期（2013年11月），頁1-10。

為（male consumer behavior）及男性形象（male images）等。就前者（男性消費行為）而言，較具代表性的有巫仁恕的〈士商的休閑消費與男性特質〉一文，該文後來又收入作者《優游坊廂：明清江南城市的休閑消費與空間變遷》一書中。[9]巫仁恕對男性消費文化的關注，可促使學界反思男性史研究的未來方向，亦需注意古代男性群體行為、消費觀念、日常生活史的探究。詳見筆者為巫氏一書所撰書評，[10]於此不作贅述。至於後者（男性形象），連同近期的中國男性史研究成果，亦以〈漸放異彩：中國男性史之賡續研究〉為題，發表研究回顧，進一步析論中國男性史之賡續研究及研究趨勢。[11]另外，筆者亦曾對中國男性史研究論著進行選輯，撰寫〈中國男性史研究論著目錄〉，亦已見刊。[12]由於筆者已發表專文綜述過往的中國男性史研究成果，此處不煩重複各研究範疇的成果，將集中展示「男性氣概」研究的特色。

男性氣概的研究源自西方，周華山指出自60、70年代女性主義對父權制的抨擊，使學者反思父權制對自身的影響，並深入思考長久以來父權制如何塑造、建構特定社會文化的男性形象及男性特質。[13]周華山認為男性化與女性化、男子氣、男子漢都

9　巫仁恕：〈消費與性別：明清士商的休閑購物與男性特質〉，《明清史研究》，第36輯（2011年10月），頁1-36；亦收入其《優游坊廂：明清江南城市的休閑消費與空間變遷》（台北：中央研究院近代史研究所，2013年），〈士商的休閑消費與男性特質〉，頁293-342。巫氏《優游坊廂》一書著力探究明清時期江南城市居民的休閑消費活動，並呈現這些群體活動如何令空間的結構作出改變，箇中也展現出社會關係及權力分配等重要議題的考察。

10　參拙書評〈優游坊廂：明清江南城市的休閑消費與空間變遷〉，《中國史研究》（大邱），第88輯（2014年2月），頁273-278。

11　拙文〈漸放異彩：中國男性史之賡續研究〉發表於《漢學研究通訊》，36卷4期（2017年12月），頁26-35。

12　拙作〈中國男性史研究論著目錄〉發表於《書目季刊》，49卷2期（2015年12月），頁105-121。

13　周華山：《性別越界在中國》，〈誰來界定「男性特質」？〉，頁43。

是特定歷史、文化的產品，是因時地而變異的流動概念。而且，西方大部分男性研究的英語著作，以書名為例，就堅持以眾數的masculinities，從而突顯男性形象及身份是多元、不一而足的。[14]就男性氣概的研究而言，這些西方的著作甚多，從不同的層面去分析男性氣概，屬於一般性的理論。[15]

而以中國社會及文化為主題分析男性氣概的著作，值得注意的有黃衛總的《中華帝國晚期的男性構建》（*Negotiating Masculinities in Late Imperial China*）、宋耕（Song Geng）的《文弱書生：中國文化中的權力與男性特質》（*The Fragile Scholar: Power and Masculinity in Chinese Culture*）、雷金慶（Kam Louie）的*Theorising Chinese Masculinity: Society and Gender in China*、韓獻博的"Male Honor and Female Chastity in Early China"、Joanne D. Birdwhistell的《孟子與男性氣概》（*Mencius and Masculinities: Dynamics of Power, Morality, and Maternal Thinking*）、管佩達（Beata Grant）的"*Da Zhangfu*: The Gendered Rhetoric of Heroism and Equality in Seventeenth-Century Chan Buddhist Discourse Records"、Susan Brownell及Jeffrey N. Wasserstrom合編的*Chinese Femininities/Chinese Masculinities: A Reader*、周華山的《性別越界在中國》等等；同時，不能忽略的

---

[14] 同上。

[15] 例如有Harry Brod的*The Making of Masculinities: The New Men's Studies*、米高・康母（Michael Kimmel）的《改變男人：男人與男性化研究新方向》（*Changing Men: New Directions in Research on Men and Masculinity*）、Peter F. Murphy的*Feminism and Masculinities*、米高・康母及R.W. Connell合編的*Handbook of Studies on Men & Masculinities*等等，西方的男性氣概著作甚多，難以詳列，詳參Harry Brod, *The Making of Masculinities: The New Men's Studies* (Boston: Allen & Unwin, 1986); Michael S. Kimmel, *Changing Men: New Directions in Research on Men and Masculinity* (Newbury Park, Calif.: Sage Publications, 1987); Peter F. Murphy, *Feminism and Masculinities* (Oxford; New York: Oxford University Press, 2004); Michael S. Kimmel and R.W. Connell (eds.), *Handbook of Studies on Men & Masculinities* (Thousand Oaks, Calif.: Sage Publications, 2005).

是以近現代中國戰爭的歷史為主題分析男性氣概的著作，值得注意的有王詩穎《國民革命軍與近代中國男性氣概的形塑，1924-1945》。另外，以中國的文學作品去探討男性氣概，有謝鵬雄《文學中的男人》、范揚《陽剛的隕沉：從賈寶玉的男女觀談中國男子氣質的消長軌跡》、陳少華《閹割、篡弒與理想化：論中國現代文學中的父子關係》、曾佩琳（Paola Zamperini）的《失身：中國小說中的賣淫與男性氣概》（*Lost Bodies: Prostitution and Masculinity in Chinese Fiction*）、楊雨的〈中國男性文人氣質柔化的社會心理淵源及其文學表現〉、段江麗的〈「傳統」中的「現代性」──中國古代文學中的「審父」意識〉等等。

就一般性的理論而言，筆者嘗試歸納出男性氣概的一些要點。首先，男性氣概的定義在不同時代有不同的意義，而是可轉變的概念，是建基於社會及文化。[16]另外，男性氣概的定義大致上有一套相似的特點，縱使不同的國家及文化會有差異，[17]例如男性氣概是男人有能力控制周遭事物、男人在困境時比女人堅毅；[18]男子氣概是一種責任，真正具有男子氣概的男人會盡自己最大努力擴大自己的榮譽，在公共領域內贏得光榮和尊敬。[19]男

---

[16] 詳參Peter N. Stearns, *Be A Man!: Males in Modern Society* (New York: Holmes & Meier, 1990), p. 249; Larry May, *Masculinity and Morality* (Ithaca: Cornell University Press, 1998), pp. 150-151; 曾立煌：《男人本色》（香港：基道出版社，1999年），頁12-13; Christopher E. Forth, *Masculinity in the Modern West: Gender, Civilization and the Body* (Basingstoke; New York: Palgrave Macmillan, 2008), p.3; Todd W. Reeser, *Masculinities in Theory: An Introduction* (Chichester; Malden, MA: Wiley-Blackwell, 2010), p. 218.

[17] 例如溫柔的白面書生是傳統中國的理想男性形象，但在美國卻被視為缺乏陽剛味的娘娘腔。詳參周華山：《性別越界在中國》，〈誰來界定「男性特質」？〉，頁43。

[18] 曾立煌：《男人本色》，頁12-13。

[19] 皮埃爾・布爾迪厄（Pierre Bourdieu）著，劉暉譯：《男性統治》（深圳：海天出版社，2002年），頁69。另參Victor J. Seidler, *Unreasonable Men: Masculinity and Social Theory* (London; New York: Routledge, 1994), p. 117.

人只有在能夠做到某些事，控制某些事、自己或女人時，才會覺得自己有男子氣概；好男人必須致力於「自我改進」，例如鍛鍊、紀律、努力工作、節制嗜好、無懼困難等等。[20]而肯尼斯・克拉特鮑（Kenneth C. Clatterbaugh）的《男性氣概的當代觀點》（*Contemporary Perspectives on Masculinity*）更提出了不同團體或立場下對男性氣概所作的定義，例如「保守主義」認為男子氣概源自男性內在天性，或文明戰勝了自然；「擁女主義者」認為男子氣概是社會理想及刻板印象造成的結果；而「男權運動團體」則認為男子氣概是面對社會角色對個人的矛盾要求和男性相對無權力的情況所做的因應。[21]

再者，男性氣概是規定的、理想的概念，而非描述男性的實際情況，是男性自我及男性群體認同的理想，[22]由此，可以思考男性氣概，大致上是一種理想的層面，到底男子在社會立足，以至在家庭的角色，是否可以完全達成這些對男性性別上的要求？周華山以美國社會把男性文化視為一種權力關係去分析，指出「霸權男性特質」（hegemonic masculinity）的概念的結果就是「男人雖然是父權體制的既得利益者，但男人同樣是父權的受害者」。[23]總括而言，男性氣概是一種理想的性別模式，具備可變

---

[20] 山姆・基恩（Sam Keen）著，張定綺譯：《新男人：21世紀男人的定位與角色》（台北：時報文化出版企業有限公司，1994年），頁167-173。

[21] 肯尼斯・克拉特鮑（Kenneth C. Clatterbaugh）著，劉建台、林宗德譯：《男性氣概的當代觀點》（台北：女書文化事業有限公司，2003年），頁347。

[22] Martin W. Huang, *Negotiating Masculinities in Late Imperial China*, p. 185; Harry Brod 亦認為男性研究的發展會從男性的真實生活入手，詳參Harry Brod, *The Making of Masculinities: The New Men's Studies*, p. 16; Peter N. Stearns 認為沒有男人可以完全達成男性性別要求，男性在性別上的責任是可以轉變的，詳參Peter N. Stearns, *Be A Man!: Males in Modern Society*, p. 249。

[23] 周華山：《性別越界在中國》，〈排斥女人與一切「女性化」價值的霸權男性特質〉，頁47。

的特質，不同的社會、文化、時代，男性氣概的定義也有相異之處。而筆者亦認同男性氣概其實是相對的概念，男性化與女性化並不是自存的本質觀念，而是彼此依賴的相對關係。[24]

以中國社會及文化為主題分析男性氣概的著作，如前文所引，黃衛總分析了在儒家影響下明清時期男性氣概的建立，並運用儒家典籍、政治論著、小說作品等方面加以論述，例如，英雄及好漢在《三國演義》、《水滸傳》中的呈現，真英雄可以犧牲自己的妻子以保護朋友，表現出「兄弟如手足，夫婦如衣服」的男性氣概。[25]作者認為這些著作中都呈現了男性的憂慮。[26]另外，宋耕嘗試從中國古代文學作品中探究才子的形象，指出當時的男性對社會性別的建構與政治文化之間緊扣的關係。宋耕更指出近代中國前的社會性別是以權力為基礎的，因此男性文人在身體上的了解（例如性特徵），也與政治有所關連。[27]而作者亦認為傳統的中國文學中，反映了男性幻想、恐懼及男性對社會及文化的看法，指出了男性主導的社會，視女性為男性網絡的一種威脅。[28]

---

[24] 同上，〈誰來界定「男性特質」？〉，頁43-45。

[25] Martin W. Huang, *Negotiating Masculinities in Late Imperial China*, pp. 131-132. 黃衛總更進一步提出研究家訓文獻是很好的切入點去審視「男子氣概」，他亦採用了少許家訓的著作作為分析，如汪輝祖（1731-1807）的家訓等，但是筆者認為在搜羅家訓文獻上仍可擴大搜索的範圍，詳參Martin W. Huang, *Negotiating Masculinities in Late Imperial China*, pp. 187-190.有見及此，筆者在黃衛總的研究基礎上得到啟發，並著力搜羅清代家訓文獻，並以「夫道」為核心，撰寫了拙著《丈夫守則與「齊家」之道——清代家訓中的男性建構》。筆者在撰寫的過程中，曾觸及清代男性的「夫道」及其管理家中女性成員關係的概念。透過梳理清代家訓、文集等不同文獻，發現清代男性對如何彰顯「夫道」、如何達到「齊家」之道已建立了一套丈夫的守則。與此同時，筆者亦發現清代男性除了享有不同的權利及地位，也面對不同層面的規範及性別壓力。

[26] *Ibid.*, p. 199.

[27] Geng Song, *The Fragile Scholar: Power and Masculinity in Chinese Culture* (Hong Kong: Hong Kong University Press, 2004), pp. 171-172.

[28] *Ibid.*, pp. 3、178.

再者，雷金慶認為男性氣概不只是等同父權制，而是從父權社會所建立的性別規律，故此男性氣概需要更細緻的考究。[29]雷金慶解釋了在中國社會中存在的兩種男性氣質：「文」與「武」。「文」強調的是文化上的內涵，溫文爾雅的男性氣質，例如才子、文人；「武」則帶有剛強、尚武氣質，更有一種武俠形象，強調的是身體上的力量。「文」與「武」的分別在於這些尚武俠士都以承諾、義氣為重，不太重視兩性情欲，男性之間的交友尤其重要。[30]作者亦提出了傳統中國及西方所定義的男性氣概，帶有分歧的元素，例如中國傳統的男子有英雄、好漢、才子、文人，然而西方的男子漢強調體格上的健壯。[31]韓獻博提出了男性榮譽及女性貞節的問題，貞節的出現與男性榮譽彼此相應，並非沒有關連。在早期中國，男性氣概文化的體現，例如男性保持個人聲譽、避免恥辱，重視個人行為及操守，追求義、忠、勇等等。再者，義多與男性有關，但是女性嫁了給男性，女性也需遵守，故此女性不但要行為、舉止得宜，也不能使丈夫的榮譽及名聲有所損失。[32]

Joanne D. Birdwhistell的《孟子與男性氣概》（*Mencius and Masculinities: Dynamics of Power, Morality, and Maternal Thinking*）提出孟子的哲學及政治思想蘊含了母性的想法，作者認為孟子自小失去父親，在母親的撫養下形成了母性想法。另外，作者又指出孟子對兩種表現「男性氣概」的形式提出爭議，

---

[29] Kam Louie, *Theorising Chinese Masculinity: Society and Gender in China* (Cambridge: Cambridge University Press, 2002), p. 5.

[30] *Ibid.*, p. 77.

[31] *Ibid.*, pp. 8-9.

[32] Bret Hinsch, "Male Honor and Female Chastity in Early China," *Nan Nü: Men, Women and Gender in China*, vol.13, no. 2 (September 2011), pp. 169-204.

其一是農業性質的「男性氣概」，如神農氏；其二是自我中心的「男性氣概」，如魏惠王（姬罃，前400-前319；前369-前319在位）。Joanne D. Birdwhistell亦申述孟子所論的理想男性人格帶有陰柔特質，例如統治者對待百姓就如百姓的父母，需具備關懷、培育等等，包含了母性的想法。[33]由此可見，孟子的哲學及政治思想中同時存在「男性氣概」與「女性氣質」的特點。管佩達則從佛教的角度，提出了男性對於「大丈夫」的追求，「大丈夫」蘊含了個人道德的要求，體現了男性氣概的呈現，女尼的自我修身，也以「大丈夫」作為借鑑。[34]而Susan Brownell及Jeffrey N. Wasserstrom合編的 *Chinese Femininities/Chinese Masculinities: A Reader*，也提出了中國歷史中男性氣概被定義為與其他男性的競爭（身體上、精神上），而女性氣質則與性愛的互相吸引、生殖上的成功有關。[35]

　　而以近現代中國戰爭的歷史為主題分析男性氣概的著作，如前文所引，有王詩穎《國民革命軍與近代中國男性氣概的形塑，1924-1945》。該研究的對象是國民革命軍，研究的主要時段則涵蓋北伐之前的黃埔軍校、北伐戰爭、剿共戰爭及抗日戰爭。王詩穎強調此研究不限於戰爭及衝突的描述，而是以男性研究的角度，在話語、意識形態及文化意涵方面，分析「男性氣概」在國家、軍隊、知識份子，以至女性角色各方面是如何形塑出來的。王詩穎以戰爭結合「男性氣概」進行研究，可以讓學界重新思考

---

[33] Joanne D. Birdwhistell, *Mencius and Masculinities: Dynamics of Power, Morality, and Maternal Thinking* (Albany: State University of New York Press, 2007), pp. 1-6.

[34] Beata Grant, "*Da Zhangfu*: The Gendered Rhetoric of Heroism and Equality in Seventeenth-Century Chan Buddhist Discourse Records," *Nan Nü: Men, Women and Gender in China*, vol. 10, no. 2 (September 2008), pp. 177-211.

[35] Susan Brownell and Jeffrey N. Wasserstrom (eds.), *Chinese Femininities/Chinese Masculinities: A Reader* (Berkeley: University of California Press, 2002), p. 364.

以性別視角分析戰爭史的方法。軍人的形象及其建構，本身就呈現出「男性氣概」的典範。另外，作者加入女性角色來輔助分析「男子氣概」，除可收相輔相成之效外，也有助重申「性別研究」不能只集中某一性別，要考慮到不同性別的立場，才可更有效地呈現出整體的性別面貌。[36]

另外，以中國的文學作品去探討男性氣概，有前文所提及范揚的研究，描寫的對象是賈寶玉在《紅樓夢》的具體形象及個性，范揚提出了男子氣質是一種文化的衍生物，也可能就是文化本身。[37]一個具體男子的氣質，未必就是男子氣質，男子氣質往往是由傳統的男性角度來界定的，滲入了社會對男性的評價。賈寶玉在「男子要以大男子自居、正人君子自居」的社會，是一種對性別角色的逃避。[38]楊雨則提出了中國傳統文化規定了男性「陽剛」的性質，然而在形象上往往也偏向於柔順謙卑。[39]曾佩

---

[36] 王詩穎：《國民革命軍與近代中國男性氣概的形塑，1924-1945》（台北：國史館，2011年）；另參拙文〈書評：國民革命軍與近代中國男性氣概的形塑，1924-1945〉，《歷史人類學學刊》，10卷1期（2012年4月），頁162-165。

[37] 范揚：《陽剛的隳沉：從賈寶玉的男女觀談中國男子氣質的消長軌跡》（北京：國際文化出版公司，1988年），頁2。

[38] 同上，頁33、201。

[39] 楊雨：〈中國男性文人氣質柔化的社會心理淵源及其文學表現〉，《文史哲》，2004年2期（2004年），頁107-112。陽剛和陰柔是我們常用的哲學概念。追溯歷史，《易經》中有「陰陽」觀，對於兩性關係已有所探討，詳參中國伙伴關係研究小組、閔家胤：《陽剛與陰柔的變奏：兩性關係和社會模式》（北京：中國社會科學出版社，1995年），頁18-22。例如《周易‧繫辭》便提到「乾道成男，坤道成女」參孔穎達疏：《周易正義》（阮元〔1764-1849〕《十三經注疏》本；北京：中華書局，1980年），卷第七，〈繫辭上〉，頁76。「乾道成男，坤道成女」的概念確定了男女的關係：男性是乾，女性是坤；男性是陽，女性是陰，男女與「陰陽」、「乾坤」等詞語連繫起來。陽剛、陰柔是一對的哲學與審美範疇，陽剛與陰柔是相對的，參謝舒妹：〈陰柔陽剛說新探〉，《瓊州大學學報》，2004年6期（2004年12月），頁71。綜觀現存有關陽剛文化、陰柔文化的研究而言，學者多從哲學思想、文學作品等方面去探討陽剛文化、陰柔文化，筆者亦嘗試從個別的文學作品探討陽剛及陰柔文化，例如拙文〈韓愈詩文的性別內容〉亦嘗試從個別文學家韓愈（768-824）的男性書寫，探討其作品之中除了呈現陽剛風格，筆下書寫的女性形象亦有其「柔性」一面（香港嶺南大學歷史系中

琳指出了晚期帝制中國的小說，以妓女的生活為題材，去表達社會及政治的訊息及取悅讀者。[40]作者認為小說中的妓院，是男性的世界，關於妓女題材的閱讀及寫作，是晚清男性了解其性別身份的重要環節。[41]男性對妓女題材的想像，也反映了男性氣概的表現為恐懼、憂慮、男性期許的想法（與女性的關連）。[42]

由此觀之，過往以中國歷史、社會及文化為主題分析「男性氣概」的著作，均從個別時期切入，當中以明清「男性氣概」之探討較為普遍。[43]不過，近來學界已嘗試對歷史上不同時代的「男性氣概」之具體狀況作出連貫的考察，可輔助學人更深入地觀察「男性氣概」於各個時段的轉變。值得關注的有韓獻博的《中國歷史上的男性氣概》（*Masculinities in Chinese History*）、雷金慶所編《演變中的中國男性氣概：由帝制國家的支柱變成全球化時代的男子漢》（*Changing Chinese Masculinities: From Imperial Pillars of State to Global Real Men*）及黃克武的《言不褻不笑：近代中國男性世界中的諧謔、情慾與身體》。

韓獻博的《中國歷史上的男性氣概》以通論形式分析自周

古史研討會〔25/05/2012〕宣讀論文；另刊於《中正歷史學刊》15期〔2012年12月〕，頁63-94）。

[40] Paola Zamperini, *Lost Bodies: Prostitution and Masculinity in Chinese Fiction* (Leiden; Boston: Brill, 2010), p. 17.

[41] *Ibid.*, pp. 104、186.

[42] *Ibid.*, p. 77.從研究視角看，曾佩琳這本著作甚具新意，確實可為現有的「娼妓」研究、以至「娼妓」與中國文學結合的研究帶來補充的空間，讓學界重新思考妓女題材小說與男性千絲萬縷的關係，因為無論是讀者群、作者，還是小說中的角色，大多都是男性。基於這個現象，作者認為小說中的妓院是男性的幻想世界；閱讀這些小說及寫作，可讓晚清男性了解其性別角色。作者重以上的觀點，也讓我們反思「性別研究」不應只局限於「女性」，學界也應關注「男性」的自我性別認知。參拙文〈書評：Paola Zamperini's *Lost Bodies: Prostitution and Masculinity in Chinese Fiction*〉，《漢學研究》，30卷4期（2012年12月），頁351-356。

[43] 參拙文〈方興未艾：學術界的中國男性史研究〉的第四部分〈自我認同：男性氣概〉（頁6-10）。

代（前1046-前256）以迄二十世紀九十年代的「男性氣概」之發展，而這些變化主要建基於政治、經濟、社會與宗教各方面的歷史轉變。[44]作者採用多元化的主題帶出個別朝代「男性氣概」的特色，例如漢朝（前206-220）及唐朝（618-907）皆析論男性名譽之維繫，而宋朝（960-1279）則討論男性文人如何透過文化資本的累積來提升個人地位。至於明朝（1368-1644），韓獻博嘗試觀察邊緣男性如「好漢」所呈現的丈夫氣概；及至晚清與民國時期，他著力於探討軍事式的「男性氣概」等。[45]另外，作者亦

---

[44] Bret Hinsch, *Masculinities in Chinese History* (Lanham, MD: Rowman and Littlefield Publishers, 2013).

[45] 有關晚清及民國時期所出現的軍事式「男性氣概」，我們不應忽略石韜（Nicolas Schillinger）的新著《晚清及民國早期的身體及軍事式男性氣概：治兵之道》（*The Body and Military Masculinity in Late Qing and Early Republican China: The Art of Governing Soldiers*）。此書探討晚清及民國早期的軍事改革，如何促使身體及「男性氣概」的觀念得以重建（the reconceptualization），而著者主要採用軍事演習指南、軍事規條、士兵及軍校學員所使用的教科書、新聞及期刊、專業軍事期刊等史料作為參考文獻。蓋因中日甲午戰爭（1894-1895）之發生，清朝最終落敗。因此，清政府決定推行軍事革新及參照德國與日本的軍制而建立「新軍」（New Armies）。作者提出，晚清的軍事改革者發現軍官、士兵及普通男性所出現的問題，主要是他們的身體較為虛弱，又缺乏尚武精神的培養和軍事技能之訓練。於是，這些改革家針對以上的弊病，他們嚴謹地制定養生之法及軍事規則，藉以協助戰士在身心方面皆有強健的表現。身體及「男性氣概」之建立，為本書的核心主題，石韜便有以下的看法：在身體方面，從軍男性所接受的軍事操練，務使他們的日常生活更有規律，如改善周遭環境的衛生狀況，令士兵的身體得以保持健康；同時，女性的身體也要維持良好的狀態，期盼孕育健康及強壯的嬰兒，有助於國家培育未來的軍事人才。至於「男性建構」方面，石韜認為，軍事文化可以塑造士兵及軍官的男子氣概，包括從人的外觀及行為兩方面切入。前者著重軍事制服及禮儀之制定，而後者側重於提升從軍者的專業水準、提倡尚武精神及鼓勵他們願意為國家而犧牲。另外，執行軍事變革的領導人物也建議「軍國民教育」，係指政府向人民推廣軍事教育，讓他們可以及早為軍事參與作出準備。最後，作者亦指出這些從軍男性成了「武」之男性特質的代表人物，並強調軍人對於民國時期的政治及社會帶來重要的影響，甚或於1917年，國內的報章曾出現「中國已成為武人世界」的專題報導。由此看來，晚清及民國時期的軍事文化，讓我們得知當時的革新者所採用的治兵之道，如何帶動身體及男性氣質等概念之建構，而「武」的男性氣概亦逐漸地得到一些社會人士的彰顯及認同。參Nicolas Schillinger, *The Body and Military Masculinity in Late Qing and Early Republican China: The Art of Governing Soldiers* (Lanham: Lexington Books, 2016), pp. 3-6、320-326.

指出研究中國「男性氣概」必須思量一些重要的因素，例如男性所建立的人際網絡、經濟與國際環境之轉變如何促使男性反思自身的定位等等。[46]

而雷金慶所編《演變中的中國男性氣概：由帝制國家的支柱變成全球化時代的男子漢》一書屬於會議論文集，[47]當中以帝制晚期及現今的中國為主要分析時期。[48]以晚期帝制中國為例，各學者帶出了此時期「男性氣概」研究的一些新面貌。作為男性，他們如何從親屬關係之建立去思考男性角色的性別期許？例如黃衛總以沈復（1763-1825）的《浮生六記》為探討對象，分析作為貧士的丈夫於追悼亡妻陳芸（1763-1803）而撰寫的詩作之中，也反映了作者對自身的「男性氣概」作出省思。[49]而在時局及社會經濟的轉變下，社會上不同身份的男性該怎樣自處？基於

---

[46] *Ibid.*, pp. 7-10.

[47] 香港大學文學院（Faculty of Arts, The University of Hong Kong）及香港大學中文學院（School of Chinese, The University of Hong Kong）曾先後舉辦兩次以中國「男性氣概」為主題的國際學術會議。其後，主辦者決定徵集相關論文及作出適度篩選，因此編成此書。第一次會議名為"Chinese Masculinities on the Move: Time, Space and Cultures-An International Conference"，並於2013年11月28-30日舉行，由the China-West SRT and the Louis Cha Fund in the Faculty of Arts, The University of Hong Kong贊助及香港人文學院（The Hong Kong Academy of the Humanities）作出支援。而第二次會議名為"Translating Chinese Masculinities: Chinese Men in Global Contexts-An International Conference"，於2014年12月12-13日舉行，由香港大學中文學院及英國國家學術院（The British Academy）共同贊助。兩次會議的詳情可參考以下網頁：http://arts.hku.hk/page/detail/1054及http://www.chinese.hku.hk/main/category/news-events/past-events-2013-14/。而筆者亦曾為首次會議撰寫專文作出簡介，拙文發表於*The Asian Studies E-Newsletter*（*The Association for Asian Studies*），2014年10月，參http://aas2.asian-studies.org/conferences/conference-reports-October-2014.shtm。

[48] 現今中國的「男性氣概」發展超出論文範圍，故此處不作贅述。相關內容詳參"Chinese Masculinity Today," in Kam Louie (ed.), *Changing Chinese Masculinities: From Imperial Pillars of State to Global Real Men* (Hong Kong: Hong Kong University Press, 2016), pp. 137-243.

[49] Martin W. Huang, "The Manhood of a *Pinshi* (Poor Scholar): The Gendered Spaces in *the Six Records of a Floating Life*," in Kam Louie (ed.), *Changing Chinese Masculinities: From Imperial Pillars of State to Global Real Men*, pp. 34-50.

明清蓬勃的都市及商業發展，吳存存從晚明小說《龍陽逸史》入手，探討男色平民化的現象，並指出小官（catamites）因應市場的需求從而累積可觀的財富及重新定義他們的性別角色；[50]而史麻稑則以花譜為主要參考的史料，分析十九世紀北京文人及商人所呈現的男性氣概，從中顯現了兩者對自身的社會地位所作出的角力。[51]至於楊彬彬則考究清代著名官員完顏麟慶（1791-1846）如何於《鴻雪因緣圖記》中以畫像和題記撰寫自我人生中的光榮片段及建構「男性氣概」。楊氏發現麟慶的自我形象書寫，由本來所著重的「文」之男性特質，其後演變為彰顯「武」的軍事才能。誠然，這種文武並重的轉變，除了有助於個人仕途的經營，亦與皇帝的取態、國家發生動亂因而提倡尚武風氣等因素有密切的關係。[52]

不過，此書以匯集會議論文為主，同時會議的籌辦者亦沒有嚴格地作出分析時段的限制，所以編者也強調此論文集並非忽視二十世紀中國「男性氣概」的觀察，恰巧主辦單位所收集的論文議題於時期上就出現了明確的分野。故此，編者指出這種分類更能突顯帝制晚期及現今中國「男性氣概」發展的相似及差異之處。[53]然而，此研究不但探討了晚期帝制中國中不同階層的男

---

[50] Cuncun Wu, "The Plebification of Male-Love in Late Ming Fiction: *The Forgotten Tales of Longyang*," in Kam Louie (ed.), *Changing Chinese Masculinities: From Imperial Pillars of State to Global Real Men*, pp. 72-89.

[51] Mark Stevenson, "Theater and the Text-Spatial Reproduction of Literati and Mercantile Masculinities in Nineteenth-Century Beijing," in Kam Louie (ed.), *Changing Chinese Masculinities: From Imperial Pillars of State to Global Real Men*, pp. 51-71.

[52] Binbin Yang, "Drawings of a Life of 'Unparalleled Glory': Ideal Manhood and the Rise of Pictorial Autobiographies in China," in Kam Louie (ed.), *Changing Chinese Masculinities: From Imperial Pillars of State to Global Real Men*, pp. 113-134.

[53] Kam Louie, "Introduction," in Kam Louie (ed.), *Changing Chinese Masculinities: From Imperial Pillars of State to Global Real Men*, p. 4. 而編者雷金慶亦邀請宋漢理（Harriet Zurndorfer）撰寫專論把中國「男性氣概」過去與現在的發展加以連

性，例如小官、貧士、商人及官員等等，也進一步反思「文」與「武」[54]及「陰」與「陽」等男性研究理論體系之應用，[55]其貢獻確實不容忽視。

至於黃克武《言不褻不笑：近代中國男性世界中的諧謔、情慾與身體》則探討明朝末年到民國初年之間「男性氣概」的演變。有趣的是，作者通過「幽默」文本的解讀從而考究男性的情緒、慾望、身體與男性氣概之塑造的關連，以期深入分析中國男性的「心態史」。[56]黃氏認為精英階層的男性是文本的創造者與主要的閱讀者，箇中展現了他們通過這類想像空間嘗試對社會規範加以挑戰。然而，這些文人又不能漠視各種禮教的制約，因而形成個人情慾追求與傳統道德思想之間的一種拉扯，也可一探男性從中所作出的種種掙扎。[57]

繫，亦期望對二十世紀中國「男性氣概」之發展作出概略的補充。她以中國的一夫多妻制和男性氣概之間的關連作出分析，詳參Harriet Zurndorfer, "Polygamy and Masculinity in China: Past and Present," in Kam Louie (ed.), *Changing Chinese Masculinities: From Imperial Pillars of State to Global Real Men*, pp. 13-33.

[54] Mark Stevenson, "Theater and the Text-Spatial Reproduction of Literati and Mercantile Masculinities in Nineteenth-Century Beijing," pp. 51-71 及 Binbin Yang, "Drawings of a Life of 'Unparalleled Glory': Ideal Manhood and the Rise of Pictorial Autobiographies in China," pp. 113-134.

[55] 即如李木蘭（Louise Edwards）以審美角度討論《紅樓夢》中男女角色在衣著及打扮方面所展現的男性特質，繼而重新思考「陰」與「陽」的應用，參Louise Edwards, "Aestheticizing Masculinity in *Honglou meng*: Clothing, Dress, and Decoration," in Kam Louie (ed.), *Changing Chinese Masculinities: From Imperial Pillars of State to Global Real Men*, pp. 90-112.

[56] 「幽默」文本係帶有閒趣及諧謔性質的著述，而且屬「言不褻不笑」，因此與情慾及身體的猥褻話題相關。作者主要採用明清笑話書、俗曲、艷情小說及民初報紙的醫藥廣告等史料作為參考文獻，例如有《笑林廣記》、《笑得好》、《鏡花緣》、《白雪遺音》、《肉蒲團》、《姑妄言》、《浪史》、《空空幻》、《癡婆子傳》、《醉春風》及《申報》等。詳參黃克武：《言不褻不笑：近代中國男性世界中的諧謔、情慾與身體》（台北：聯經出版事業股份有限公司，2016年），頁6-24。

[57] 同上，頁10。

依據黃克武的觀點，「男性氣概」的界定，與男性之情慾生活及對女性身體的想像具有緊密的聯繫。男子必須對「色」擁有一定的認知，並重視性能力的增強及性技巧的熟練，亦能夠觸發女性的性高潮。此外，他們筆下的女性都有「花癡化」之傾向，她們雖因禮教束縛而壓制自己的情慾，然而，只要男方作出挑逗，女性也會解放自我及追求性愛的享樂。同時，男性文人也致力於塑造「天下無妒婦的烏托邦」，亦呈現了他們極其厭惡女性嫉妒之表現。[58]作者也表示明清之後這種情慾表現及身體觀念經歷了轉型，尤其是現代國家的建立與科學知識的進步，都促使相關的管制與保障進一步加強。不過黃氏指出這個演變仍有待深入探討，是次研究只屬初步的嘗試。[59]更重要的是，黃克武以情色文本來析論「男性氣概」之形成，視角頗為獨到，可以彌補過往主要以儒家典範、訓誡文獻等著述為據之不足。

　　韓獻博及雷金慶的著作，讓我們對周代至現今中國「男性氣概」之變遷有更宏觀的認識。至於黃克武的著述也嘗試考察「男性氣概」於明清過渡至民初的轉型，然而相關演變的分析則有待深化。而且該研究主要從性文化及身體史的角度著手，並未仔細探討「文」與「武」的男性特質、男性榮譽等性別議題。

　　然而，Lili Zhou〈中國「男性氣概」的重建（1896-1930）〉（"The Reconstruction of Masculinity in China, 1896-1930"）一文即集中討論由清末過渡至民國期間「中國男性因應國家走向現代化所經歷的性別轉變」，[60]亦具有參考價值，不應

---

[58]　同上，頁460-463。

[59]　同上，頁464。

[60]　黃衛總曾嘗試提出一些中國「男性氣概」中可以再深入考究的方向，例如傳統的男性文人轉變為現代的知識份子，他們所體驗的性別轉變及如何調整自我去適應這些時局的變化等。參Martin W. Huang, *Negotiating Masculinities in Late Imperial*

忽略。此研究進一步審視中國於1896年至1930年所發生的西方國家殖民擴張事件及當時提倡的中國民族主義、民主化和現代化等概念，如何促使中國男性文人重新建構「男性氣概」。[61]例如作者提出在1915-1923年間發生的新文化運動，提倡「賽先生」（Mr. Science，即科學）及「德先生」（Mr. Democracy，即民主）的主張。「賽先生」的概念鼓勵中國男性進入實驗室，機器、工具的新發明成為年輕男性的「男性化」象徵，「文」的範疇亦擴展至商業、製造業的技巧。[62]此外，因應民主的概念，精英文人對儒家所定義的「好兒子」亦有所抨擊，他們認為兒子需要擁有婚姻自主權和經濟獨立的權利；而當時的社會也提倡較為平等的父子關係，夫妻關係的聯繫同時有所增強。[63]

　　韓獻博、雷金慶、黃克武及Lili Zhou的新著，與過往的著作配合起來，可讓學界對「男性氣概」於中國歷史上的整體發展有更清晰的理解，尤其是傳統文人轉變為現代知識份子的歷程、社會性別概念的重新思考等，使「男性氣概」方面的研究更具連貫性及啟發意義。

　　綜觀中國男性氣概研究，逐漸累積不同的成果，亦出現了新視野及嘗試。其一、探討傳統文人轉變為現代的知識份子所經歷的性別轉變及重新發現不同形態的「男性氣概」。其二、男性史研究之中，各個類別的相互關係之分析，如同性戀題材的書寫與塑造「男性氣概」的聯繫。其三、學人思考如何運用不同性質的文獻來擴闊男性學的分析面向，如黃克武嘗試採用情色文本來

　 China, p. 203.

[61] Lili Zhou, "The Reconstruction of Masculinity in China, 1896-1930"(Ph.D. dissertation, University of Technology, Sydney, 2012), pp. 1-2.

[62] *Ibid.*, pp. 120-121、146、272.

[63] *Ibid.*, pp. 248、264.

探究「男性氣概」，以期帶出男性「心態史」之重要考察、巫仁恕及楊彬彬也結合文字與圖像去闡析男性消費行為及男性特質等課題等等。其四、過往的中國男性史研究較多採用以男性視野書寫的著述，誠然女性作家筆下對傳統男性人格實多所演繹，拙著《言為心聲：明清時代女性聲音與男性氣概之建構》嘗試從這個研究視角入手，審視兩性如何共同參與「男性建構」。[64]筆者亦嘗試提出一些建議，男性史的研究，在自身性別角色的認知、兩性關係、[65]男性管理家庭內部成員關係的觀念等議題，相關研究仍然不足，仍有待發掘及補充，故本研究將集中探究相關課題。

（二）中國古代家訓研究

　　至於後人對家訓的研究，成果甚豐，就其研究方式而言，通論性質的研究，如周秀才《中國歷代家訓大觀》、朱明勳《中

---

[64] 《言為心聲：明清時代女性聲音與男性氣概之建構》（台北：秀威資訊科技股份有限公司，2018年）。

[65] 以古代中國為例，探討兩性關係，以通論形式去分析的有中國伙伴關係研究小組、閔家胤的《陽剛與陰柔的變奏：兩性關係和社會模式》；斷代的研究，則有賈麗英《誰念西風獨自涼：秦漢兩性關係史》、丁文《莫教空度可憐宵：魏晉南北朝兩性關係史》、劉燕儷《唐律中的夫妻關係》。從母子關係去分析，有鄭雅如《情感與制度：魏晉時代的母子關係》、廖宜方《唐代的母子關係》、熊秉真〈建構的感情：明清家庭的母子關係〉。由此可見，探討兩性關係的著作不多，清代的兩性關係，例如夫婦，相關研究亦見不足。故此，筆者亦期望本研究可以對清代的性別課題作出增補與貢獻。詳參中國伙伴關係研究小組、閔家胤：《陽剛與陰柔的變奏：兩性關係和社會模式》（北京：中國社會科學出版社，1995年）；賈麗英：《誰念西風獨自涼：秦漢兩性關係史》（西安：陝西人民出版社，2008年）；丁文：《莫教空度可憐宵：魏晉南北朝兩性關係史》（西安：陝西人民出版社，2008年）；劉燕儷：《唐律中的夫妻關係》（台北：五南圖書出版股份有限公司，2007年）；鄭雅如：《情感與制度：魏晉時代的母子關係》（台北：國立台灣大學出版委員會，2001年）；廖宜方：《唐代的母子關係》（台北：稻鄉出版社，2009年）；熊秉真：〈建構的感情：明清家庭的母子關係〉，收入盧建榮主編：《性別、政治與集體心態：中國新文化史》（台北：麥田，2001年），頁315-341。

國家訓史論稿》、尚詩公《中國歷代家訓大觀》、王長金《傳統家訓思想通論》、徐少錦及陳延斌《中國家訓史》、徐秀麗〈中國古代家訓通論〉、徐少錦〈試論中國歷代家訓的特點〉等等；而以不同時期的家訓著作輯錄成書，則有守屋洋《中國歷代偉人家訓集》、楊知秋《歷代家訓選》、翟博《中國家訓經典》等等。[66]另外，以個別男性群體的家訓作為研究，如成曉軍《帝王家訓》和《名儒家訓》、馮瑞龍《中華家訓：帝王將相的錦囊》、李慧〈明清帝王教子比較研究——以家訓為視角〉、王瑜〈明清士紳家訓中的治生思想成熟原因探析〉等等。[67]此外，在家訓研究的角度及方向上，除了論述家訓中所蘊含的德育觀、價值觀，例如有張豔國《家訓輯覽》、王學〈中國古代家訓的價值取向初探〉、牛曉玉〈試論明清家訓中的德育教育觀〉、付林〈論傳統家訓的德教思想〉、孫倩〈傳統家訓中的德育觀及現實價值〉、陳節〈古代家訓中的道德教育思想探析〉、溫克勤〈談古代的家庭道德教育——家訓〉、費俠莉（Charlotte Furth）的"The Patriarch's Legacy: Household Instructions and the

---

[66] 周秀才：《中國歷代家訓大觀》（大連：大連出版社，1997年）；朱明勳：《中國家訓史論稿》（成都：巴蜀書社，2008年）；尚詩公：《中國歷代家訓大觀》（上海：文匯出版社，1992年）；王長金：《傳統家訓思想通論》（長春：吉林人民出版社，2006年）；徐少錦、陳延斌：《中國家訓史》（西安：陝西人民出版社，2003年）；徐秀麗：〈中國古代家訓通論〉，《學術月刊》，1995年7期（1995年7月），頁27-32、91；徐少錦：〈試論中國歷代家訓的特點〉，《道德與文明》，1992年3期（1992年6月），頁9-12；守屋洋著，鍾憲譯：《中國歷代偉人家訓集》（台北：世潮出版有限公司，1994年）；楊知秋：《歷代家訓選》（南寧：廣西人民出版社，1988年）；翟博：《中國家訓經典》（海口：海南出版社，2002年）。

[67] 成曉軍：《名儒家訓》（武漢：湖北人民出版社，1996年）；《帝王家訓》（武漢：湖北人民出版社，1994年）；馮瑞龍：《中華家訓：帝王將相的錦囊》（香港：中華書局，1996年）；李慧：〈明清帝王教子比較研究——以家訓為視角〉，《黑龍江科技信息》，2009年14期（2009年），頁119；王瑜：〈明清士紳家訓中的治生思想成熟原因探析〉，《河北師範大學學報》（哲學社會科學版），2009年2期（2009年3月），頁135-140。

Transmission of Orthodox Values"等等，[68]也有從其他視野去分析家訓的研究，例如經濟層面，如尤雅姿〈由歷代家訓檢視傳統士人家庭之經濟生活模式〉、鄭漫柔〈清代家訓中的家庭理財觀念〉等等。[69]綜觀家訓的研究，筆者認為家訓研究的角度及方向上，仍有補充的空間，例如審視家訓中所呈現的性別認知，也是本文的核心所在，筆者亦期許在家訓研究上（尤以清代）作出補充及貢獻。

第三節：研究材料及方法

本研究的中心是探討清代男性對「大丈夫」品格的追求及其管理家庭女性成員關係的論說。「大丈夫」是一種儒家所提倡的理想人格，也是男性對自己價值的追求。另外，「男兒」、「男子漢」、「鬚眉」也代表了傳統社會中男性人格的呈現。故此，筆者會先對「大丈夫」、「男兒」、「男子漢」、「鬚眉」等詞

---

[68] 張艷國：《家訓輯覽》（武昌：武漢大學出版社，2007年）；王學：〈中國古代家訓的價值取向初探〉，《湖南師範大學教育科學學報》，2005年1期（2005年1月），頁66-70；牛曉玉：〈試論明清家訓中的德育教育觀〉，《安陽工學院學報》，2008年2期（2008年），頁125-128；付林：〈論傳統家訓的德教思想〉，《吉林師範大學學報》（人文社會科學版），2005年6期（2005年12月），頁76-78；孫倩：〈傳統家訓中的德育觀及現實價值〉，《長江大學學報》（社會科學版），2009年1期（2009年2月），頁195-196；陳節：〈古代家訓中的道德教育思想探析〉，《東南學術》，1996年2期（1996年3月），頁70-74；溫克勤：〈談古代的家庭道德教育——家訓〉，《南開學報》，1982年6期（1982年11月），頁71-75。補充一點，費俠莉指出了家訓中所提出的規範，具備了一種價值觀，具體地規範了女性的行為、職責，也視女性為道德興衰的關鍵所在。詳參 Charlotte Furth, "The Patriarch's Legacy: Household Instructions and the Transmission of Orthodox Values," in Liu Kwang-Ching (ed.), *Orthodoxy in Late Imperial China* (Berkeley: University of California Press, 1990), pp. 187-211.

[69] 尤雅姿：〈由歷代家訓檢視傳統士人家庭之經濟生活模式〉，《思與言》，36卷3期（1998年9月），頁1-59；鄭漫柔：〈清代家訓中的家庭理財觀念〉，《黑龍江史志》，2010年9期（2010年），頁11-12。

進行溯源，然後整理後人對有關觀念的註解及研究，當中也蘊含了註解者處於當時社會的一些體會、思想。同時，《周易》、《禮記》、《孟子》等經典也有不少關於古代男性對兩性關係思考、理想人格追求的主張，[70]本文會適當地引用這些經典中相關言論加以輔助，把傳統經典和後人註解互相配合起來研究，實有助理解傳統社會男性人格形成的由來及發展，以及清代男性對這些主張的看法。

另外，本文以清代家訓文獻為主要參考資料，[71]詳參下表：

---

[70] 孔穎達（574-648）疏：《周易正義》（阮元《十三經注疏》本）；鄭玄（127-200）箋，孔穎達疏：《禮記正義》（阮元《十三經注疏》本）；趙岐注，孫奭疏：《孟子注疏》（阮元《十三經注疏》本）。

[71] 本文以清代家訓文獻為主要參考資料，茲就其定義、範圍及特點進行界定：其一、清代家訓數量甚大，作者來源、文獻範圍亦甚廣，家訓的訓誡對象主要是家庭內部的成員，其表達的內容大致上有家庭、家政、修身養性、勉學等不同層面。以家庭及家政而言，多涉及如何處理家庭成員關係的內容，例如夫妻關係、兄弟關係、長輩與晚輩關係等等。詳參盧正言：《中國歷代家訓觀止》（上海：學林出版社，2004年），頁1-7；張艷國：《家訓輯覽》，頁6-7。同時，宗規、族規也是需要關注的訓誡文獻，其發展於清代更加規範化、體系化。不過，在訓誡對象而言，宗規、族規主要是約束及教化族群的家政法規，其內容牽涉可以很廣，涉及族內生活一切領域，例如財產糾紛、婚姻繼承、祭祖祭宗、宗族機構的職責、宗族成員的身份等等。詳參朱勇：《清代宗族研究》（長沙：湖南教育出版社，1987年）；常建華：《宗族志》（上海：上海人民出版社，1998年）；許華安：《清代宗族組織研究》（北京：中國人民公安大學出版社，1999年）。誠然，也有學者認為家訓與族規並無嚴格界線，例如鍾豔攸〈明清家訓族規之研究〉提出兩種文獻只是表述方式略有不同，如家訓屬於勸導型規範，側重積極的勉勵和教化；族規屬於禁止型規範，傾向消極的制約和獎懲。不過，鍾豔攸亦指出基於這類文獻有諸多異名別稱，歷來學術界對其分類與定義也不相同。詳參鍾豔攸：〈明清家訓族規之研究〉（國立台灣師範大學歷史研究所博士論文，2003年），頁3。學術界對不同性質的訓誡文獻的分類與定義也不同，本文的探討對象是家庭內部的成員（尤其是丈夫對家中女性成員關係的調停及控制），並非一個宗族群體，故此本研究亦採用家訓為主要的參考文獻。其二、筆者嘗試綜合所搜羅的清代家訓文獻，切合本文主題的文獻亦以士人所撰寫的家訓為主；而本文亦適度採用了少量的家書，學術界對家書一類文獻是否歸於家訓文獻，同樣地呈現出不同的分類與定義，筆者亦會參考朱明勳對家訓文獻的定義，作者重中若果其內容不是與教、訓誡後輩有關，則不能歸於家訓文獻。詳參朱明勳：《中國家訓史論稿》，頁9。本研究適度採用家書，因其訓誡內容切合本文主題，並不表示筆者認同家書與家訓文獻的性質、內容沒有差異，故此，筆者強調本文只是適

附表一：〈清代家訓文獻知見錄〉

（以作者姓氏筆劃排序）

作者／編者	家訓篇名／書名	版本	書目著錄情況
丁大椿（1795-?）	《來復堂家規》	清道光二十年（1840）《來復堂全書》刻本	■ 上海圖書館：《中國叢書綜錄》（上海：上海古籍出版社，1982-1983年）。
丁耀亢（1599-1669）	《家政須知》	清順治康熙遞刻《丁野鶴集八種》本	■ 《中國叢書綜錄》； ■ 收入《清代詩文集彙編》（上海：上海古籍出版社，2009年），冊13。
于成龍（1617-1684）	《于清端公治家規範》	清光緒二十六至二十七年（1900-1901）《東聽雨堂刊書四種》刻本	■ 《中國叢書綜錄》； ■ 收入包東波：《中國歷代名人家訓精萃》（合肥：安徽文藝出版社，2000年）。
方元亮	《家訓》	光緒乙未（1895）刊本	■ 收入張伯行輯，夏錫疇錄：《課子隨筆鈔》（台北：文史哲出版社，1987年）。
毛先舒（1620-1688）	《家人子語》	道光十三年（1833）世楷堂藏板《昭代叢書》本	■ 收入《叢書集成續編》（台北：新文豐出版公司，1989年），〈社會科學類〉，冊61。
王士俊（1694-1756）	《閑家編》	浙江圖書館藏清雍正十二年（1734）養拙堂刻本	■ 收入《四庫全書存目叢書》（台南柳營鄉：莊嚴文化事業有限公司，1996年），〈子部〉，〈雜家類〉，冊158。
王夫之（1619-1692）	《耐園家訓跋》	同治四年（1865）金陵湘鄉曾國荃刻船山遺書本	■ 收入《王船山詩文集》（北京：中華書局，1962年），卷三。

　　度採用，以期豐富相關內容的論述。總而論之，本研究以家訓文獻為主要的參考資料，其訓誡對象是家庭內部的成員，當中丈夫對家中女性成員關係的調停、控制，亦是本文的核心主題。

作者／編者	家訓篇名／書名	版本	書目著錄情況
王心敬（1656-1738）	《豐川家訓》	光緒乙未（1895）刊本	■ 收入《課子隨筆鈔》。
王步青（1672-1751）	《王氏宗規》	清光緒二十六至二十七年（1900-1901）《東聽雨堂刊書四種》刻本	■ 《中國叢書綜錄》
王秉元	《生意世事初階》	清乾隆五十一年（1786）汪氏重抄本	■ 收入《從商經》（北京：中國戲劇出版社，2000年）。
王晉之	《問青園遺囑》	光緒二十二年（1896）《問青園集》刻本	■ 《中國叢書綜錄》
王賢儀	《家言隨記》	清同治素風堂刻本	■ 收入《四庫未收書輯刊》（北京：北京出版社，2000年），5輯9冊。
史典	《願體集》	中國科學院圖書館藏清乾隆四至八年（1739-1743）培遠堂刻匯印本	■ 收入陳宏謀：《五種遺規》（據中國科學院圖書館藏清乾隆四至八年〔1739-1743〕培遠堂刻匯印本影印；收入《續修四庫全書》〔上海：上海古籍出版社，1995年〕，〈子部〉，〈儒家類〉，冊951），〈訓俗遺規〉卷四。
左宗棠（1812-1885）	《左宗棠家書》	上海中央書店1935年版	■ 收入吳鳳翔、金木、王日昌、悟堂：《清代十大名人家書》（長春：東北師範大學出版社，1996年），下冊。
白雲上（1724-1790）	《白公家訓》	不詳	■ 收入《中國歷代名人家訓精萃》。
石成金（1659-?）	《傳家寶》	清乾隆四年（1739）刻本	■ 收入《課子隨筆鈔》。
甘樹椿（1839-1918）	《甘氏家訓》	民國十三年（1924）甘鵬運崇雅堂鉛印本	■ 收入周秀才：《中國歷代家訓大觀》（大連：大連出版社，1997年），下冊。

作者／編者	家訓篇名／書名	版本	書目著錄情況
呂留良 （1629-1683）	《晚邨先生家訓真蹟》	清康熙刻本	■ 收入《續修四庫全書》，〈子部〉，〈儒家類〉，冊948。
朱用純 （1627-1698）	《治家格言》	清光緒二十六至二十七年（1900-1901）《東聽雨堂刊書四種》刻本	■ 《中國叢書綜錄》； ■ 陽海清、陳彰璜：《中國叢書廣錄》（武漢：湖北人民出版社，1999年）； ■ 收入《課子隨筆鈔》。
朱潮遠	1. 《四本堂座右編·二十四卷》	1. 北京圖書館分館藏清康熙刻本	■ （1）：收入《四庫全書存目叢書》，〈子部〉，〈雜家類〉，冊157；
	2. 《四本堂座右編二集·二十四卷》	2. 清康熙刻本	■ （2）：收入《四庫未收書輯刊》，3輯21冊。
吳中孚	《商賈便覽》	清乾隆年間吳中孚《商賈便覽》八卷本	■ 收入《從商經》。
吳汝綸 （1840-1903）	《諭兒書》	清光緒刻《桐城吳先生全書》本	■ 收入吳汝綸撰，施培毅、徐壽凱校：《吳汝綸全集》（合肥：黃山書社，2002年），冊3。
李元春 （1769-1855）	《教家約言》	道光咸豐間刻《桐閣全書》本	■ 《中國叢書綜錄》
李海觀 （1707-1790）	《家訓諄言》	清抄本	■ 收入陸林：《中華家訓》（合肥：安徽人民出版社，2000年）。
李淦	《燕翼篇》	康熙三十四年（1695）《檀几叢書》本	■ 《中國叢書綜錄》； ■ 收入《叢書集成續編》，〈社會科學類〉，冊62。

作者／編者	家訓篇名／書名	版本	書目著錄情況
李鴻章（1823-1901）	《李鴻章家書》	上海中央書店1935年版	■ 收入《清代十大名人家書》，下冊；
			■ 收入周維立：《清代四名人家書》（台北：文海出版社，1971年）。
汪之昌（1837-1895）	《資政公遺訓》	民國十二年（1923）《青學齋五種》鉛印本	■ 《中國叢書綜錄》
汪惟憲（1682-1742）	《寒燈絮語》	道光十三年（1833）世楷堂藏板《昭代叢書》本	■ 《中國叢書綜錄》；
			■ 收入《叢書集成續編》，〈社會科學類〉，冊60。
汪輝祖（1731-1807）	《雙節堂庸訓》	清光緒十五年（1889）江蘇局刊本影印	■ 《中國叢書綜錄》；
			■ 汪輝祖著，王宗志、夏春田、穆祥望釋：《雙節堂庸訓》（天津：天津古籍出版社，1995年）。
沈赤然（1745-1817）	《寒夜叢談》	民國十三年（1924）《又滿樓叢書》本	■ 收入《叢書集成續編》，〈社會科學類〉，冊60。
沈夢蘭	《水北家訓》	清道光元年（1821）《淩湖沈氏叢書》刻本	■ 《中國叢書綜錄》
孟超然（1731-1797）	《家誡錄》	清嘉慶二十年（1815）《亦園亭全集》刻本	■ 《中國叢書綜錄》
林良銓（1700-?）	《麟山林氏家訓》	清同治四年（1865）跋林氏自刊本	■ 林氏自刊本
林則徐（1785-1850）	《林則徐家書》	上海中央書店1935年版	■ 收入《清代四名人家書》。
金敞（1618-?）	1. 《宗約》	光緒乙未（1895）刊本	■ （1, 2, 3）：收入《課子隨筆鈔》。
	2. 《宗範》		
	3. 《家訓紀要》		
姚延杰	《教孝篇》	不詳	■ 收入《中國歷代家訓大觀》，下冊。

作者／編者	家訓篇名／書名	版本	書目著錄情況
姚晉圻（1857-1915）	《姚氏家俗記》	民國十四年（1925）石印本	▪ 《中國叢書綜錄》
紀大奎（1746-1825）	《敬義堂家訓》	清嘉慶十三年（1808）刻《紀慎齋先生全集》本	▪ 《中國叢書綜錄》； ▪ 收入《紀慎齋先生全集》，冊14。
紀昀（1724-1805）	《紀曉嵐家書》	上海中央書店1937年版	▪ 收入《清代十大名人家書》，上冊。
胡林翼（1812-1861）	《胡林翼家書》	上海中央書店1937年版	▪ 收入《清代十大名人家書》，下冊。
胡翔瀛	《竹廬家聒》	民國五年（1916）鉛印本	▪ 《中國叢書綜錄》
倪元坦（1756-?）	《家規》	清嘉慶道光間《讀易樓合刻》刻本	▪ 《中國叢書綜錄》
唐彪	《人生必讀書》	中國科學院圖書館藏清乾隆四至八年（1739-1743）培遠堂刻匯印本	▪ 《中國叢書廣錄》； ▪ 收入陳宏謀：《五種遺規》，〈教女遺規〉卷下。
夏錫疇（1732-1798）	《強恕堂傳家集》	咸豐四年（1854）《記過齋叢書》本	▪ 《中國叢書綜錄》
孫奇逢（1585-1675）	1.《孝友堂家規》	商務印書館1935年版	▪ （1，2）：《中國叢書綜錄》；
	2.《孝友堂家訓》		▪ （1，2）：收入《叢書集成初編》，冊977。
涂天相（1665-1740）	《靜用堂家訓》	南京圖書館藏清康熙刻本	▪ 收入《四庫全書存目叢書》，〈子部〉，〈儒家類〉，冊27； ▪ 收入《課子隨筆鈔》。
秦坊（1593-1661）	《範家集略》	北京大學圖書館藏清同治十年（1871）重刻本	▪ 收入《四庫全書存目叢書》，〈子部〉，〈雜家類〉，冊158。
秦雲爽	《闈訓新編》	中國科學院圖書館藏清康熙二十五年（1686）徐樹屏刻本	▪ 收入《四庫全書存目叢書》，〈子部〉，〈雜家類〉，冊157。

作者／編者	家訓篇名／書名	版本	書目著錄情況
郝玶	《一齋家規》	清嘉慶二年（1797）時習堂刊本	■ 《中國叢書綜錄》； ■ 收入《一齋溫溪叢刻》。
郝培元	《梅叟閒評》	清嘉慶至光緒間刊本	■ 《中國叢書綜錄》
高拱京	《高氏塾鐸》	康熙三十四年（1695）《檀几叢書》本	■ 《中國叢書綜錄》； ■ 收入《叢書集成續編》，〈社會科學類〉，冊60。
馬國翰（1794-1857）	《治家格言詩》	清光緒刻本	■ 《中國叢書綜錄》
張之洞（1837-1909）	《張之洞家書》	上海中央書店1936年版	■ 收入《清代十大名人家書》，下冊； ■ 收入《清代四名人家書》。
張文嘉（1611-1678）	《重定齊家寶要》	北京圖書館分館藏清康熙刻本	■ 收入《四庫全書存目叢書》，〈經部〉，〈禮類〉，冊115。
張伯行（1651-1725）	《課子隨筆鈔》	光緒乙未（1895）刊本	■ 收入《中國哲學思想要籍叢編》。
張廷玉（1672-1755）	《澄懷園語》	光緒二年（1876）《嘯園叢書》本	■ 《中國叢書廣錄》； ■ 《中國叢書綜錄》； ■ 收入《叢書集成續編》，〈社會科學類〉，冊60。
張承燮輯	《王中書勸孝歌》附八反歌	中國科學院圖書館藏清乾隆四至八年（1739-1743）培遠堂刻匯印本	■ 《中國叢書綜錄》； ■ 收入陳宏謀：《五種遺規》，〈訓俗遺規〉卷三。
張英（1638-1708）	1.《聰訓齋語》	商務印書館1935年版	■ （1,2）：《中國叢書廣錄》； ■ （1,2）：《中國叢書綜錄》；
	2.《恆產瑣言》		■ （1,2）：收入《叢書集成初編》，冊977。

作者／編者	家訓篇名／書名	版本	書目著錄情況
張習孔	《家訓》	康熙三十四年（1695）《檀几叢書》本	■ 《中國叢書綜錄》； ■ 收入《叢書集成續編》，冊60。
張壽榮	《成人篇》	光緒九年（1883）花雨樓叢鈔本	■ 《中國叢書綜錄》； ■ 收入《叢書集成續編》，〈社會科學類〉，冊60。
張履祥（1611-1674）	《楊園訓子語》	中國科學院圖書館藏清乾隆四至八年（1739-1743）培遠堂刻匯印本	■ 《中國叢書綜錄》； ■ 收入《課子隨筆鈔》； ■ 收入陳宏謀：《五種遺規》，〈訓俗遺規〉卷三。
梁顯祖	《教家編》	光緒乙未（1895）刊本	■ 收入《課子隨筆鈔》。
清世宗雍正（1677-1735）	《聖祖仁皇帝庭訓格言》	民國九年（1920）《留餘草堂叢書》本	■ 收入《叢書集成續編》，〈社會科學類〉，冊60。
許汝霖（1640-1720）	《德星堂家訂》	商務印書館1935年版	■ 《中國叢書廣錄》； ■ 《中國叢書綜錄》； ■ 收入《叢書集成初編》，冊977。
陸圻（1614-?）	《新婦譜》	宣統二年（1910）《香豔叢書》本	■ 收入《叢書集成續編》，〈社會科學類〉，冊62。
陳宏謀（1696-1771）	《五種遺規》	中國科學院圖書館藏清乾隆四至八年（1739-1743）培遠堂刻匯印本	■ 收入《續修四庫全書》，〈子部〉，〈儒家類〉，冊951）。
陳確（1604-1677）	《叢桂堂家約》	清餐霞軒鈔本	■ 《中國叢書綜錄》； ■ 收入《陳確集》（北京：中華書局，1979年），〈別集〉，卷九。
陰振猷	《庭訓筆記》	清道光二十年（1840）《止園叢書》刊本	■ 《中國叢書綜錄》

作者／編者	家訓篇名／書名	版本	書目著錄情況
陸隴其（1630-1693）	《治嘉格言》	同治七年（1868）版本	■ 收入《中國哲學思想要籍叢編》（台北：廣文書局，1975年）。
傅山（1607-1690）	《霜紅龕家訓》	道光十三年（1833）世楷堂藏板《昭代叢書》本	■ 《中國叢書綜錄》； ■ 收入《叢書集成續編》，〈社會科學類〉，冊60。
傅超	《傅氏家訓》	清光緒十八年（1892）刻本	■ 收入《中華家訓》。
彭玉麟（1816-1890）	《彭玉麟家書》	上海中央書店1937年版	■ 收入《清代十大名人家書》，下冊； ■ 收入《清代四名人家書》。
彭定求（1645-1719）	《治家格言》	民國二十五年（1936）上海大眾書局排印本	■ 收入徐梓：《家訓：父祖的叮嚀》（北京：中央民族大學出版社，1996年）； ■ 收入《彭凝祉先生雜説》。
彭慰高（1811-1887）	《省身雜錄》	清光緒十四年（1888）刻本	■ 《中國叢書綜錄》
景暹	《景氏家訓》	光緒乙未（1895）刊本	■ 收入《課子隨筆鈔》。
曾國藩（1811-1872）	《曾國藩家書》	上海廣益書局1929年版	■ 《中國叢書廣錄》； ■ 《中國叢書綜錄》； ■ 收入《曾國藩家書家訓日記》（北京：北京古籍出版社，1994年）； ■ 收入《清代十大名人家書》，上冊至下冊。
湯斌（1627-1687）	《湯文正公家書》	嘉慶二十年（1815）文蔭堂藏板	■ 《中國叢書綜錄》
湯準	《家訓》	光緒乙未（1895）刊本	■ 收入《課子隨筆鈔》。

作者／編者	家訓篇名／書名	版本	書目著錄情況
焦循（1763-1820）	《里堂家訓》	光緒十一年（1885）《傳硯齋叢書》本	■ 《中國叢書綜錄》； ■ 收入《叢書集成續編》，〈社會科學類〉，冊60。
賀瑞麟（1824-1893）	《福永堂彙鈔》	清光緒二十六年（1900）刻本	■ 《中國叢書綜錄》
黃保康	《與壻遺言》	清宣統三年（1911）《霄鵬先生遺著》刻本	■ 《中國叢書綜錄》
馮班（1604-1671）	《家戒》	清借月山房彙鈔本	■ 《中國叢書廣錄》； ■ 收入《家訓：父祖的叮嚀》； ■ 收入《鈍吟雜錄》（清借月山房彙鈔本），卷一至二。
黃濤	《家規省括》	清乾隆刻本	■ 收入《四庫未收書輯刊》，3輯21冊。
葉舟	《山窗覺夢節要》	清光緒間《蔭玉閣五種》木活字本	■ 《中國叢書綜錄》
董國英	《傳經堂家規》	民國間鉛印本	■ 《中國叢書綜錄》
鄔寶珍	《吉祥錄》	清宣統元年（1909）刊本	■ 《中國叢書綜錄》
靳輔（1633-1692）	《靳河台庭訓》	廣益書局1937年版	■ 收入《家訓：父祖的叮嚀》； ■ 收入《傳家寶全集》。
廖冀亨（1660-?）	《求可堂家訓》	清光緒中永定廖氏刊本	■ 《中國叢書綜錄》； ■ 收入《求可堂兩世遺書》。
趙潤生（1850-1905）	《庭訓錄》	民國十一年（1922）《趙柏巖集》鉛印本	■ 收入《中華家訓》。
劉沅（1768-1855）	1.《尋常語》 2.《家言》	民國元年至三十八年（1912-1949）《槐軒全書》鉛印本	■ （1）：《中國叢書綜錄》； ■ （1, 2）：收入《中國歷代家訓大觀》，下冊。

作者／編者	家訓篇名／書名	版本	書目著錄情況
劉德新	《餘慶堂十二戒》	康熙三十四年（1695）《檀几叢書》本	▪ 收入《叢書集成續編》，〈社會科學類〉，冊62。
潘德輿（1785-1839）	《示兒長語》	清光緒鉛印本	▪ 《中國叢書綜錄》
蔣伊（1631-1687）	《蔣氏家訓》	商務印書館1935年版	▪ 《中國叢書綜錄》； ▪ 收入《叢書集成初編》，冊977； ▪ 收入《課子隨筆鈔》。
鄭起泓	《忍園先生家訓》	清康熙三十八年（1699）自刻本	▪ 《中國叢書綜錄》
鄧淳（1776-1850）	《家範輯要》	清末刻本	▪ 收入楊杰、王德明、劉翠、墨文莊：《家範，家訓》（海口：海南出版社，1992年）。
鄭燮（1693-1765）	《鄭板橋家書》	上海中央書店1937年版	▪ 收入《清代十大名人家書》，上冊。
戴翊清	《治家格言繹義》	光緒二十三年（1897）《有福讀書堂叢書》本	▪ 《中國叢書廣錄》； ▪ 《中國叢書綜錄》； ▪ 收入《叢書集成續編》，〈社會科學類〉，冊60。
鍾于序	《宗規》	道光十三年（1833）世楷堂藏板《昭代叢書》本	▪ 《中國叢書綜錄》； ▪ 收入《叢書集成續編》，〈社會科學類〉，冊60。
顏光敏（1640-1686）	《顏氏家誡》	嘉慶三年（1798）刊本	▪ 《中國叢書廣錄》； ▪ 《顏氏家誡》（濟南：山東友誼出版社，1989年）。
顏續	《遺訓存略》	清光緒三十二年（1906）刻《槐軒全書》本	▪ 《中國叢書綜錄》
魏象樞（1617-1687）	《聖人家門喻》	清光緒十二年（1886）刻本	▪ 《中國叢書綜錄》

作者／編者	家訓篇名／書名	版本	書目著錄情況
譚獻（1832-1901）	《復堂諭子書》	民國二十年（1931）《念劬廬叢刊》初編本	■ 《中國叢書綜錄》； ■ 收入《叢書集成續編》，〈社會科學類〉，冊60。
關槐	《士林彝訓》	清乾隆五十四年（1789）刻本	■ 收入《四庫未收書輯刊》，3輯21冊。
竇克勤（1653-1708）	《尋樂堂家規》	清光緒十年（1884）大興黃振河重刊本	■ 《中國叢書綜錄》

　　家訓蘊含了男性對自我以至家族的管理理念，亦是可供深入探討男性自我性別認知，以及男性與家人關係的重要資源。清代家訓在出版形式方面各式各樣，如馮爾康指出清代家訓不一定出現於譜牒之中，可收錄於作者文集，也可以在其他體裁的圖籍中並存。[72]故此，筆者以馮爾康的研究為基礎，並根據多種古籍目錄稽查現存清代家訓，例如一些大型叢書，如《中國叢書綜錄》、《叢書集成初編》、《叢書集成續編》、《續修四庫全書》、《四庫全書存目叢書》、《中國叢書廣錄》、《四庫未收書輯刊》、《四庫禁燬書叢刊》、《四庫全書存目叢書補編》等等；[73]同時，本文亦會參考一些電子版本叢書，如《景印文淵閣四庫全書》、[74]《中國基本古籍庫》等叢書所收錄的家訓文獻。

---

[72] 馮爾康：《清史史料學》，〈家訓及其他有關載籍的史料〉，頁273-276。

[73] 上海圖書館：《中國叢書綜錄》（上海：上海古籍出版社，1982-1983年）；《叢書集成初編》（北京：中華書局，1985年）；《叢書集成續編》（台北：新文豐出版公司，1989年）；《續修四庫全書》（上海：上海古籍出版社，1995年）；《四庫全書存目叢書》（台南柳營鄉：莊嚴文化事業有限公司，1996年）；陽海清、陳彰璜：《中國叢書廣錄》（武漢：湖北人民出版社，1999年）；《四庫未收書輯刊》（北京：北京出版社，2000年）；《四庫禁燬書叢刊》（北京：北京出版社，2000年）；《四庫全書存目叢書補編》（濟南：齊魯書社，2001年）。

[74] 《文淵閣四庫全書》電子版以《景印文淵閣四庫全書》（台北：台灣商務印書館，1983-1985年）為藍本。

此外，以輯錄短篇家訓文字形式出版的家訓著述，在清代也有較多的數量，如張伯行（1651-1725）《課子隨筆鈔》、陳宏謀（1696-1771）《五種遺規》等等，[75]本文也會加以參閱。再者，一些清代家訓著作是收入作者文集的，如陳確（1604-1677）《叢桂堂家約》收錄於其文集《陳確集》。[76]與此同時，清人文集亦反映了個人思想、知識、行為、所見、所聞及所感，內容廣泛，是豐富的歷史生活記錄，[77]也是審視男性自我性別意識的珍貴材料，本文亦會適度採用清人文集加以延伸比對。而有關清代文集索引方面，本文主要參考了《清人文集別錄》、《清人別集總目》、《清人詩文集總目提要》、《清代文集篇目分類索引》、《清代詩文集彙編總目錄‧索引》等書籍。[78]筆者透過不同的渠道盡力搜羅相關史料進行研究，以加強本文借家訓等文獻窺探某些觀念的可行性。

---

[75] 張伯行輯，夏錫疇錄：《課子隨筆鈔》（台北：文史哲出版社，1987年）；陳宏謀：《五種遺規》（據中國科學院圖書館藏清乾隆四至八年〔1739-1743〕培遠堂刻匯印本影印；收入《續修四庫全書》，〈子部〉，〈儒家類〉，冊951）。

[76] 陳確：《叢桂堂家約》，收入《陳確集》（北京：中華書局，1979年），〈別集〉，卷九，頁513-517。

[77] 戴逸：〈序言〉，收入柯愈春：《清人詩文集總目提要》（北京：北京古籍出版社，2002年），上冊，頁2-3。另參何明星：《著述與宗族：清人文集編刻方式的社會學考察》（北京：中華書局，2007年）。集部史料包括有別集、總集。別集是由個人的作品結集而成，通常包括論文、散文、遊記、詩詞等等；而總集則是後人搜羅前人詩文結集成書，並且加以分類。清人文集就是別集、總集所包涵的圖書。詳參戴逸：〈序言〉，收入《清人詩文集總目提要》，上冊，頁2-3；馮爾康：《清史史料學》，頁193-241。本文除了參考別集，也會適度採用總集所收錄的清人文章，例如《清代詩文集彙編》編纂委員會所編《清代詩文集彙編》（上海：上海古籍出版社，2009年）等。

[78] 張舜徽：《清人文集別錄》（北京：中華書局，1980年）；李靈年、楊忠、王欲祥：《清人別集總目》（合肥：安徽教育出版社，2000年）；柯愈春：《清人詩文集總目提要》（北京：北京古籍出版社，2002年）；王重民、楊殿珣：《清代文集篇目分類索引》（北京：北京圖書館出版社，2003年）；上海古籍出版社：《清代詩文集彙編總目錄‧索引》（上海：上海古籍出版社，2010年）。

著名的美國性別史學者Joan Wallach Scott曾提出以性別視角作為分析歷史的工具，使我們重新認識歷史。[79]換句話說，性別是歷史研究、文本分析的重要工具。此外，在「男性氣概」研究領域內較為有名的學者如雷金慶、黃衛總均認為「男性氣概」的研究深具發展潛力；[80]黃衛總更進一步提出研究家訓文獻是很好的切入點去審視「男子氣概」。[81]

　　故此，筆者在以上學者的研究基礎上得到啟發，以性別視野去審視清代家訓文獻；同時，本文亦以清代男性為主要研究對象，因此筆者亦會徵引上述關於中國歷史上「男性氣概」的研究及「男性氣概」的一般性理論，以加強對「夫道」探究的深度。同時，本文亦會適當地引用現存中國性別史研究理論，例如本文的主題是探討清代男性的「夫道」及其管理家中女性成員關係的概念，涉及不同層面的性別議題，例如婚姻史、家庭史等等，[82]透過採用不同性質的史料及後人研究，可以更有效地呈現出清代

---

[79] Joan Wallach Scott, *Gender and the Politics of History* (New York: Columbia University Press, 1988), p. 30.

[80] Kam Louie, *Theorising Chinese Masculinity: Society and Gender in China*, pp. 3-5; Martin W. Huang, *Negotiating Masculinities in Late Imperial China*, p. 203.

[81] Martin W. Huang, *Negotiating Masculinities in Late Imperial China*, pp. 187-190.

[82] 本文的主題是探討清代丈夫的「夫道」及其管理家中女性成員關係的概念，涉及不同層面的性別議題，例如婚姻史、家庭史等等。在婚姻史及家庭史方面，通論性質的研究著作頗多，例如史鳳儀：《中國古代婚姻與家庭》（武漢：湖北人民出版社，1987年）、辛立：《男女・夫妻・家國：從婚姻模式看中國文化中的倫理觀念》（北京：國際文化出版公司，1989年）、李銀河：《中國婚姻家庭及其變遷》（哈爾濱：黑龍江人民出版社，1995年）、祝瑞開：《中國婚姻家庭史》（上海：學林出版社，1999年）、高達峻：《中國婚姻家庭史》（長春：吉林教育出版社，2002年）、Patricia Buckley Ebrey, *Women and the Family in Chinese History*（London; New York: Routledge, 2003）等等；也有探究個別朝代的研究作品，如郭松義：《倫理與生活：清代的婚姻關係》（北京：商務印書館，2000年）；本書編寫組：《明清人口婚姻家族史論：陳捷先教授、馮爾康教授古稀紀念論文集》（天津：天津古籍出版社，2002年）；王躍生：《清代中期婚姻衝突透析》（北京：社會科學文獻出版社，2003年）；郭松義、定宜莊：《清代民間婚書研究》（北京：人民出版社，2005年）等。其他例子尚多，不贅舉。

丈夫的自我性別認知及其管理家庭成員關係的理念。

在內容結構方面，本文先對傳統社會男性人格形成的由來及發展加以溯源，從而了解古代男性對理想人格的追求及傳統社會對男性的期許。繼而討論清代家訓的歷史價值，是次研究以清代為研究時期，因為清代是從傳統過渡至現代的橋樑，而且清代留下來的資料亦較繁多。[83]同時，清代家訓的歷史發展亦較為蓬勃，不論在數量、作者、體例，以至出版形式方面，都可以證明清代是家訓文獻著述中的一個關鍵時期，為本研究提供了相當豐富的參考資源。[84]

然後本文將以兩個核心章節分析清代男性「為夫之道」，包括探討清代男性對自身性別角色的認知及對家中女性成員關係的管理觀念。在清代男性對自身性別角色的認知方面，綜合家訓等文獻，筆者會以四個主題有系統地呈現出清代「為夫者」對自身性別角色的認知及如何彰顯「夫道」，包括有清人家訓中「夫為妻綱」概念的灌輸、清代丈夫尊嚴的確立、清代丈夫的責任及清代丈夫的自我約束。再而討論清代男性對家中女性成員關係的管理觀念，從清人家訓中所倡導的夫妻相處之道、清代丈夫管理妻子行為的觀念、清代丈夫所提倡的公婆與媳婦之關係、清代丈夫管理妻妾之道等方面去呈現出清代男性如何建立出一套丈夫的守則。

最後，筆者會綜合家訓等不同的資源，探討清代男性所受規範。梳理清代家訓文獻，委實發現清代男性除了享有不同的權利及地位，同時亦面對不同層面的規範及性別壓力。此章節會以

---

[83] 有關清史研究的重要性，可參考本書第三章〈清代家訓的歷史價值〉第一節〈清史研究的重要性〉。

[84] 有關清代家訓的歷史發展，可參考本書第三章〈清代家訓的歷史價值〉第三節〈清代家訓的歷史發展〉。

「得益者」及「受害者」兩個方向去分析清代男性所受規範。

　　由於清代家訓數量較多，而且本文所參考的資料亦繁雜，為了有效分析家訓中所蘊含的男性對自身性別角色的認知，以至清代男性對家中女性成員關係的管理觀念，本文除了文本分析外，亦會利用附表加以分類及論述。同時，本文礙於篇幅所限，並不會採用分期形式逐一討論，而是以整體概括的方式去探討清代家訓文獻，從而呈現出清代男性的「為夫之道」及「男性氣概」的表現。

第二章

傳統社會男性人格的形成

在古代的中國社會，由於傳統思想重視人倫關係，而男子在社會中處於主導角色，故此男子對兩性關係也有所思考。追溯歷史，《易經》中有「陰陽」觀，[1]對於兩性關係已有所探討，例如《周易・繫辭》便提到「乾道成男，坤道成女」[2]，確定了男女的關係：男性是乾，女性是坤；男性是陽，女性是陰，男女與「陰陽」、「乾坤」等詞語連繫起來。隨著社會的發展，有關性別意識亦形成，而男性逐漸自覺地建立起自我性別認同，如孟子（前372-前289）早就提出「大丈夫」理想人格的追求。他說：

> 「富貴不能淫，貧賤不能移，威武不能屈，此之謂大丈夫。」[3]

「大丈夫」就是有志氣、有節操、有作為的男子，[4]這個詞語體現了男性對自我價值的追求。除了「大丈夫」之外，正如雷金慶所說，還有「男子漢」、「英雄」、「好漢」等等，[5]都蘊含著

---

[1] 《易經》於西漢（前206-25）時定名為《周易》，並把《易經》改成以「陰陽」為基本範疇的哲學體系。詳參中國伙伴關係研究小組、閔家胤：《陽剛與陰柔的變奏：兩性關係和社會模式》（北京：中國社會科學出版社，1995年），頁18-22。

[2] 孔穎達疏：《周易正義》，卷第七，〈繫辭上〉，頁76。

[3] 趙岐注，孫奭疏：《孟子注疏》，卷第六上，〈滕文公章句下〉，頁2710。有關孟子的「大丈夫」思想研究，亦可詳參李長泰：〈孟子「大丈夫」人格思想探析〉，《船山學刊》，2006年4期（2006年），頁83-86；姜碧純：〈淺析孟子的「大丈夫」思想〉，《武警學院學報》，2008年3期（2008年3月），頁55-57；張經科：〈孟子的大丈夫論〉，《孔孟月刊》，35卷3期（1996年11月），頁11-20；楊欽英：〈論孟子仁智勇統一的大丈夫理想人格〉，《學理論》，2009年16期（2009年），頁146-147；羅香萍：〈略論孟子的理想人格——以大丈夫為例〉，《讀與寫》（教育教學刊），2009年8期（2009年8月），頁83、157。

[4] 羅竹風、漢語大詞典編輯委員會：《漢語大詞典》（上海：上海辭書出版社，1988年），第2冊，頁1321。

[5] Kam Louie, *Theorising Chinese Masculinity: Society and Gender in China*, pp. 8-9.另外，「好漢」是指勇敢有為的男子，參考羅竹風、漢語大詞典編輯委員會：《漢語大詞典》，第4冊，頁281。

社會對男性的普遍期許，以及傳統男性自我追求的理想人格。對傳統社會男性人格的形成進行溯源，實有助了解傳統中國男性性別認知的演變及共通點，將有助加強本文對「男子氣概」分析的深度。

第一節：「大丈夫」——男性崇高人格的化身

「大丈夫」是有志向、具有操守，同時又是有作為的男子，自從孟子提出這個概念後，「大丈夫」在漢代已經成為男性常用的詞語。彭衛〈漢代「大丈夫」語匯考〉中便提到在先秦時期「丈夫」是對成年男子的一般稱謂，而「大」字強調丈夫的精神及氣質。到了漢代，「大丈夫」又能表現出男性的進取意識；同時，「大丈夫」亦代表漢代男性對雄強性、獨斷性、堅定氣質上的追求。如果從使用層面來分析，「大丈夫」的使用者很廣，如貴族、將軍、文官、儒生、普通百姓等，因此我們不難發現漢代男性對「大丈夫」的嚮往及追求。[6]

筆者亦嘗試對「大丈夫」進行溯源，發現不只是漢代，在不同的朝代也頻頻有關於「大丈夫」的論述，從「大丈夫」使用的廣泛性，不難發現「大丈夫」蘊含著男性的自我性別認知，也代表著他們對男子理想人格的追求。「大丈夫」是有志向的男子，趙典言：「大丈夫當雄飛，安能雌伏」，[7]就是指男子要發奮圖強，不可不思進取。另外，楊炯（650-692）云：「丈夫皆

6　彭衛：〈漢代「大丈夫」語匯考〉，《人文雜誌》，1997年5期（1997年9月），頁73-75。

7　范曄（398-445）：《後漢書》（北京：中華書局，1965年），卷二十七，〈宣張二王杜郭吳承鄭趙列傳第十七〉，〈趙典〉，頁949。

有志，會是立功勳」；[8]李白（701-762）提出「大丈夫必有四方之志」；[9]呂溫（771-811）亦有「丈夫志氣事，兒女安得知」[10]和「丈夫志四海，萬里猶比鄰」等詩句；[11]蔣士銓（1725-1785）認為「丈夫志四方，家室安足戀」；[12]鄭觀應（1842-1922）更提出立志不可糊塗，如「欲作人間大丈夫，必須立志勿糊塗」。[13]凡此皆可見「大丈夫」要有志向，而且志向是需要遠大的，故云「四方之志」、「志四方」。

「大丈夫」也是具有操守的男子，要以身作則，而且不能只顧及自己的利益，所以具有廣闊的胸襟及容人之量。古人說：「窮則獨善其身，達則兼善天下」。[14]後人論丈夫之志氣，也談論過這種進退取捨的原則。例如唐人薛據言：「丈夫須兼濟，豈得樂一身」；[15]白居易（772-846）亦認為「丈夫貴兼濟，豈獨善一身」，[16]男子要顧及大眾，使天下百姓受益，不可貪圖個人的享樂；「大丈夫」亦需要有容人之量，如朱熹（1130-1200）

8　楊炯：〈出塞〉，見彭定求等編：《全唐詩》（北京：中華書局，1960年），卷五十，頁612。

9　李白：《李太白文集》（上海：上海古籍出版社，1994年），卷二十六，〈上安州裴長史書〉，頁602。

10　呂溫：〈偶然作二首〉，見《全唐詩》，卷三百七十一，頁4174。

11　〈又發憤告離詩〉，《三國志類》（收入《景印文淵閣四庫全書》，〈集部〉300，〈總集類〉，冊1361），卷五十八，頁4下-5上。

12　蔣士銓：《忠雅堂文集》（據山東省圖書館藏清嘉慶二十一年〔1816〕藏園刻本影印；收入《續修四庫全書》，〈集部〉，〈別集類〉，冊1436-1437），卷一，〈抵建昌三首〉，頁10下。

13　鄭觀應：《羅浮偫鶴山人詩草》（清宣統元年本），卷二，〈寓意吟〉下，〈寄示長男潤林肄業日本〉，頁35下。

14　語出《孟子》。參趙岐注，孫奭疏：《孟子注疏》，卷第十三上，〈盡心章句上〉，頁2765。

15　計有功：《唐詩紀事》（上海：上海古籍出版社，1987年），卷二十五，〈薛據〉，頁377。

16　白居易：〈新制布裘〉，見《全唐詩》，卷四百二十四，頁4669。

云：「大丈夫當容人，勿為人所容」。[17]更重要的是，「大丈夫」要以身作則，不能任意妄為，行事要光明磊落，例如薛瑄（1389-1464）便提出：

> 「大丈夫以正大立心，以光明行事，終不為邪暗小人所惑而易其所守」[18]

陳宏謀也認為「不為威怵，不為利誘，此大丈夫事也」。[19]由此可見，「大丈夫」具備良好的操守，亦需要自我約束，不能做出損人利己的行為。

「大丈夫」亦是有作為的男子，具體的表現為男子需要為國家效力及作出貢獻，例如陳蕃（?-168）言「大丈夫處世，當掃除天下，安事一室乎」；[20]梁竦（?-83）云：「大丈夫居世，生當封侯，死當廟食」；[21]張奐（104-181）認為「大丈夫處世，當為國家立功邊境」；[22]張居正（1525-1582）亦云：

> 「大丈夫既以身許國家、許知己，惟鞠躬盡瘁而已，他復何言」[23]

---

17 王惲（1227-1304）：《秋澗集》（《四部叢刊》景明弘治本），卷九十七，〈玉堂嘉話卷之五〉，頁12上。另參莊亭：〈何為大丈夫〉，《領導文萃》，2007年11期（2007年），頁166。

18 薛瑄：《讀書錄》（明萬曆刻本），卷四，頁13下。

19 陳宏謀：《五種遺規》，〈教女遺規〉，卷中，〈呂新吾閨範〉，頁26下。

20 朱軾（1665-1736）：《史傳三編》（收入《景印文淵閣四庫全書》，〈史部〉217，〈傳記類〉，冊459），卷十六名臣傳八，〈陳蕃竇武〉，頁1下。

21 范曄：《後漢書》，卷三十四，〈梁統列傳第二十四〉，頁1172。

22 同上，卷六十五，〈皇甫張段列傳第五十五〉，頁2143。

23 張居正：《張太岳先生文集》（明萬曆四十年唐國達刻本），卷三十四，〈答上師相徐存齋并附與諸公書其一〉，頁1下。

除了男子要盡心為國效力,「大丈夫」更要為國家作出貢獻,如姚合便提出「丈夫貴功勳,不貴爵祿饒」等。[24]由此可見,「大丈夫」不但要有遠大的志向、具有良好的操守,同時需要盡心為國效力,是傳統男子理想人格的追求。

再者,正如彭衛所指,男性對堅定氣質上的追求,也可在「大丈夫」的論述中找到蛛絲馬跡,例如徑山道欽禪師云:「出家是大丈夫事,非將相所能為」;[25]歐陽修(1007-1072)指出「出家是大丈夫事,蓋勇決者人之所難也」;[26]「出家」是佛教僧人修行的行為,遠離自己的家庭,脫離名份,故此需要極大的勇氣,如「大丈夫」一樣要勇敢堅強。此外,管佩達(Beata Grant)以宗教的視角探究釋家「大丈夫」的概念,尼姑也稱自己為「大丈夫」,而女子出家是「大丈夫」的行為,如介為行舟(1611-1670)便提出「出家乃大丈夫之所為,汝既出家可謂女中丈夫」。[27]釋家視「大丈夫」是偉大的人格追求,尼姑透過自我督促也可達成「大丈夫」的德行。[28]函可祖心(1611-1659)云:「大眾若識得破,個個都是大丈夫」,[29]和尚、尼姑要成為「大丈夫」,不應只顧及外表的轉變,而是出自精神上的追求及堅定的決心。[30]

---

[24] 姚合:〈送任畹評事赴沂海〉,見《全唐詩》,卷四百九十六,頁5625。

[25] 釋惠洪:《林間錄》(收入《景印文淵閣四庫全書》,〈子部〉358,〈小說家類〉,冊1052),卷上,頁3下。

[26] 歐陽修:《集古錄》(收入《景印文淵閣四庫全書》,〈史部〉439,〈目錄類〉,冊681),卷九,〈唐李文饒平泉山居詩〉,頁5上。

[27] 介為行舟:〈示定遠尼〉(收入《介為舟禪師語錄》,見《嘉興大藏經》〔台北:新文豐出版公司,1987年〕,第28冊),頁268上。另參Beata Grant, "Da Zhangfu: The Gendered Rhetoric of Heroism and Equality in Seventeenth-Century Chan Buddhist Discourse Records," *Nan Nü: Men, Women and Gender in China*, vol. 10, no. 2 (September 2008), p. 197.

[28] Beata Grant, *op. cit.*, p. 210.

[29] 函可祖心:〈上堂〉(收入《千山剩人禪師語錄》,見《嘉興大藏經》,第38冊),頁214上。另參Beata Grant, *op. cit.*, p. 207.

[30] Beata Grant, *op. cit.*, p. 204.

要成為「大丈夫」，既要勇敢，也要懂得看破名利與物質，只要有堅定的意志，眾人也可成為「大丈夫」。「大丈夫」不但要勇敢，亦如曾國藩（1811-1872）所指：「丈夫貴倔強」，[31]凡此可見「大丈夫」也代表了男性尊嚴，要勇敢，不可懦弱。

此外，「大丈夫」還需具有學問，懂得累積人生的智慧，如韓非（前280-前233）言：「所謂大丈夫者，謂其智之大也」；[32]李謐又指出「丈夫擁書萬卷，何假南面百城」，[33]男子擁有學問，更勝那些只懂唯唯諾諾，南面稱臣者，意味著「大丈夫」需要累積相當學問，才可以如韓非所言，做到「智之大」。

總而言之，筆者經過對「大丈夫」進行溯源，歸納出傳統男性對理想人格的追求，不但要以身作則，志向要遠大，而且也要為國效力，作出貢獻。值得注意的是，「大丈夫」更要有學問的累積，要捍衛自己的男性尊嚴，不可表現出懦弱的一面，可見傳統男性對自我性別上的認知，應以「大丈夫」為崇高的人格追求。

第二節：「男子漢」、「男兒」、「鬚眉」
——傳統社會對男性的期許

如前文所指，除了「大丈夫」外，還可以從古人對「男子漢」、「男兒」、「鬚眉」的論述，進一步窺探傳統社會對男性的期許。「男子漢」是指有作為及有志氣的男人；[34]「男兒」亦

---

31 曾國藩：〈雜詩九首〉，見《曾文正公詩文集》（《四部叢刊》景清同治本），〈詩集〉，卷一，頁2上。

32 韓非：《韓非子》（《四部叢刊》景清景宋鈔校本），卷六，〈解老第二十〉，頁2下。

33 魏收（506-572）：《魏書》（北京：中華書局，1974年），卷九十，〈列傳逸士第七十八〉，〈李謐〉，頁1938。

34 《漢語大詞典》，第7冊，頁1304。

即是男子漢；[35]而「鬚眉」則指古時男子以鬍鬚眉毛稠秀為美，作為男子的代稱。[36]整體而言，「男子漢」及「男兒」所蘊含對男性的期許，與「大丈夫」較為近似。

男兒矢志努力報效國家的心跡，在許多詩句中表露無遺。如陸游（1125-1210）云：「男兒自以身許國」；[37]田汝成亦認為「富貴儻來君莫問，丹心報國是男兒」。[38]此外，男兒為國捐軀，毫不退縮，也是「男子氣概」的表現，如馬援（前14-49）言：「男兒要當死於邊野，以馬革裹屍還葬耳」。[39]同時，男兒當有志，例如姚勉（1216-1262）便對「男兒之志」提出己見：

> 「以為男兒之志，豈止在醉遊花市而已哉。此說殊未然也，必志於致君澤民。」[40]

男兒之志，目光要遠大，不可孤立自己，如蘇復之指出「男子漢志在四方，求功名是大事，豈可獨善其身」，[41]換言之，要有遠見，不可只顧及自己，而且要有一番作為，求功逐名。

---

[35] 同上。

[36] 《漢語大詞典》，第12冊，頁246。眉毛專指男子，古代男子注意鬚眉的保護及修飾，從而表現男子氣度；長眉毛亦作為男子長壽的標誌。詳參劉振修：〈「鬚眉」與「巾幗」〉，《閱讀與寫作》，2010年7期（2010年7月），頁12；吳友軍：〈「巾幗」、「鬚眉」詞義探源〉，《中學語文園地》（初中版），2008年9期（2008年），頁40。

[37] 陸游：〈望夫石〉，見陸游著，錢仲聯註：《劍南詩稿校注》（上海：上海古籍出版社，1985年），卷二十九，頁1977。

[38] 田汝成：《西湖遊覽志》（收入《景印文淵閣四庫全書》，〈史部〉343，〈地理類〉，冊585），卷八，〈西湖遊覽志餘〉，頁25上。

[39] 范曄：《後漢書》，卷二十四，〈馬援列傳第十四〉，頁841。

[40] 姚勉：《雪坡集》（收入《景印文淵閣四庫全書》，〈集部〉123，〈別集類〉，冊1184），卷四十四，〈賀新郎〉，頁3上-3下。

[41] 蘇復之：《金印記》（明刊本），卷三，〈第二十三出〉，頁11上。

《周易》有言：「天行健，君子以自強不息。」[42]這種自強意識也成為日後很多文人學士討論男性本色時的堅持，例如李頎（690-751）云：「男兒立身須自強」；[43]李咸用提出「眼頭多少難甘事，自古男兒須自強」；[44]呂坤（1536-1618）亦言：「遇事逢人，豁綽舒展，要看男兒，須先看膽」，[45]都可見男兒不可以畏懼困難，表現出自強的一面，甚至如梅堯臣（1002-1060）所指：「男兒自有守，可殺不可苟」，[46]表現出堅強、勇敢、自強不息的「男子氣概」。由此可見，「大丈夫」、「男子漢」、「男兒」等概念之中的，就是傳統社會都對男子高度期許，且延伸為男性自我及男性群體認同的理想。[47]

　　筆者對「鬚眉」進行溯源，也發現「鬚眉」蘊含著古代男性自我定位的概念，在道德及修身方面，男性自視有教化女性之責，這恐怕是周文王（姬昌，前1152-前1056；前1105-前1056在位）「刑于寡妻，至于兄弟，以御于家邦」[48]的觀念一直發展延伸而來的。因此在後世其他文本中也常有這些說法。周楫云：

> 「丫環之中，尚有全忠全孝頂天立地之人，何況鬚眉男子」[49]

---

[42] 孔穎達疏：《周易正義》，卷第一，〈乾〉，頁14。

[43] 計有功：《唐詩紀事》，卷二十，〈李頎〉，頁286。

[44] 李咸用：《唐李推官披沙集》（《四部叢刊》景宋本），卷五，〈送人〉，頁5下。

[45] 呂坤：《續小兒語》（清《藝海珠塵》本），〈四言〉，頁2上。

[46] 梅堯臣：《宛陵集》（《四部叢刊》景明萬曆梅氏祠堂本），卷五，〈古意〉，頁3上。

[47] Martin W. Huang, *Negotiating Masculinities in Late Imperial China*, p. 185.

[48] 左丘明（前556-前451）傳，杜預（222-284）注，孔穎達疏：《春秋左傳正義》（阮元《十三經注疏》本），卷第十四，〈僖公十五年至二十一年〉，頁1810。

[49] 周楫：《西湖二集》（明崇禎刊本），卷十九，〈俠女散財殉節〉，頁6下。

由此可見，「鬚眉」需要「全忠全孝頂天立地」，被視為理所當然。黃錫蕃又指出「巾幗嬌兒女要學鬚眉烈丈夫」；[50]陳宏謀（1696-1771）亦言：「女子陰性，故嫉妒字旁從女，明其非，鬚眉丈夫事也」。[51]鬚眉是「烈」的，巾幗則是「嬌」的。男子擔當了示範、教化的角色，故此「巾幗嬌兒女要學鬚眉烈丈夫」，丈夫也應該「明其非」，指出女性的錯處。這些都可見男子以身作則的重要性。

總括而言，「大丈夫」、「男子漢」、「男兒」、「鬚眉」等都是傳統社會男性所追求的理想人格，當中承載社會對男子的期許。透過對這些觀念作出溯源，極有助掌握傳統男性人格形成的脈絡，亦可加深我們對「男子氣概」的理解及分析，並為本文以家訓文獻探究男性性別認知提供了相當有用的思想背景。

而有關「大丈夫」、「男子漢」、「男兒」、「男子」、「鬚眉」等詞語的來源，詳列如下：

附表二：〈傳統社會男性人格：「大丈夫」、「男子漢」、「男兒」、「男子」、「鬚眉」等詞語的來源〉

(1)「大丈夫」		
原文	語出人物	資料來源
富貴不能淫，貧賤不能移，威武不能屈，此之謂大丈夫	孟子（前372-前289）	趙岐（?-201）注，孫奭（962-1033）疏：《孟子注疏》（阮元〔1764-1849〕《十三經注疏》本；北京：中華書局，1980年），卷第六上，〈滕文公章句下〉，頁2710。

---

[50] 黃錫蕃：《閩中書畫錄》（民國三十二年《合眾圖書館叢書》本），卷十三，〈女史宋元明國朝〉，〈周氏〉，頁4下。

[51] 陳宏謀：《五種遺規》，〈從政遺規卷下〉，〈王朗川言行彙纂〉，頁88上。

原文	語出人物	資料來源
所謂大丈夫者，謂其智之大也	韓非（前280-前233）	韓非：《韓非子》（《四部叢刊》景清景宋鈔校本），卷六，〈解老第二十〉，頁2下。
大丈夫處世，當掃除天下，安事一室乎	陳蕃（?-168）	朱軾（1665-1736）：《史傳三編》（收入《景印文淵閣四庫全書》〔台北：台灣商務印書館，1983-1985年〕，〈史部〉217，〈傳記類〉，冊459），卷十六名臣傳八，〈陳蕃竇武〉，頁1下。
大丈夫當雄飛，安能雌伏	趙典	范曄（398-445）：《後漢書》（北京：中華書局，1965年），卷二十七，〈宣張二王杜郭吳承鄭趙列傳第十七〉，頁949。
大丈夫居世，生當封侯，死當廟食	梁竦（?-83）	范曄：《後漢書》，卷三十四，〈梁統列傳第二十四〉，頁1172。
大丈夫處世，當為國家立功邊境	張奐（104-181）	范曄：《後漢書》，卷六十五，〈皇甫張段列傳第五十五〉，頁2143。
丈夫擁書萬卷，何假南面百城	李謐	魏收（506-572）：《魏書》（北京：中華書局，1974年），卷九十，〈列傳逸士第七十八〉，〈李謐〉，頁1938。
出家是大丈夫事，非將相所能為	徑山道欽禪師	釋惠洪：《林間錄》（收入《景印文淵閣四庫全書》，〈子部〉358，〈小說家類〉，冊1052），卷上，頁3下。
丈夫須兼濟，豈得樂一身	薛據	計有功：《唐詩紀事》（上海：上海古籍出版社，1987年），卷二十五，〈薛據〉，頁377。
丈夫貴功勳，不貴爵祿饒	姚合	姚合：〈送任畹評事赴沂海〉，見彭定求等編：《全唐詩》（北京：中華書局，1960年），卷四百九十六，頁5625。
丈夫皆有志，會是立功勳	楊炯（650-692）	楊炯：〈出塞〉，見《全唐詩》，卷五十，頁612。
丈夫清萬里，誰能掃一室	劉希夷（651-679）	徐倬（1624-1713）：《全唐詩錄》（收入《景印文淵閣四庫全書》，〈集部〉411-412，〈總集類〉，冊1472-1473），卷二，〈劉希夷〉，〈從軍行〉，頁13下。
大丈夫必有四方之志	李白（701-762）	李白：《李太白文集》（上海：上海古籍出版社，1994年），卷二十六，〈上安州裴長史書〉，頁602。

原文	語出人物	資料來源
丈夫志氣事，兒女安得知	呂溫（771-811）	呂溫：〈偶然作二首〉，見《全唐詩》，卷三百七十一，頁4174。
丈夫貴兼濟，豈獨善一身	白居易（772-846）	白居易：〈新制布裘〉，見《全唐詩》，卷四百二十四，頁4669。
出家是大丈夫事，蓋勇決者人之所難也	歐陽修（1007-1072）	歐陽修：《集古錄》（收入《景印文淵閣四庫全書》，〈史部〉439，〈目錄類〉，冊681），卷九，〈唐李文饒平泉山居詩〉，頁5上。
大丈夫當容人，勿為人所容	朱熹（1130-1200）	王惲（1227-1304）：《秋澗集》（《四部叢刊》景明弘治本），卷九十七，〈玉堂嘉話卷之五〉，頁12上。
大丈夫生於亂世，當帶三尺劍立不世之功	羅貫中（1330-1400）	羅貫中：《三國志通俗演義》（明嘉靖元年刻本），卷十一，〈孫仲謀合淝大戰〉，頁40下。
大丈夫以正大立心，以光明行事，終不為邪暗小人所惑而易其所守	薛瑄（1389-1464）	薛瑄：《讀書錄》（明萬曆刻本），卷四，頁13下。
大丈夫既以身許國家，許知己，惟鞠躬盡瘁而已，他復何言	張居正（1525-1582）	張居正：《張太岳先生文集》（明萬曆四十年唐國達刻本），卷三十四，〈答上師相徐存齋并附與諸公書其一〉，頁1下。
大丈夫不怕人，只是怕理	呂坤（1536-1618）	呂坤：《呻吟語》（明萬曆二十一年刻本），卷一內篇，〈存心類〉，頁6上。
丈夫在世當用財，豈為財用	王維寧	吳肅公（1626-1699）：《明語林》（清光緒刻宣統印碧琳琅館叢書本），卷八，〈豪爽〉，頁9上。
排難解紛，濟人利物，是大丈夫本分事	傅山（1607-1690）	傅山：《霜紅龕集》（據清宣統三年〔1911〕山陽丁氏刻本影印；收入《清代詩文集彙編》；上海：上海古籍出版社，2009年），卷三十七雜記二，頁6下。
大丈夫行事，論是非，不論利害；論順逆，不論成敗；論萬世，不論一生	黃宗羲（1610-1695）	黃宗羲：《宋元學案》（清道光刻本），卷八十四，〈存齋晦靜息庵學案〉，頁7上。

原文	語出人物	資料來源
大眾若識得破，個個都是大丈夫	函可祖心 （1611-1659）	函可祖心：〈上堂〉（收入《千山剩人禪師語錄》，見《嘉興大藏經》〔台北：新文豐出版公司，1987年〕，第38冊），頁214上。
出家乃大丈夫之所為，汝既出家可謂女中丈夫	介為行舟 （1611-1670）	介為行舟：〈示定遠尼〉（收入《介為舟禪師語錄》，見《嘉興大藏經》，第28冊），頁268上。
丈夫志四方，此言須細詳，四方雖云樂，何如在家鄉，況復多變態，前途更難量	陸隴其 （1630-1693）	陸隴其：《三魚堂集》（清康熙刻本），外集卷六詩，〈贈姚亘山〉，頁14下。
丈夫用志必有托，身外失得隨所遭	梅文鼎 （1633-1721）	梅文鼎撰，何靜恒、張靜河校：《績學堂詩文鈔》（清乾隆梅瑴成刻本），詩鈔卷一，〈庚戌至戊午〉，〈欲曙〉，頁21下。
不為威怵，不為利誘，此大丈夫事也	陳宏謀 （1696-1771）	陳宏謀：《五種遺規》（據中國科學院圖書館藏清乾隆四至八年〔1739-1743〕培遠堂刻匯印本影印；收入《續修四庫全書》〔上海：上海古籍出版社，1995年〕，〈子部〉，〈儒家類〉，冊951），〈教女遺規〉，卷中，〈呂新吾閨範〉，頁26下。
丈夫家國原無異，勿繫天涯兒女情	林良銓 （1700-?）	林良銓：《林睡廬詩選》（據清乾隆二十年〔1755〕詠春堂刻本影印；收入《四庫禁燬書叢刊》〔北京：北京出版社，2000年〕，〈集部〉，冊53），卷下，〈送和村十首時和村由秦豫入都謁選〉，頁4上。
丈夫志四方，家室安足戀	蔣士銓 （1725-1785）	蔣士銓：《忠雅堂文集》（據山東省圖書館藏清嘉慶二十一年〔1816〕藏園刻本影印；收入《續修四庫全書》，〈集部〉，〈別集類〉，冊1436-1437），卷一，〈抵建昌三首〉，頁10下。
大丈夫寧犯天下之所不韙，而不為吾心之所不安	姚鼐 （1731-1815）	姚鼐：《惜抱軒詩文集》（清嘉慶十二年刻本），〈文集〉，卷四，〈禮箋序〉，頁20上。

原文	語出人物	資料來源
丈夫貴倔強，女子多虛警	曾國藩 （1811-1872）	曾國藩：〈雜詩九首〉，見《曾文正公詩文集》（《四部叢刊》景清同治本），〈詩集〉，卷一，頁2上。
欲作人間大丈夫，必須立志勿糊塗。專門望習農工礦，先哲辛勞記得無	鄭觀應 （1842-1922）	鄭觀應：《羅浮偫鶴山人詩草》（清宣統元年本），卷二，〈寓意吟〉下，〈寄示長男潤林肄業日本〉，頁35下。
大丈夫行事當磊磊落落，如日月皎然，終不能如曹孟德司馬仲達父子欺他孤兒寡婦，狐媚以取天下也	不詳	房玄齡：《晉書》（北京：中華書局，1974年），卷一百五載記第五，〈石勒下〉，頁2749。
丈夫志四海，萬里猶比鄰	不詳	〈又發憤告離詩〉，《三國志文類》（收入《景印文淵閣四庫全書》，〈集部〉300，〈總集類〉，冊1361），卷五十八，頁4下-5上。

(2) 「男子漢」、「男兒」、「男子」		
原文	語出人物	資料來源
男兒要當死於邊野，以馬革裹屍還葬耳	馬援 （前14-49）	范曄：《後漢書》，卷二十四，〈馬援列傳第十四〉，頁841。
男兒立身須自強	李頎 （690-751）	計有功：《唐詩紀事》（上海：上海古籍出版社，1987年），卷二十，〈李頎〉，頁286。
眼頭多少難甘事，自古男兒須自強	李咸用	李咸用：《唐李推官披沙集》（《四部叢刊》景宋本），卷五，〈送人〉，頁5下。
富貴不淫貧賤樂，男兒到此是豪雄	熊節	熊節：《性理群書句解》（收入《景印文淵閣四庫全書》，〈子部〉15，〈儒家類〉，冊709），卷四，〈秋日〉，頁16下。
男兒自有守，可殺不可苟	梅堯臣 （1002-1060）	梅堯臣：《宛陵集》（《四部叢刊》景明萬曆梅氏祠堂本），卷五，〈古意〉，頁3上。
男兒自以身許國	陸游 （1125-1210）	陸游：〈望夫石〉，見陸游著，錢仲聯注：《劍南詩稿校注》（上海：上海古籍出版社，1985年），卷二十九，頁1977。
滄海可填山可移，男兒志氣當如斯	劉過 （1154-1206）	曹庭棟（1699-1785）：《宋百家詩存》（收入《景印文淵閣四庫全書》，〈集部〉416，〈總集類〉，冊1477），卷二十二，〈盱眙行〉，頁8下-9上。
以為男兒之志，豈止在醉遊花市而已哉。此說殊未然也，必志於致君澤民	姚勉 （1216-1262）	姚勉：《雪坡集》（收入《景印文淵閣四庫全書》，〈集部〉123，〈別集類〉，冊1184），卷四十四，〈賀新郎〉，頁3上-3下。
男子漢志在四方，求功名是大事，豈可獨善其身	蘇復之	蘇復之：《金印記》（明刊本），卷三，〈第二十三出〉，頁11上。
遇事逢人，豁綽舒展，要看男兒，須先看膽	呂坤 （1536-1618）	呂坤：《續小兒語》（清《藝海珠塵》本），〈四言〉，頁2上。

原文	語出人物	資料來源
男兒事業，經綸天下，識見要高，規模要大。待人要豐，自奉要約，責己要厚，責人要薄	呂坤	呂坤：《續小兒語》（清《藝海珠塵》本），〈五言〉，頁3下。
富貴儻來君莫問，丹心報國是男兒	田汝成	田汝成：《西湖遊覽志》（收入《景印文淵閣四庫全書》，〈史部〉343，〈地理類〉，冊585），卷八，〈西湖遊覽志餘〉，頁25上。
為人排難解紛，且不自居其功，更見男子風義	孫奇逢（1585-1675）	孫奇逢：《夏峰先生集》（據清道光二十五年〔1845〕大梁書院刻本影印；收入《清代詩文集彙編》），卷七，〈復崔魯望〉，頁42上。
男子志在四方，為行其道也，若漂泊則何志之有	呂留良（1629-1683）	呂留良：《呂晚村先生文集》（據復旦大學圖書館藏清雍正三年〔1725〕呂氏天蓋樓刻本影印；收入《續修四庫全書》，〈集部〉，〈別集類〉，冊1411），卷四書，〈與朱望子書〉，頁10上。
是男兒，萬里慣長征	王鵬運（1849-1904）	王鵬運：《半塘稿》（清光緒朱祖謀刻本），半塘定稿卷一，〈味棃集〉，〈八聲甘州〉，頁6下。

(3) 「鬚眉」		
原文	語出人物	資料來源
丫環之中，尚有全忠全孝頂天立地之人，何況鬚眉男子	周楫	周楫：《西湖二集》（明崇禎刊本），卷十九，〈俠女散財殉節〉，頁6下。
先君生無鬚眉，天下王侯不以此損其敬	張萱	張萱：《疑耀》（明萬曆三十六年刻本），卷一，〈孔子無鬚眉辯〉，頁1下。
巾幗嬌兒女要學鬚眉烈丈夫	黃錫蕃	黃錫蕃：《閩中書畫錄》（民國三十二年《合眾圖書館叢書》本），卷十三，〈女史宋元明國朝〉，〈周氏〉，頁4下。
丈夫為女子之事巾幗之辱鬚眉之羞也	刁包 （1603-1669）	刁包：《易酌》（收入《景印文淵閣四庫全書》，〈經部〉33，〈易類〉，冊39），卷四，頁46上。
教鄧子孫，止於保姓；教濟河王子，意在維城。有此遠識，須麋不逮	周亮工 （1612-1672）	周亮工：《因樹屋書影》（清康熙六年刻本），卷七，頁11上。
女子陰性，故嫉妒字旁從女，明其非，鬚眉丈夫事也	陳宏謀 （1696-1771）	陳宏謀：《五種遺規》，〈從政遺規卷下〉，〈王朗川言行彙纂〉，頁88上。
我堂堂鬚眉，誠不若彼裙釵	曹雪芹 （1717-1763）	曹雪芹：《紅樓夢》（清光緒丙子聚珍堂本），第一回，〈甄士隱夢幻識通靈賈雨村風塵懷閨秀〉，頁1上。
《左傳・昭公二十六年》有君子白皙，鬒須眉，甚口	阮元 （1764-1849）	阮元：《經籍籑詁》（清嘉慶阮氏琅嬛仙館刻本），卷七，〈上平聲〉，頁12下。
鬚眉男子未有鬚眉，不具可稱男子者。少年兩道眉，臨老一林鬚。此言眉主早成，鬚主晚運也	方濬師 （1830-1889）	方濬師：《蕉軒續錄》（清光緒刻本），卷一，〈冰鑑七篇〉，〈眉鬚章第五〉，頁22上。
如僕者，亦豈須眉而巾幗哉	沈起鳳	沈起鳳：《諧鐸》（清乾隆五十七年刊本），卷七，〈巾幗幕賓〉，頁16下。

第三章

清代家訓的歷史價值

家訓的核心是家庭，是長輩對子孫進行為人處世教育的一種方式。多元化的家訓文獻，涉及勵志、勸學、修身、處世、為政等方面，亦發揮了積極的社會作用。[1]而且，家訓在中國傳統文化中，屬於倫理哲學的範疇，其思想亦主要側重在家庭成員的倫理道德及人倫關係教育，[2]故此，研究家訓對我們了解中國古代的人際關係甚有啟發。值得注意的是，家訓除了具有非常豐富的議題，在訓誡的對象上，也牽涉到不同的角色，例如朱明勳便提出家訓包含某一家庭或家族中父祖對子孫、兄長對弟侄所作出的訓示，也包括了丈夫對妻妾所作出的訓示。[3]由此可見，研究家訓文獻實有助我們更有深度地去研究中國性別的歷史。存世的家訓以清代為最多，而且在內容、形式、作者背景及傳佈地域等方面均呈現出多元化的發展。本文選取清代為研究時期，固然與此有關，而另一原因則是清代為傳統與現代之交界，是了解舊思想向新思想過渡的重要時期。

第一節：清史研究的重要性

　　清史的研究價值，前輩所論已極為詳備，如馮爾康就提出清史研究的價值有三方面，其一是清人以少數民族一統中國，促進了各個民族的融合，其二是清代是中國社會「半殖民」、「半封建」的交替時期；其三是清代在文學、哲學、史學、地理學、民族學等方面有新的成就，研究這個時代，有利於說明中國的過去、歷史的發展規律，也有利於認識現實，改造現實。[4]另外，

---

[1]　盧正言：《中國歷代家訓觀止》，頁1-2。
[2]　王長金：《傳統家訓思想通論》，〈序〉，頁1。
[3]　朱明勳：《中國家訓史論稿》，頁10。
[4]　馮爾康：《清史史料學》，頁2-3。

何炳棣（Ho Ping-ti，1917-2012）認為清代在中國歷史上有五個重要性：其一是在地理方面，確立了現代版圖；其二是清代的人口增長所帶來的影響；其三是清代對學術的影響，推崇理學，儒家文化亦成為中國學術的正統；其四是以前朝為鑑，進行變革，例如經濟、政治等；其五是清代的物質文化與藝術的發展及其成就。[5] 羅威廉（William T. Rowe）、司馬富（Richard J. Smith）亦強調清代在歷史上的重要性，如經濟方面的發展，羅威廉提到在物質的生產力方面，遠超以往朝代，在經濟上的管理更具目標及有效率等等。[6]

　　必須注意的是，近年北美學術界「新清史」學派已掀動了全球重新討論清代歷史地位的熱潮。[7] 在帝國形成及重視民族要素方面，其中一具代表性學者羅友枝（Evelyn S. Rawski）指出清代奠定了現代中國疆域的基礎，但是清朝成功的要素不在漢化。

---

[5]　Ho Ping-ti, "The Significance of the Ch'ing Period in Chinese History", *The Journal of Asian Studies*, vol. 26, no. 2 (February 1967), pp. 189-195; Ho Ping-ti, "In Defense of Sinicization: A Rebuttal of Evelyn Rawski's "Reenvisioning the Qing", *The Journal of Asian Studies*, vol. 57, no.1 (February 1998), pp. 123-124; 何炳棣著，張勉勵譯：〈捍衛漢化：駁伊芙琳‧羅斯基之「再觀清代」〉，《清史研究》，2000年1期（2000年2月），頁113。

[6]　William T. Rowe, *China's Last Empire: The Great Qing* (Cambridge, Mass.: Belknap Press of Harvard University Press, 2009), pp. 1-2; Richard J. Smith, *China's Cultural Heritage: The Ch'ing Dynasty, 1644-1912* (Boulder: Westview Press, 1994), pp. 2-3.

[7]　定宜莊對於美國的「新清史」研究所作出的歸納，值得借鑒，她指出「新清史」探討清朝統治問題的出發點，就是強調清朝統治與歷代漢族王朝的區別、強調清朝統治中的滿洲因素；另外，「新清史」的學者特別強調對於滿文、蒙古文和藏文等少數民族史料的運用。而且她認為清朝在中國歷史上的最大功績之一，是國家的統一和疆域的鞏固，但僅停留在闡述和反覆強調這個事實的層面上，還不能算是真正的學術研究，例如在清朝統治者的統治模式方面，是站在中原這個中心向外，亦即向著那些邊遠地區行使權力；或是中原本身，不過是他們行使統治權力的領地之一，作者指出了二者具有不同的本質。前者，中原與邊疆是主從關係；而後者就是變成並列關係。詳參定宜莊：〈由美國的「新清史」研究引發的感想〉，《清華大學學報》（哲學社會科學版），2008年1期（2008年），頁9-11。

從帝國締造方面來分析，羅友枝提出了漢文化的形成中非漢民族作用的重要問題，又指出清代的成功在於其利用與內陸亞洲非漢民族的文化聯繫。[8]而衛周安（Joanna Waley-Cohen）亦綜合柯嬌燕（Pamela K. Crossley）、歐立德（Mark C. Elliott）、米華健（James Millward）、Laura Hostetler、羅友枝、曼素恩等學者進行的「新清史」研究，指出清代不單在中國本土發展，更橫越歐亞中部建立起廣闊的帝國，因此有別於一般的中原王朝。[9]其中衛周安提到的米華健，實際上還借鑑人類學研究的角度，主張重視滿族、蒙古族、苗族等民族認同的方法；並重新審視清帝國是否視中原為中心的概念。[10]另一方面，「新清史」學派重視多種語言材料的運用，使歷史研究更形豐富。[11]不過也有學者提出「新清史」亦有需要修正的地方，例如黃興濤〈清代滿人的「中國認同」〉指出滿人並非只強調種族特色，其實也同樣有「中國

---

[8] Evelyn S. Rawski, "Presidential Address: Reenvisioning the Qing: The Significance of the Qing Period in Chinese History", *The Journal of Asian Studies*, vol. 55, no. 4（November 1996），pp. 829-850; 羅友枝著，張勉勵譯：〈再觀清代在中國歷史上的重要性〉，《清史研究》，1999年2期（1999年5月），頁114。另外，羅友枝指出清代對近代中國社會的貢獻，例如經濟增長方面，例如有清帝國的沿海貿易、公共稅收及內務府獲得的財源；版圖鞏固方面，例如將內亞的重要部份整合進東亞人居住的範圍；中央集權方面，例如有帝王個人的行政能力、官僚政治的文牘工作的效率、監察及制衡制度等等，清代不單是建立了國土範圍的新規模及保持長期的穩定性，同時成功地造就了一個多族群的帝國，詳參Evelyn S. Rawski, "The Qing Formation and the Early-modern Period," in Lynn A. Struve (ed.), *The Qing Formation in World-historical Time* (Cambridge; Mass: Harvard University Asia Center, 2004), pp. 208-241; 司徒琳（Lynn A. Struve）編，趙世瑜等譯：《世界時間與東亞時間中的明清變遷》（北京：生活・讀書・新知三聯書店，2009年），下卷，〈清的形成與早期現代〉，頁255-299。

[9] Joanna Waley-Cohen, "The New Qing History", *Radical History Review*, vol. 88 (Winter 2004), p. 195; 衛周安（Joanna Waley-Cohen）著，董建中譯：〈新清史〉，《清史研究》，2008年1期（2008年2月），頁110。

[10] 劉鳳雲、劉文鵬：《清朝的國家認同：「新清史」研究與爭鳴》（北京：中國人民大學出版社，2010年），〈新清帝國史〉，頁417。

[11] 同上，〈後記〉，頁431。

認同」的意識，例如清朝皇帝及有滿族上流階層，都對傳統中國歷史和文化的主體明確地加以認同，尤其是將儒家思想作為治國的根本理念等。[12]其實，「新清史」的建設仍在進行，而隨著劉鳳雲、劉文鵬所編《清朝的國家認同：「新清史」研究與爭鳴》一書的出版，把北美有關學者的主要著作譯成中文，中外清史學人的對話與爭鳴亦已展開，並將持續。[13]

然而，不論是過往的清史研究，還是當時得令的「新清史」研究，都強調清代在中國歷史上的特殊位置。前者強調漢化，後者強調滿族本色，各有理據。但是，起碼可以這樣說，有清一代，無論傳統思想還是滿人種族思維，均具歷史作用。中國的訓誡傳統，由來已久，其所宣揚的文化內容更為精細，涉及忠孝仁義、經世應務、為人處世的各個方面，更涉及個人、家庭、國家的各個領域；[14]而清統治者又何嘗不特重「祖宗家法」及「我朝家法」？事實上，「我朝家法」、「本朝家法」已成為清代統治者經常掛在口邊的詞語，無論是歷朝《起居注》、《清實錄》、《帝王御製文集》，以至清修大量歷史著述之中都常常出現，例如上引文獻中有關「我朝家法」的總點擊數為136；「本朝家法」的總點擊數為47，「我朝家法」、「本朝家法」等字眼於清代文獻中頻頻出現，詳參下表：

---

[12] 黃興濤認為就「認同」本身而言，在清朝入關、政權統治逐漸穩定後，滿人的「中國認同」和「大清認同」就迅速趨於同一，並與自身的「滿洲認同」以一種交織的方式同時並存著，而「中國認同」作為一種兼顧對內對外、歷史與現實的超越族群利益之上的國家認同，總體來看處於更高層次。詳參黃興濤：〈清代滿人的「中國認同」〉，《清史研究》，2011年1期（2011年2月），頁1-12。

[13] 劉鳳雲、劉文鵬：《清朝的國家認同：「新清史」研究與爭鳴》（北京：中國人民大學出版社，2010年）。

[14] 張艷國：《家訓輯覽》，〈前言：中國傳統家訓的文化學意義〉，頁11。

附表三：〈清代文獻所載「我朝家法」、「本朝家法」、「祖宗家法」的情況〉

官方文獻	「我朝家法」字詞點擊數	「本朝家法」字詞點擊數	「祖宗家法」字詞點擊數
歷朝《起居注》[15]	19	6	0
《清實錄》[16]	28	10	2
《東華續錄》[17]	32	8	2
《清朝續文獻通考》[18]	24	6	2
其他清修歷史著述[19]	33	17	3

---

[15] 國立故宮博物院：《清代起居注冊‧咸豐朝》（台北：聯經出版事業公司，1983年）；國立故宮博物院：《清代起居注冊‧同治朝》（台北：聯經出版事業公司，1983年）；中國第一歷史檔案館：《康熙起居注》（北京：中華書局，1984年）；國立故宮博物院：《清代起居注冊‧道光朝》（台北：聯經出版事業公司，1985年）；國立故宮博物院：《清代起居注冊‧光緒朝》（台北：聯經出版事業公司，1987年）；中國第一歷史檔案館：《雍正朝起居注冊》（北京：中華書局，1993年）；中國第一歷史檔案館：《乾隆帝起居注》（桂林：廣西師範大學出版社，2002年）；中國第一歷史檔案館：《嘉慶帝起居注》（桂林：廣西師範大學出版社，2006年）；中國第一歷史檔案館、呂堅：《光緒帝起居注》（桂林：廣西師範大學出版社，2007年）；中國第一歷史檔案館、呂堅：《宣統帝起居注》（桂林：廣西師範大學出版社，2007年）。

[16] 《清實錄》（北京：中華書局，1985-1987年）。

[17] 王先謙（1842-1918）：《東華續錄（乾隆朝）》（清光緒十年長沙王氏刻本）；《東華續錄（嘉慶朝）》（清光緒十年長沙王氏刻本）；《東華續錄（道光朝）》（清光緒十年長沙王氏刻本）；《東華續錄（咸豐朝）》（清光緒十年長沙王氏刻本）；《東華續錄（同治朝）》（清刻本）；朱壽朋：《東華續錄（光緒朝）》（清宣統元年上海集成圖書公司本）。

[18] 劉錦藻（1862-1934）：《清朝續文獻通考》（上海：商務印書館，1936年）。

[19] 其他清修歷史著述方面，例如有《聖祖仁皇帝御製文集》，收入《景印文淵閣四庫全書》，〈集部〉237-238，〈別集類〉，冊1298-1299；《御製詩集》，收入《景印文淵閣四庫全書》，〈集部〉241-250，〈別集類〉，冊1302-1311；趙爾巽等撰：《清史稿》（北京：中華書局，1977年）；《皇清奏議》（民國影印本）；《欽定皇朝通典》，收入《景印文淵閣四庫全書》，〈史部〉400-401，〈政書類〉，冊642-643；《欽定皇朝文獻通考》，收入《景印文淵閣四庫全書》，〈史部〉390-396，〈政書類〉，冊632-638；《國朝宮史》，收入《景印文淵閣四庫全書》，〈史部〉415，〈政書類〉，冊657；慶桂（1737-1816）：《國朝宮史續編》（清嘉慶十一年內府鈔本）；黃鴻壽：《清史紀事本末》（民國三年石印本）；沈家本（1840-1913）：《大清現行新律例》（清宣統元年排

在從政之風而論，清代統治者重申「祖宗家法」、「我朝家法」，以祖先的勤政、儉樸為典範，世世代代繼承祖先的美德，恪守家法，如清聖祖（愛新覺羅玄燁，1654-1722；1662-1722在位）便提出：

> 「祖宗相傳家法，勤儉敦樸為風，古人有言，以一人治天下，不以天下奉一人，以此為訓，不敢過也。」[20]

清仁宗（愛新覺羅顒琰，1760-1820；1796-1820在位）指出：

> 「朕嗣統二十年以來亦恪遵罔懈，誠以我朝家法勤政為先。」[21]

而以治國政策來說，如清高宗便提出「乾綱獨斷」是源自「本朝家法」：[22]

> 「況乾綱獨斷乃本朝家法，自皇祖、皇考以來，一切用人聽言大權從無旁假……」[23]

印本）；端方（1861-1911）：《大清光緒新法令》（清宣統上海商務印書館刊本）；謝旻：《（康熙）江西通志》，收入《景印文淵閣四庫全書》，〈史部〉271-276，〈地理類〉，冊513-518；《欽定八旗通志》，收入《景印文淵閣四庫全書》，〈史部〉422-429，〈政書類〉，冊664-671。

[20] 愛新覺羅胤禛（1677-1735；1723-1735年在位）述：《聖祖仁皇帝庭訓格言》（據民國九年〔1920〕《留餘草堂叢書》本影印；收入《叢書集成續編》，〈社會科學類〉，冊60；台北：新文豐出版公司，1989年），頁10上。

[21] 王先謙：《東華續錄（嘉慶朝）》，〈嘉慶三十九〉，頁14上。

[22] 何冠彪：〈乾綱獨御、乾綱獨斷——康熙、雍正二帝君權思想的一個側面〉，《漢學研究》，20卷2期（2002年12月），頁275-300。

[23] 中國第一歷史檔案館編：《乾隆帝起居注》，第7冊，頁272-273，「乾隆十三年戊辰八月二十九日辛亥」；中國第一歷史檔案館編：《乾隆朝上諭檔》（北京：

這種家法的傳承，重申了這種政策的重要性，既表現出清統治者恪守家法的傳統，也可為後繼統治者提供治國方法的借鑑。

此外，在冊立太子以繼承皇室方面，清代統治者亦強調「祖宗家法」、「我朝家法」，祖先建立良好的嗣繼傳統，世代也要遵行，例如清高宗（愛新覺羅弘曆，1711-1799；1736-1795在位）認為「我朝家法，實為美善，太宗世祖，聖聖相承」；[24]《清朝續文獻通考》亦提及：

> 「我朝二百餘年，祖宗家法，子以傳子，骨肉之閒，萬世應無閒然。」[25]

而在宮中禮儀、服飾方面，在文獻中亦多次出現「祖宗家法」等字詞，重申皇室成員必須嚴格地遵守家法，例如《皇清奏議》提出滿人及漢人的服飾、物品及婚喪禮儀的制定：

> 「八旗滿漢人等服用之式，與婚喪之禮，固本祖宗家法。節經酌定，見入會典。」[26]

清代皇室亦依照滿族祭祀的傳統，例如於坤寧宮祭祀神靈，也重申「祖宗家法」，世代相傳，如《國朝宮史續編》提及「坤寧宮祀神乃祖宗家法，萬世遵依。」[27]

由此可見，清統治者都重視家法，亦嚴格遵從。種族思維也

　　檔案出版社，1991年），「乾隆十三年八月二十九日」條，第2冊，頁232。
[24] 王先謙：《東華續錄（乾隆朝）》，〈乾隆八十八〉，頁13下。
[25] 劉錦藻：《清朝續文獻通考》，卷一百七十九，〈王禮十〉，頁9270。
[26] 《皇清奏議》，卷二十二，〈請編輯禮書疏〉，頁5下。
[27] 慶桂：《國朝宮史續編》，卷三十，〈典禮二十四〉，頁3下。

好、傳統意識也好，總之上行下效，整個社會就瀰漫著一種恪守前人訓誡的風氣，代代相傳的價值觀念，就在大量的家訓文獻中默默保留。

第二節：清代家訓文獻的歷史價值

在家訓文獻的發展上，清代是一個重要的時期。以形式而言，清代家訓較為多樣化，如輯錄家訓的專書也產生了多種新樣式，如家訓集、家規、家儀、家書集、家訓詩集等。[28]教育內容方面，清代家訓也有著顯著的變化，既對前人所述問題作出更具體及全面的發揮，也探討前人不曾注意的問題；[29]具體題材亦更為豐富，包括重視個人節操的教育、強調社會風俗的教化、重視擇業觀念的灌輸、重申男女界限的區分等等，可見訓誡的題材極為多元化。[30]事實上，家訓文獻在清代的發展非常蓬勃，既豐富了中國的傳統教子形式，也推動了家訓文化的發展，從而傳承了博大精深的儒家文化，意義深遠。[31]另一方面，撰寫家訓的作者

---

[28] 林錦香：〈中國家訓發展脈絡探究〉，《廈門教育學院學報》，2011年4期（2011年11月），頁47。另外，王若等亦有分析清代家訓形式的多元化，例如直接定出家規條款，家人共同遵守，如孫奇逢《孝友堂家規》；亦有採用書信形式，久而形成完整系統，如曾國藩《曾文正公家訓》等等。而沈時蓉也提到元明清家訓的特點，例如家訓進入族譜，累代纂修；近現代家訓的特點多數為書信體，家訓中灌注了新思想及方法等等。詳參王若、李曉非、邵龍寶：〈淺談中國古代家訓〉，《遼寧師範大學學報》（社會科學版），1993年6期（1993年11月），頁39-43；沈時蓉：〈中國古代家訓著作的發展階段及其當代價值〉，《北京化工大學學報》（社會科學版），2002年4期（2002年），頁5-10、28。

[29] 林錦香：〈中國家訓發展脈絡探究〉，《廈門教育學院學報》，2011年4期（2011年11月），頁47。

[30] 鍾敬文、蕭放：《中國民俗史：明清卷》（北京：人民出版社，2008年），頁195-197；徐少錦、陳延斌：《中國家訓史》，〈明清時期家訓概述〉，頁469-490。

[31] 李慧：〈明清帝王教子比較研究──以家訓為視角〉，《黑龍江科技信息》，2009年14期（2009年），頁119。

亦更多元化，士紳編著家訓固然最為普遍；但也有來自帝王、顯官、學究、宿儒、商賈等階層。此外，吳存存更提出家規閨訓於此時期的泛濫，上至皇帝、公卿大臣，下至貧士、商家、農戶，都撰寫過家規閨訓。[32]

總括而言，清代家訓在家訓文獻的發展史中，具有舉足輕重的歷史價值。本文的核心是探討此時期有關男性氣質的討論。其實，黃衛總先前已提出家訓是審視男子氣概很珍貴的參考資源。黃氏指出，在晚期帝制的中國，家訓著者普遍重視「男子氣概」，更具體關注到兒子能否抗衡妻妾可能帶來的壞影響以及丈夫能否訓誡妻子。此外，清代家訓中又呈現出對女性負面影響的恐懼，「外姓人」的言行常被視為威脅「夫綱」的因素。[33]由此可見，爬梳在清代蓬勃、多元化發展的家訓文獻中所呈現的性別面貌，尤其是對「男性氣概」的論述，將是極為豐富而具開拓性的研究工作。

第三節：清代家訓的歷史發展

無論在數量、作者、體例、以至出版形式方面，都可以證明清代是家訓文獻著述中的一個關鍵時期。首先，在數量方面非常可觀。例如《中國叢書綜錄》中所收錄的中國傳統家訓有117部，明清的家訓著作佔了89部，而清代家訓多達61部；[34]而筆者

---

[32] 王瑜：〈明清士紳家訓中的治生思想成熟原因探析〉，《河北師範大學學報》（哲學社會科學版），2009年2期（2009年3月），頁135；徐少錦、陳延斌：《中國家訓史》，〈明清時期家訓概述〉，頁469-490。補充一點，吳存存認為每一個有財產、有文化的家庭都有自己成文成冊的家規閨訓，可見撰寫家訓在明清時期的普遍性，詳參吳存存：《明清社會性愛風氣》，頁19。

[33] Martin W. Huang, *Negotiating Masculinities in Late Imperial China*, pp. 187-190.

[34] 牛曉玉：〈試論明清家訓中的德育教育觀〉，《安陽工學院學報》，2008年2期

亦嘗試參考其他大型叢書，如《四庫全書存目叢書》、《叢書集成續編》、《中國叢書廣錄》、《四庫未收書輯刊》、《續修四庫全書》等等，清代至少有超過120多部的家訓類著作存世。[35]至於家訓的作者方面，也廣泛包括來自不同背景的人士，例如在朝官員有于成龍（1617-1684）、[36]丁耀亢（1599-1669）、[37]張英（1638-1708）、[38]張廷玉（1672-1755）、[39]蔣伊（1631-1687）[40]等等；而文人儒者有孫奇逢（1585-1675）、[41]傅山（1607-1690）、[42]朱用純（1627-1698）[43]等等；帝王則有聖祖、世宗等；商賈則有王秉元、吳中孚等等。[44]鍾豔攸〈明清家訓族規之研究〉則以作者籍貫來劃分，從而得出結果：在清代，不論南方地區、北方地區皆有在野人士撰寫家訓，比明代在野人士撰寫家訓風氣更盛，由此可見清代撰寫家訓的普遍性及作者的多元化。[45]

（2008年），頁125；陳節：〈古代家訓中的道德教育思想探析〉，《東南學術》，1996年2期（1996年3月），頁70；徐少錦、陳延斌：《中國家訓史》，〈明清時期家訓概述〉，頁469-490。

[35] 另參鍾豔攸：〈明清家訓族規之研究〉（國立台灣師範大學歷史研究所博士論文，2003年），頁19。

[36] 于成龍：《于清端公治家規範》，收入包東波：《中國歷代名人家訓精萃》（合肥：安徽文藝出版社，2000年），頁324-328。

[37] 丁耀亢：《家政須知》（據清順治康熙遞刻《丁野鶴集八種》本影印；收入《清代詩文集彙編》；上海：上海古籍出版社，2009年），頁581-592。

[38] 張英：《聰訓齋語》（《叢書集成初編》本；北京：中華書局，1985年），頁217-223；《恆產瑣言》（《叢書集成初編》本），頁214-216。

[39] 張廷玉：《澄懷園語》（據光緒二年〔1876〕《嘯園叢書》本影印；收入《叢書集成續編》，〈社會科學類〉，冊60），頁723-767。

[40] 蔣伊：《蔣氏家訓》（《叢書集成初編》本），頁212-213。

[41] 孫奇逢：《孝友堂家規》（《叢書集成初編》本），頁206-207；《孝友堂家訓》（《叢書集成初編》本），頁208-211。

[42] 傅山：《霜紅龕家訓》（據道光十三年〔1833〕世楷堂藏板《昭代叢書》本影印；收入《叢書集成續編》，〈社會科學類〉，冊60），頁599-607。

[43] 朱用純：《治家格言》，收入《課子隨筆鈔》，頁212-214。

[44] 徐少錦、陳延斌：《中國家訓史》，〈明清時期的商賈家訓思想〉，頁575-591。

[45] 鍾豔攸：〈明清家訓族規之研究〉（國立台灣師範大學歷史研究所博士論文，2003年），頁173-176。

另外，在家訓著作的體例方面，也比以往朝代更為豐富，當中有「指示式」的家訓著作，以條文方式鋪排訓誡，[46]如丁耀亢《家政須知》的內容架構便以〈勤本〉、〈節用〉、〈逐末〉、〈習苦〉等條文為基本；[47]汪輝祖（1731-1807）《雙節堂庸訓》亦以〈述先〉、〈律己〉、〈治家〉、〈應世〉等條文為內容架構。[48]此外，也有近似「散文」形式的家訓著作，不分類目，如傅山《霜紅龕家訓》、蔣伊《蔣氏家訓》、孫奇逢《孝友堂家規》及《孝友堂家訓》等等。此外，更有「歌訣體」家訓和「詩訓」。[49]前者的例子有彭定求（1645-1719）《治家格言》等，[50]而後者的例子則有魏源（1794-1857）〈讀書吟示兒者〉等，[51]在表達形式方面，清代家訓的著作可謂五花八門，形式多樣化。

最後，在出版形式方面，也有各種各樣的方式，馮爾康指出清代家訓不一定出現於譜牒之中，可以以單行本出版，也可收入作者文集，也可以在其他體裁的圖籍中並存。[52]一些家訓著作是以輯錄、匯編各種家訓的方式出版，如陳宏謀《五種遺規》、張伯行《課子隨筆鈔》等等，[53]這些輯錄形式出版的家訓著作，在

---

[46] 同上，頁35-41。

[47] 丁耀亢：《家政須知》，收入《清代詩文集彙編》，頁581-592。

[48] 汪輝祖著，王宗志、夏春田、穆祥望釋：《雙節堂庸訓》（天津：天津古籍出版社，1995年）。

[49] 「歌訣體」家訓既有長篇，也有短篇而獨立成篇；既有朗朗上口的歌謠，也有刻板的訓誡。而詩訓有些講求格式，有的不拘形式；有的只是一首兩首的即興而賦，有些則是全面的系列詩作，詳參徐少錦、陳延斌：《中國家訓史》，〈明清的箴銘、歌訣體家訓和詩訓〉，頁606-630。

[50] 彭定求：《治家格言》，收入徐梓：《家訓：父祖的叮嚀》（北京：中央民族大學出版社，1996年），頁364。

[51] 魏源：〈讀書吟示兒者〉，收入《魏源集》（北京：中華書局，1976年），頁752-753。

[52] 馮爾康：《清史史料學》，〈家訓及其他有關載籍的史料〉，頁273-276。

[53] 張伯行輯，夏錫疇錄：《課子隨筆鈔》（台北：文史哲出版社，1987年）；陳宏謀：《五種遺規》（據中國科學院圖書館藏清乾隆四至八年〔1739-1743〕培遠堂刻匯印本影印；收入《續修四庫全書》，〈子部〉，〈儒家類〉，冊951）。

清代亦有較多的數量。另有一些家訓著作是收入作者文集的，如陳確《叢桂堂家約》收錄於其文集《陳確集》。[54]也有家訓著作被收入叢書，如前文所舉出的例子，丁耀亢《家政須知》收錄於《四庫全書存目叢書》；張廷玉《澄懷園語》收入《叢書集成續編》；蔣伊《蔣氏家訓》收錄於《叢書集成初編》等等。

　　凡此種種，可見清代家訓的發展是非常蓬勃的，不論在數量、作者背景、體例、以至出版形式方面，都證明了清代家訓文獻是極為珍貴及重要的參考資源，也加強了本文以家訓為核心的可行性。

---

[54] 陳確：《叢桂堂家約》，收入《陳確集》（北京：中華書局，1979年），〈別集〉，卷九，頁513-517。

第四章

「為夫之道」

──從家訓看清代男性對自身性別角色的認知

如前文所述，家訓文獻的訓誡關係既有父祖對子孫，也有兄長對弟侄和丈夫對妻妾。丈夫對妻妾的訓示，事實上也蘊含著男性的自我性別意識。不過稽查清代的家訓文獻，就會發現家訓中除了訓誡晚輩為人子、為人女、為人婦之道外，還有不少關於「為人夫」的論述。[1]黃衛總早已提出研究家訓是很好的切入點去審視「男性氣質」，[2]同時，筆者亦發現清人文集也是審視男性自我性別意識的珍貴材料。故此，本文會以家訓文獻為主要的參考資料，再適度採用清人文集加以延伸比對，從而加強有關「清代男性對自身性別角色的認知」的深度分析，務求更有效地呈現清人的「為夫之道」。

　　本章會依次分析：（1）清人家訓中「夫為妻綱」概念的灌輸；（2）清代男子「男性氣概」的呈現——丈夫尊嚴的確立；（3）清代丈夫的責任；（4）清代丈夫的自我約束。

第一節：清人家訓中「夫為妻綱」概念的灌輸

　　要了解「夫為妻綱」的概念，便需注意何謂「夫婦」。[3]追溯源流，孟子曾提出包括夫婦在內的五種人倫關係：

---

[1]　參拙文〈家訓文獻的性別面貌〉，收入《性別視野中的中國歷史新貌》，頁220。

[2]　Martin W. Huang, *Negotiating Masculinities in Late Imperial China*, pp. 187-191. 黃衛總在分析儒家思想影響下明清男性氣概的建立時，曾採用少許家訓著作進行研究，如汪輝祖（1731-1807）的家訓等，但是筆者認為仍有大量家訓文獻中對男性氣概的論述，並未受到學者注意。

[3]　「夫」一字有以下的含義，包括有成年男子的通稱、大丈夫及女子的配偶，「夫」也與勞役有關，例如指服勞役或從事某種體力勞動的人、兵卒等等。參羅竹風、漢語大詞典編輯委員會：《漢語大詞典》，第2冊，頁1454。「婦」一字泛指婦女，也用作表達已婚女子，例如妻、兒媳等。參羅竹風、漢語大詞典編輯委員會：《漢語大詞典》，第4冊，頁380。而「夫婦」一詞可指平民男女，亦可指夫妻。參羅竹風、漢語大詞典編輯委員會：《漢語大詞典》，第2冊，頁1454。

「父子有親，君臣有義，夫婦有別，長幼有敘，朋友有信。」[4]

父子之間需有親情，君臣之間需有禮義，「夫婦」之間需有分別，長幼之間需有秩序，朋友之間需有誠信。孟子認為「夫婦」需要明確其分別，「夫婦」的責任不同，不能任意轉換彼此的角色。此外，《周易‧序卦》也論述到「夫婦」與父子之間的連帶關係：

「有天地，然後有萬物；有萬物，然後有男女；有男女，然後有夫婦；有夫婦，然後有父子。」[5]

從《周易‧序卦》可見，天地衍生了萬物，萬物衍生了男女；男女關係的確立，又出現了「夫婦」；其後「夫婦」有了子嗣，才會出現父子關係。父子關係形成之前，必先有「夫婦」，而中國社會尤重子嗣繼承，換言之夫婦關係成為了家族傳承的關鍵。基於這種連帶關係，故古人認為「夫婦人倫之始」，[6]孝道的建立、家庭成員的共融，都是始於夫婦關係的建立。而且，「夫婦」是一個家建立之根源，故《禮記‧中庸》便提出「君子之道，造端乎夫婦，及其至也，察乎天地。」，[7]家之根源在於夫妻關係的建立，所以男性要先從「齊家」著手，學懂齊家之道，方能了解更深奧的天地之間的真理，可見夫婦關係既是家族傳承的關鍵，也是男性要了解天地真理的切入點。既然夫妻關係如斯

4　趙岐注，孫奭疏：《孟子注疏》，卷第五下，〈滕文公章句上〉，頁2705。
5　孔穎達疏：《周易正義》，卷第九，〈序卦〉，頁96。
6　范曄：《後漢書》，卷六十二，〈荀韓鍾陳列傳第五十二〉，頁2052。
7　孔穎達：《禮記正義》，卷第五十二，〈中庸第三十一〉，頁1626。

重要，那麼古人對「夫婦」又有何看法？

　　爬梳史料，《說文解字》便云：「婦，服也。從女持帚灑掃也。」；[8]班固（32-92）《白虎通・嫁娶》亦對「夫婦」的角色加以申述：

> 「婦者，何謂也？夫者，扶也，扶以人道者也；婦者，服也，服於家事，事人者也。」[9]

夫婦之間處於一種從屬關係，丈夫是「扶」的角色，而妻子是「服」的角色，並擔當事奉別人的責任。而妻子的角色是較為謙卑的，例如《大戴禮記・本命篇》便已提出：

> 「丈者，長也；夫者，扶也；言長萬物也。……女者，如也，子者，孳也；女子者，言如男子之教而長其義理者也。故謂之婦人。婦人，伏於人也。」[10]

丈夫擔當了「扶」的角色，然而婦人是「伏於人」，以謙卑的態度對待丈夫。

　　班昭於《女誡》更明確地指出「夫綱」的重要性：

> 「夫不賢，則無以禦婦；婦不賢，則無以事夫。夫不禦

8　郭璞（276-324）注，邢昺（932-1010）疏：《爾雅注疏》（阮元《十三經注疏》本），卷第四，〈釋親第四〉，頁2593。另參史鳳儀：《中國古代婚姻與家庭》（武漢：湖北人民出版社，1987年），頁124。

9　班固：《白虎通德論》（《四部叢刊》景元大德覆宋監本），卷九，〈嫁娶〉，頁16上。

10　戴德：《大戴禮記》（《四部叢刊》景明袁氏嘉趣堂本），卷第十三，〈本命第八十〉，頁5上-5下。

婦，則威儀廢缺；婦不事夫，則義理墮闕。」[11]

丈夫要履行「扶」的責任，要懂得禦婦，建立威信；婦人亦要履行「服」的責任，學懂侍候丈夫以表現婦人賢德。由此可見，古人認為「夫婦」關係是需要「明其分別」，丈夫扶助妻子及妻子順從丈夫亦受到社會大眾所認同。

　　而「夫為妻綱」的確立，更賦予丈夫在家庭中統治及管束妻子的社會道德。[12]《白虎通・三綱六紀》便提出「三綱」：「三綱者，何謂也？謂君臣、父子、夫婦也……」。「三綱」就是指「君為臣綱」、「父為子綱」、「夫為妻綱」。[13]「夫為妻綱」是古代夫妻關係的主要模式，原則上要求妻子在任何時候都要服從於丈夫。[14]就丈夫權利的由來，季乃禮認為《白虎通》把丈夫描繪成一個法理型的權威，丈夫優於妻子，故此教化妻子，從而確立自己的權威。此外，丈夫權威是天賦的，因為有了「天尊地卑」，就確立了「男尊女卑」的概念，故此「夫為妻綱」亦是傳統社會共同遵守的人倫關係。[15]「夫為妻綱」的夫婦關係，又如君臣關係、父子關係，君、父、夫為上為陽，而臣、子、妻為下為陰，故此臣、子、妻分別服從於君、父、夫，妻子不奉丈夫之命，夫妻關係則會斷絕；[16]「夫為妻綱」，也是「父為子綱」的擴大，婦女的「從」，就相等於男子的「孝」。[17]

---

[11] 班昭：《女誡・夫婦第二》，見范曄：《後漢書》，卷八十四，〈列女傳第七十四〉，〈曹世叔妻〉，頁2788。

[12] 王躍生：《清代中期婚姻衝突透析》，頁74-75。

[13] 班固：《白虎通德論》，卷七，〈三綱六紀〉，頁15上。

[14] 常建華：《婚姻內外的古代女性》（北京：中華書局，2006年），頁84。

[15] 季乃禮：《三綱六紀與社會整合：由《白虎通》看漢代社會人倫關係》（北京：中國人民大學出版社，2004年），頁207。

[16] 常建華：《婚姻內外的古代女性》，頁83。

[17] 徐揚杰：《中國家族制度史》（北京：人民出版社，1992年），頁443。

由此可見，「夫為妻綱」的概念早已存在，也是傳統社會中夫妻共同遵守的模式。丈夫擁有管治家庭及管束妻子的權利，這個傳統一直延伸至清代，[18]稽查清人家訓，不難發現「夫為妻綱」的概念被頻頻灌輸。丈夫處於主導地位，妻子需要服從丈夫，故此經常重申自漢人以來不時強調的「夫為妻天」的主張，[19]如汪輝祖《雙節堂庸訓》便指出「婦人以夫為天，未有不願夫婦相愛者。」[20]；張廷玉《澄懷園語》云：

> 「夫婦人倫之一也，婦以夫為天，不矜其不幸而遂棄之，豈天理哉。」[21]

既然婦人以夫為天，丈夫為一家之主，故此妻子應該順從丈夫，例如呂留良（1629-1683）《晚邨先生家訓真蹟》認為：

> 「凡為妻者，必敬順其夫，為子者，必敬順父母……為幼婦者，必敬順長婦。」[22]

---

[18] 郭松義及定宜莊指出清代沿襲了中國古代傳統，將夫妻之間的離異稱為「出」、「休」，從男子的立場出發，充分顯示了在社會設定的夫妻關係中丈夫的主導位置。詳參郭松義、定宜莊：《清代民間婚書研究》，頁284-285。

[19] 追溯源流，劉向（前77-前6）《古列女傳》云：「婦人未嫁，則以父母為天；既嫁，則以夫為天」；《儀禮注疏》云：「故父者子之天也，夫者妻之天也」詳參劉向：《古列女傳》（北京：中華書局，1985年），卷一，〈魯之母師〉，頁26；鄭玄（127-200）注，賈公彥疏：《儀禮注疏》（阮元《十三經注疏》本），卷第三十，〈喪服〉，頁1106。

[20] 汪輝祖著，王宗志、夏春田、穆祥望釋：《雙節堂庸訓》，〈婦人不良咎在其夫〉，頁59-60。

[21] 張廷玉：《澄懷園語》（據光緒二年〔1876〕《嘯園叢書》本影印；收入《叢書集成續編》，〈社會科學類〉，冊60），卷三，頁2上-2下。

[22] 呂留良：《晚邨先生家訓真蹟》（據清康熙刻本影印；收入《續修四庫全書》，〈子部〉，〈儒家類〉，冊948），卷一，〈壬子除夕論〉，頁5下-6上。

此外，丈夫的權力是天賦的，妻子不可奪權，如蔣伊《蔣氏家訓》云：

> 「女子止主中饋、女紅、紡織事，不得操夫之權，獨秉家政，及預聞戶外事。」[23]

妻子只宜處理煮食、女紅等事宜，處理家政是丈夫的權力，妻子不可奪權，這無異是長期以來「女正位乎內，男正位乎外」的觀念的延伸。[24]

「夫為妻綱」的概念，在清人家訓中常常呈現，這種概念的無限發展也說明了清人如何重視丈夫的主導角色，如陸隴其（1630-1693）《治嘉格言》就有明言：「不知夫為妻綱，此豈妻獨用事耶」，[25]充分顯露出陸氏對婦人奪權的恐懼，重申「夫為妻綱」作為維持夫婦關係的重要原則。陸隴其也對「夫為妻綱」多所演繹，同書又云：

> 「然婦女多疑多險亦多詐，又最多言多刻多忍。直拙者，直言不許詐者，口許心違。納妾一事，不能容者，十有八九；即容矣，不能相和者，亦十有八九。然夫為妻綱，何計其容不容，要在我處之有道：勿作溺愛色相、勿聽讒言、嚴戒使女搬是搬非……」[26]

---

[23] 蔣伊：《蔣氏家訓》（《叢書集成初編》本），頁4-5。
[24] 孔穎達疏：《周易正義》，卷第四，〈家人〉，頁50。
[25] 陸隴其：《治嘉格言》（收入《中國哲學思想要籍叢編》〔台北：廣文書局，1975年〕），〈親睦三族〉，頁21下-22上。
[26] 同上，〈納妾善道〉，頁34上-34下。

「夫為妻綱」的原則不但提醒丈夫要注視婦人的行為，也說明丈夫處理夫妻關係要得宜，而且可以採取針對性的方法，例如陸氏認為要戒色、不聽讒言、切忌婦人搬弄是非等，可見「夫為妻綱」是清代男性認同的丈夫守則，故此在家訓文獻中屢屢多所強調，意圖把這個理念灌輸給後輩，使後輩有所警惕。

總而言之，「夫為妻綱」既顯示出丈夫的主導角色，也暗示妻子亦會服從其丈夫的意志。可以說，清代男性期待妻子遵守的，正是按照儒家倫理的「夫為妻綱」和「敬夫」等道德要求。[27]

第二節：清代男子「男性氣概」的呈現
——丈夫尊嚴的確立

根據傳統社會結構，男性是一家之主，因此積極確立自己的尊嚴，以振「夫綱」，是極受重視的事項。確立男性權威的同時，也要求女性需要在婚姻中服從男子，以及丈夫不能因情欲而放縱妻妾。故此，家訓文獻中教導男性管教妻妾更是常見的內容。[28]基於丈夫要確立威信，所以在家訓中經常重申自《書經》以來已流行「不聽婦言」的概念，[29]如于成龍《于清端公治家規範》指出「勿聽妻子之言而傷手足之情」；[30]梁顯祖《教家編》云：「古人有不聽婦人一語，誰不聞之，亦誰不能言之」；[31]金

---

[27] 彭定光：〈論清代家庭道德生活〉，《倫理學研究》，2008年6期（2008年11月），頁22-23。

[28] 吳存存：《明清社會性愛風氣》，頁19-21。

[29] 周武王伐紂，即以「惟婦言是用」為紂王罪狀之一。語見〈牧誓〉。詳參孔穎達疏：《尚書正義》（阮元《十三經注疏》本），卷十一，〈周書〉，〈牧誓〉第四，頁183。

[30] 包東波：《中國歷代名人家訓精萃》，頁324。

[31] 梁顯祖：《教家編》，收入《課子隨筆鈔》，卷五，頁30下。

敞（1618-?）《宗範》又提出「害莫大於婢子造言而婦人悅，婦人附會而丈夫信」；[32]蔣伊《蔣氏家訓》則認為「勿聽家人及婦人言致爭」；[33]黃濤《家規省括》云：

> 「婦人不睦，斷無獨是獨非之理，但彼婦之非，己婦頻為我言之。……斯婦言無自入矣。」[34]

由此可見，「不聽婦言」的概念在清代家訓文獻是反覆被灌輸的。黃衛總及曼素恩都曾指出在帝制中國的社會，男性會用較多時間與其他男性建立關係，例如科舉制度下的男性交友、男性結社等等，都呈現出男性社會千姿百態的網絡關係，男性會較聽取同性的意見，而較少重視異性的意見。[35]

論者嘗指出，在許多社會裏女性固然可以擔當協助及鼓勵男性的角色，然而絕大部分男性只會聽從其他男性的說話。[36]這個觀點也同樣適用於清代丈夫，因為在清人家訓文獻中，「男性氣概」被理想化，聽取婦言就被視為沒有「男性氣概」的所為。朱用純《治家格言》就鄭重指出：「聽婦言，乖骨肉，豈是丈

---

[32] 金敞：《宗範》，收入《課子隨筆鈔》，卷三，頁30下。

[33] 蔣伊：《蔣氏家訓》（《叢書集成初編》本），頁2-3。

[34] 黃濤：《家規省括》（據清乾隆刻本影印；收入《四庫未收書輯刊》，3輯21冊），卷三，〈戒聽婦言〉，頁2下。

[35] Martin W. Huang, *Negotiating Masculinities in Late Imperial China*, p. 2; Susan Mann, "Women's History, Men's Studies: New Directions in Research on Gender in Late Imperial China," in Huang Kewu (ed.), *Gender and Medical History* (Taipei: Institute of Modern History, Academia Sinica, 2002), p. 78.而有關中國歷史上的交友研究，黃衛總主編的《明代中國的男性友道》亦輯錄了不同學者的研究，嘗試從男性的交友之道入手，從不同的角度去探討明代的男性交友性質，例如文學上的研究、歷史的層面、音樂的歷史等等，詳參Martin W. Huang (ed.), *Male Friendship in Ming China* (Leiden: Brill, 2007).

[36] Larry May, *Masculinity and Morality*, p. 146.

夫？」；[37]孫奇逢《孝友堂家訓》認為「只不聽婦人言，便有幾分男子氣。」[38]兩部家訓都異口同聲地指出，「丈夫」和「男子氣」的確立，都與「不聽婦言」有所關連。此外，陸隴其又意圖界定「忘言」是作為「佳婦」的一個重要條件，其《治嘉格言》更厲聲道出：「若喋喋稱說不好者，心懷異念，決非佳婦」，[39]鎖定多言女性絕對不是「佳婦」。這些都表現出男子自我建構威嚴，以期控制女性。

此外，自古以來傳統思想所強調的「大丈夫」、「男兒氣概」等，亦一而再在清人家訓等文獻被重申。必須注意的是，為何男性需要有「男子氣概」？從家訓著者的層面去分析，吳存存便指出明清家訓的作者普遍是男性，因此特別強調維護男性和男性中心意識；[40]而黃衛總認為在晚期帝制的中國，家訓著者普遍重視「男子氣概」，更會具體關注到兒子能否抗衡妻妾可能帶來的壞影響以及丈夫能否訓誡妻子。[41]他們基於男性中心意識及維持家庭秩序的需要，強調「男兒氣概」是男性自我及男性群體認同的理想模式，[42]例如曾國藩（1811-1872）訓子孫云：

「吾家祖父教人，亦以懦弱無剛四字為大恥。故男兒自立，必須有倔強之氣」[43]

---

[37] 朱用純：《治家格言》，收入《課子隨筆鈔》，卷三，頁38上。另參朱用純著，謝恭正譯：《朱子治家格言》（台南：文國書局，2004年），頁2-5。

[38] 孫奇逢：《孝友堂家訓》（《叢書集成初編》本），頁4。

[39] 陸隴其：《治嘉格言》，〈佳婦忘言〉，頁30上。

[40] 吳存存：《明清社會性愛風氣》，頁20。

[41] Martin W. Huang, *Negotiating Masculinities in Late Imperial China*, pp. 187-190.

[42] 同上，頁185。

[43] 《曾國藩家書》，收入吳鳳翔、金木、王日昌、悟堂等編：《清代十大名人家書》（長春：東北師範大學出版社，1996年），下冊，頁896。

此外，他也強調「丈夫貴倔強，女子多虛警」；[44]梁顯祖亦指出「男子不能正夫綱，明大義，於是婦人得而挑弄是非。」[45]吳汝綸（1840-1903）也認為「男以剛健為德，女以柔順為正」等等。[46]凡此皆可見清人認為男性天生剛健，不可懦弱，若果不能支配女性，便會造成「婦人得而挑弄是非」的惡果。其實，社會及文化為男人定義的「男性氣概」，普遍是「拒絕柔性」；[47]而男人必須致力於自我改進，無懼困難；[48]也有學者指出，受到青睞的「男子氣概」是支配型的，[49]這些當代「男性氣概」研究的理論，似乎可以借用來解讀清人家訓中所灌輸的男性性別認知。

再者，家訓文獻中一方面頌讚有「男子氣概」的「大丈夫」，而另一方面又對那些丈夫氣概不足的男性有所嘲笑，如陸隴其訓子孫云：

> 「大丈夫若逐日在家庭，動用間量，柴頭數米粒，號定升合，使其妻孥無所措手足，此等人必無出息」[50]

---

[44] 曾國藩：〈雜詩九首〉，見《曾文正公詩文集》（《四部叢刊》景清同治本），〈詩集〉，卷一，頁2上。

[45] 梁顯祖：《教家編》，收入《課子隨筆鈔》，卷五，頁30下。

[46] 吳汝綸：〈原烈〉，見《桐城吳先生詩文集》（清光緒刻《桐城吳先生全書》本），〈文集〉，卷四，頁30上。

[47] 曾立煌認為社會及文化為男人所定下的男性氣概，是「拒絕柔性」的定義，例如避免女性化、壓抑情緒、獨立、不易受傷害、追求成就與地位等性別觀點，詳參曾立煌：《男人本色》，頁12-13。

[48] 山姆・基恩（Sam Keen）指出好男人必須致力於自我改進，例如鍛鍊自己、有紀律、努力工作、節制嗜好、無懼困難，成為「男子氣概」的符號，詳參山姆・基恩著，張定綺譯：《新男人：21世紀男人的定位與角色》，頁172-173。

[49] 肯尼斯・克拉特鮑（Kenneth C. Clatterbaugh）著，劉建台、林宗德譯：《男性氣概的當代觀點》，頁21。

[50] 陸隴其：《治嘉格言》，〈男子不可陋〉，頁28下。

男子要有出息，便不能只留在家中，插手婦人所處理的事宜，兼且令妻孥無所適從。由於「男正位乎外」，所以不難理解為什麼「逐日在家」的男性會被人低看，甚至被指沒有出息。另一方面，有「男性氣概」的丈夫亦不應只貪戀兒女之情、貪戀家園，例如林則徐（1785-1850）認為「勿兒女情長」、[51]「慎勿貪戀家園，不圖遠大」，[52] 如前文所述，男兒要有「四方之志」，若果男子只貪戀兒女之情，終日留連在家，便難以為國家建功立業。在傳統思想的教育下，男性要有更大的抱負，「齊家」以外亦應重視「治國、平天下」，若不思進取而沈溺於兒女情，便不能貢獻國家。而且，在「男正位乎外」的思維下，「逐日在家」的男性被指沒有出息，因此貪戀家園又不圖遠大的男性，又如何提升自己的地位及維持家族的名聲？故此，林則徐語重心長地作出勸勉，警惕後輩不可安於擁有兒女情及家園，男子應有所作為，一展所長。

另外，清人文集中也蘊含了類似家訓中對男性志向的強調。例如蔣士銓（1725-1785）認為「丈夫志四方，家室安足戀」；[53] 呂留良指出「男子志在四方，為行其道也，若漂泊則何志之有？」；[54] 梅文鼎（1633-1721）云：「丈夫用志必有托」等等。[55] 除了男

51　《林則徐家書》，收入周維立：《清代四名人家書》（台北：文海出版社，1971年），頁4-5。

52　同上，頁6。

53　蔣士銓：《忠雅堂文集》（據山東省圖書館藏清嘉慶二十一年〔1816〕藏園刻本影印；收入《續修四庫全書》，〈集部〉，〈別集類〉，冊1436-1437），卷一，〈抵建昌三首〉，頁10下。

54　呂留良：《呂晚村先生文集》（據復旦大學圖書館藏清雍正三年〔1725〕呂氏天蓋樓刻本影印；收入《續修四庫全書》，〈集部〉，〈別集類〉，冊1411），卷四書，〈與朱望子書〉，頁10上。

55　梅文鼎撰，何靜恒、張靜河校：《績學堂詩文鈔》（清乾隆梅穀成刻本），詩鈔卷一，〈庚戌至戊午〉，〈欲曙〉，頁21下。

兒當有志，丈夫更要懂得排除患難、解決紛爭，不可只顧及自己，如孫奇逢認為「為人排難解紛，且不自居其功，更見男子風義」；[56]傅山也提出「排難解紛，濟人利物，是大丈夫本分事」等等。[57]這些其實都是「男兒志在四方」、「大丈夫要兼濟天下」等觀念的申述。

總括而言，丈夫要確立尊嚴，不可盡信婦言，也要存有「倔強之氣」，要有「出息」，不可以表現懦弱。這些信念都在清人家訓和文集保留了不少紀錄。[58]

第三節：清代丈夫的責任

男子在享受「夫為妻綱」的倫理觀念所賦予的權利和地位的同時，又有沒有責任要肩負呢？其實，他們除了要確立自己的威信以顯示「男子氣概」外，也同樣要擔起舊社會所認許的重要責任，就是教導妻妾，不能讓她們放縱。換言之，男性本位的社會一樣會講究為人丈夫的責任，有關論述也可在清代家訓和文集中找到線索。如上文所述，家訓屢屢申述男性要管教妻妾，確立夫綱。這其實和體面、尊嚴攸關，因為眾所周知，中國人愛面子，男子重視家族榮譽，希望遠離恥辱，所以對家族中的女性如妻妾、媳婦、妹姪、婢嫗等等，往往多所規範以保家族名聲。男性之間存在多種競爭，「男性氣概」及家族榮譽就是兩種重要的競爭面向。在男性的立場，他們認為女性會威脅男性的聲譽，因此男性認為他

---

56 孫奇逢：《夏峰先生集》（據清道光二十五年〔1845〕大梁書院刻本影印；收入《清代詩文集彙編》），卷七，〈復崔魯望〉，頁42上。

57 傅山：《霜紅龕集》（據清宣統三年〔1911〕山陽丁氏刻本影印；收入《清代詩文集彙編》），卷三十七雜記二，頁6下。

58 〈家訓文獻的性別面貌〉，收入《性別視野中的中國歷史新貌》，頁220-221。

們有權利及責任去控制她們的行為、減少她們的自主權。[59]男性榮譽的表現，也在於女性的聽從，男性自覺要教導女性，有時是基於「責任感」和希望避免自己受辱，好像家長自覺要教誨孩子，「養不教，父之過」[60]的心態一樣。在傳統思想框架內，女性也接受和遵守男子所重視的「義」、「忠」等操守及品德，不但自覺要行為舉止恰當，也常能以不損丈夫榮譽及名聲自勉。[61]

論者嘗指出，由於男子是社會上的主導角色，所以當進入一種關係，例如夫婦，男性就會控制女性，並持之以恆地糾正伴侶的錯處及行為，[62]這種觀點亦可在清代丈夫的角色行為上得到印證。例如蔣伊《蔣氏家訓》認為「夫不能制其妻者，眾共絕之」；[63]張習孔《家訓》云：「然總以丈夫剛明能制其妻為主」；[64]金敞《宗約》則提出：

> 「婦之所繫為甚重也，然婦多愚闇。每見小不識理道，須為之夫者，以嚴正率之」[65]

史典《願體集》亦指出「天下未有不正其妻，而能正其子者」。[66]清人認為規範妻子的行為是丈夫之責，丈夫需要教導妻子，不可

---

[59] Bret Hinsch, "Male Honor and Female Chastity in Early China," *Nan Nü: Men, Women and Gender in China*, vol. 13, no. 2 (September 2011), pp. 173-181.

[60] 王應麟（1223-1296）撰，陳戌國、喻清點校：《三字經》（長沙：岳麓書社，2002年），頁3。

[61] 同上，頁192-196。

[62] Victor J. Seidler, *Unreasonable Men: Masculinity and Social Theory*, p. 117.

[63] 蔣伊：《蔣氏家訓》（《叢書集成初編》本），頁4-5。

[64] 張習孔：《家訓》（據康熙三十四年〔1695〕《檀几叢書》本影印；收入《叢書集成續編》，〈社會科學類〉，冊60），頁6上。

[65] 金敞：《宗約》，收入《課子隨筆鈔》，卷三，頁24上。

[66] 陳宏謀：《五種遺規》，〈訓俗遺規〉卷四，〈史搢臣願體集〉，頁4上。

讓她們放縱，而且為人夫更要「以嚴正率之」，可見清人認同丈夫教導妻子不是等閒事，不可馬虎了事，要審慎處理。

此外，魏禧（1624-1680）更有名篇〈義夫說〉，公開提倡「夫道」，以感化婦人謹守節義。案所謂「義夫」，是指重視夫妻之義、為妻子守貞而終身不再娶的男子。[67]魏禧〈義夫說〉指出社會上多對「孝子」、「節婦」進行表彰，卻長期忽略為報答妻子恩情而終身不娶的「義夫」。他認為「設義夫之旌，以代天下之為夫者報天下節婦，以平婦人之心，感激之使勸於義」，應對「義夫」為妻子守貞的行為加以表彰。同時，魏禧亦提及友人王偉士、高識，王偉士年二十八生一子而喪婦，獨居四十多年；高識年二十七喪婦，有一子，終身不娶，從而表揚他們作為「義夫」而「兼節婦之所為也」。[68]而其中有謂：

> 「世無義夫，則夫道不篤；夫道不篤，則婦人之心不勸於節；婦人不勸於節，則男女之廉恥不立。」[69]

其實，「義夫」身體力行為妻子守貞，向天下眾人彰顯了「夫道」的重要性，所以值得注意。魏氏認為丈夫應該重視教化妻子的責任，若果為夫者不以身作則去教導妻子，妻子亦不會謹慎地注意自己的操守。傳統思想教育妻子要順從丈夫，丈夫不檢點自己、示範「夫道」，亦難以把有關道德教化灌輸於婦人。一旦

---

[67] 那曉凌：〈明清時期的「義夫」旌表〉，《北京大學研究生學志》，2007年2期（2007年），頁51。

[68] 魏禧：《魏叔子文集》（北京：中華書局，2003年），卷15，〈外篇〉，〈義夫說為臨川王偉士作〉，頁713-714。另參盧嘉琪：〈清代廣嗣思想研究〉（香港浸會大學哲學博士論文，2007年），頁164。

[69] 魏禧：〈義夫說為臨川王偉士作〉，頁713-714。

「夫道不篤」，便會造成「婦人之心不勸於節」。夫婦關係是互動的，雙方不在乎各自的操守，又如何能夠確立良好的關係？故此，魏禧對此有所概嘆，認為不應只表揚節婦而忽略義夫。「夫道」不彰，便會造成骨牌效應，婦人便會「不勸於節」，最終導致「男女之廉恥不立」。男女之間的廉恥得不到正視及規範，對丈夫維持家庭秩序委實會帶來難以想像的禍害。所以，丈夫教導妻子不是等閒事，教之餘亦要明瞭自己的角色，重視「夫道」，才不會衍生漠視「夫道」所帶來的後果。

細閱清代家訓文獻加以觀察，丈夫的責任就是要教化妻子，而且需要持之以恆地從旁觀察及教導妻子，如景暹《景氏家訓》云：

> 「……吾願世之為子媳者，夫勸其婦，婦勸其夫，互相砥礪。以全孝道而其責尤重於男子。蓋婦人未嘗讀書，暴戾之氣，或一日而數見。惟男子因機訓誨，動其天良，有正氣以折服其氣。有至誠以感發其誠。雖悍婦亦漸歸於孝矣。」[70]

關槐《士林彝訓》收錄的王士晉《宗規》亦值得參考：

> 「至於婦女識見庸下，更喜媚神徼福，其惑於邪巫，也尤甚於男子。……各夫男，須皆預防，察其動靜，杜其往來，以免後悔，此是齊家最要緊事。」[71]

---

[70] 景暹：《景氏家訓》，收入《課子隨筆鈔》，卷五，頁27下-28上。
[71] 關槐：《士林彝訓》（據清乾隆五十四年〔1789〕刻本影印；收入《四庫未收書輯刊》，3輯21冊），卷八，〈處世下〉，頁9下。

丈夫要勸誡其妻，觀察妻子的行為，以誠意來感動妻子，所以「全孝道而其責尤重於男子」；作為丈夫，更要「察其動靜」，教導妻子那些行為應該做，那些不應做，所以丈夫教導妻子是「齊家最要緊事」，要把家庭治理得井然有序，丈夫責任尤其重大。這樣，男性自視甚高，但也給自己帶來極大責任壓力。

「男性氣概」也代表著男子有能力控制周遭事物；[72]由於一個家庭中的女性來自不同背景，所以保持家庭內部的和諧尤為重要。清代家訓文獻中，往往具體地指導男性要保護家族的名聲及鞏固家庭的團結。在締建和諧的過程中，女性恆被視為重要變數，因為她們有機會導致大家庭的衰落及分裂，所以男子必須教化女性，排除這些危機。[73]如汪輝祖《雙節堂庸訓》在這方面便有較多的申述，其中〈婦人不良咎在其夫〉一節云：

> 「婦人以夫為天，未有不願夫婦相愛者。屢憎於夫，豈其所性？惟言之莫予違也，馴至喋喋不休。為之夫者，禦之以正，無論明理之婦，知所自處；即不甚明理者，亦漸知感悟。故吾謂男子之能孝弟者，其婦必不敢不孝不睦。婦之不良，大率男子有以成之。」[74]

為人丈夫，對妻子要「禦之以正」，重視教化之責，不論是否明白事理的婦人，都會有所頓悟。如果丈夫重孝義，妻子耳濡目

---

[72] 曾立煌指出「男性氣概」是男子體格壯碩；男人在困境時，比女人堅毅，不會衝動得立即有反應；意味著力量；不會過份情緒化；富決斷力。詳參曾立煌：《男人本色》，頁12-13。

[73] Martin W. Huang, *Negotiating Masculinities in Late Imperial China*, pp. 187-190.

[74] 汪輝祖著，王宗志、夏春田、穆祥望釋：《雙節堂庸訓》，〈婦人不良咎在其夫〉，頁59-60。

染，也不敢無視孝睦。再者，汪輝祖認為「婦人不良」的原因，是丈夫忽視對女性的教育而造成的，換言之就是男性要對女性的過失負責。故此，〈婦道尤以勤為要〉便提出男子必須教婦人以勤勉之道：

> 「勤，固男子之職，而婦人尤甚。……故治家之道，先須教婦人以勤。」[75]

由此可見，「勤」是中性的道德，兩性均要奉行，但有趣的是社會觀念普遍認為男性得此美德在先，然後才教化女性。為了維持家庭的和諧，妻子需要虛心接受丈夫的教導，例如陸圻（1614-?）《新婦譜》云：

> 「丈夫有說妻不是處，畢竟讀書人明理，畢竟是夫之愛妻，難得難得。凡為婦人，豈可不虛心受教耶？」[76]

「讀書人明理」是一個高貴的假設。在這個大前提下，婦人得虛心受教。這種態度充分顯露出清代家訓著者對丈夫性別角色的理解，丈夫是家庭的管理者，必須訓誡及教育女性；丈夫是主導角色，妻子應當記取讀聖賢書的丈夫的教誨。

古人早就說過「教婦初來，教兒嬰孩」、[77]「初歸新婦，落地

---

[75] 同上，〈婦道尤以勤為要〉，頁69。

[76] 陸圻：《新婦譜》（據宣統二年〔1910〕《香艷叢書》本影印；收入《叢書集成續編》，〈社會科學類〉，冊62），〈敬丈夫〉，頁12上。

[77] 語出《顏氏家訓》。參顏之推（531-591）：《顏氏家訓》（《四部叢刊》景明本），卷上，〈教子篇二〉，頁2下。

孩兒」，[78]認為媳婦是要好好教導的。清人就指出丈夫必須肩負教導妻子順從翁姑的責任，[79]例如戴翊清《治家格言繹義》云：

> 「一入門便能孝翁姑、睦妯娌，然十不得一焉。所賴為丈夫者當婦之初來，先以孝友之型示之，而後察其情性之何如，而徐徐化導。」[80]

丈夫必須教化妻子順從翁姑，更要教之有法，例如先以身作則，然後觀察妻子的性情，循序漸進地教導妻子。而妻子順從丈夫，繼而孝順翁姑，從丈夫的立場而言，是必然的連帶關係，如陸隴其《治嘉格言》提出：

> 「婦道以敬夫為主，能敬夫者，必孝翁姑；若不孝翁姑，必由夫子薄視父母。」[81]

陸氏認為妻子若不孝順翁姑，是因為丈夫不重視父母，所以丈夫盡孝，妻子也會因丈夫盡孝而受感化，從而孝順翁姑，可見在清人的理念中，丈夫教化妻子順從翁姑是十分重要的。針對孝順翁姑的議題，曾國藩曾訓誡女兒云：

---

[78] 中國民間文學集成全國編輯委員會、中國民間文學集成廣東卷編輯委員會：《中國諺語集成・廣東卷》（北京：中國ISBN中心，1997年），頁653。

[79] 媳婦虐待婆婆的情況，尤其年老體弱的婆婆，沒有丈夫的制約，便很容易發生，故此教導妻子順從翁姑是丈夫之責，詳參余新忠、張國剛：《中國家庭史：明清時期》（廣州：廣東人民出版社，2007年），頁289-290。

[80] 戴翊清：《治家格言繹義》（據光緒二十三年〔1897〕《有福讀書堂叢書》本影印；收入《叢書集成續編》，〈社會科學類〉，冊60），卷下，頁1上。另參王躍生：《清代中期婚姻衝突透析》，頁85-86。

[81] 陸隴其：《治嘉格言》，〈知敬必孝〉，頁29上-29下。

「余每見嫁女貪戀母親富貴而忘其翁姑者，其後必無好處。余家諸女當教之孝順翁姑，敬事丈夫，慎無重母家而輕夫家，效澆俗小家之陋習也。」[82]

曾國藩教誨女兒不可因為娘家富貴，所以只重視娘家而忽略夫家。反之，嫁入夫家後就應該孝順翁姑。以上例子都反映出清代男性重視誘導妻子孝順翁姑，而且寫入家訓，以示後輩，好作警惕。

　　不難發現，清代家訓中蘊含著許多對丈夫責任的申述，內容大致包括如何調停家庭糾紛、家庭和諧的重要性、修身齊家的體現等等。家庭和睦不但可以維持內部秩序，對於提升個人及家族的名聲也起著積極的作用。當代研究「男性氣概」的一些理論，提到男性只有在能夠做到某些事情，控制自己或女人時，才會覺得自己有「男子氣概」。[83]如果借用這些理論來窺探清代男性，何嘗不然？清代的丈夫何嘗不是通過對若干女性行為（包括孝順翁姑等等）的規範，來體現自我的性別優越感？

第四節：清代丈夫的自我約束

　　從以上的論述，我們知道清代男性在享受性別優越感的同時，也一樣有具體的責任認知。抑有進者，他們還編造不少自我行為的約束。馮爾康於《清人生活漫步》中便提到清人做丈夫是有守則的，修身齊家就包含了對男子處理好夫妻關係的要求，例如1894年湖南益陽熊氏的《家訓》寫道：「夫貴和而有禮，婦貴

---

[82] 《曾國藩家書》，收入《清代十大名人家書》，下冊，頁818-819。
[83] 山姆・基恩著，張定綺譯：《新男人：21世紀男人的定位與角色》，頁167。

柔而不媚」，提出了丈夫要有容人之量，能夠寬容妻子的某些缺陷和行為的失誤，不要凡事斤斤計較。[84]丈夫和妻子要講禮法，生活要有節度，夫妻之間要莊重。為人丈夫講求先正身，要有廣闊的胸襟，有容人之過的度量，[85]例如劉沅（1768-1855）《尋常語》云：

> 「凡婦女視如吾母、吾姊妹、吾子女，而一念之起，即為禽獸，則悚然省悟矣。……如此自修善教，其妻心術品行可與我齊，而有身之後，更端莊正直、敬慎仁慈。」[86]

劉氏認為「自修善教」可以感染妻子，從而使妻子的行為端莊及正直，可見丈夫必須以身作則，為妻子立下榜樣，這些其實是一種男性的自我鞭策。雙方若果沒有約束，丈夫不節義，妻子也不盡義務，這樣的夫妻關係便會瓦解。[87]

此外，清人家訓中亦重申丈夫不能沉迷女色，宜檢點自我的行為。這種觀念的極度發揮，就是上文提到的對「義夫」的表揚。雖然不是主流，但「義夫」作為邊緣群體的存在，也顯示出古代社會一樣有男子守貞的情形。[88]根據衣若蘭的研究，有些男

---

[84] 熊章溥、熊世珍等修：《熊氏續修族譜》（清光緒二十年〔1794〕江陵堂刊本），卷一，〈家訓〉，頁5上。另參馮爾康：〈清代的家庭結構及其人際關係〉，《文史知識》，1987年第11期（1987年11月），頁1-6；《清人生活漫步》（北京：中國社會出版社，1999年），頁113-115。

[85] 同上。

[86] 劉沅：《尋常語》，收入《中國歷代家訓大觀》，下冊，〈胎教〉，頁809。

[87] 張艷國：《家訓輯覽》，〈家庭：夫妻觀〉，頁1-7。

[88] 那曉凌指出明清時期「義夫」守義是有可能受到大量寡婦進入守節行列的風氣所影響，從而引發的邊際效應之一。男子所要守的「義」中，不負妻義的觀念已逐步加深。整體而言，鼓勵「義夫」守義不再娶的思想雖不是主流，然而不應因其邊緣地位而抹煞有關現象及概念。詳參那曉凌：〈明清時期的「義夫」旌表〉，《北京大學研究生學志》，2007年2期（2007年），頁64-65。

性選擇終身不再婚，不單是由於家族利益的考慮，例如擔憂後妻的虐子或亂家的行為、出自孝悌的表現等，委實也有出於對夫妻情義的堅守。[89]此外，也有近期的研究指出，儒學在強調妻子必須對丈夫順從的同時，也主張丈夫不可淫濫，是明代社會的新轉向。[90]

如果說，妻死不更娶是較為極端的道德，而且和中國社會重視「多子多福」的廣嗣思想有點格格不入。[91]那麼，較為中庸的主張一般就是勸喻男性不得縱情聲色。例如劉沅《尋常語》指出：

> 「凡男女十五六，父母善教防閑，第一勿犯淫欲。非夫婦者，皆為邪淫。夫婦無節，亦為縱欲。戒淫寡欲，在家則夫婦分房，在外則非禮勿視。」[92]

不想縱欲，最好就是不要和女性有親密接觸，免生邪志。所以蔣伊《蔣氏家訓》亦云：

---

[89] 此研究的主要時代為明代，衣若蘭指出已婚的男性也可能面臨妻子死亡或離去時，再婚或鰥居的抉擇。明人所稱之「義夫」確實有守貞男子的意思，在男子守貞的事件中，亦可看到夫妻情愛。在守貞的原因方面，除了有養育子嗣、家庭中孝順友悌的責任外，貧困也可能是男性喪妻後不再婚的重要因素。對於明人對男性守貞的爭議與討論，衣若蘭表示明代並不把貞節僅框在女性身上，守貞也可以是男性被褒揚的德行之一。詳參衣若蘭：〈誓不更娶——明代男子守貞初探〉，《中國史學》，15期（2005年9月），頁65-86。

[90] 陳寶良：〈從「義夫」看明代夫婦情感倫理關係的新轉向〉，《西南大學學報》（人文社會科學版），2007年1期（2007年1月），頁48-55。

[91] 「多子多福」是中國人的幸福觀念，而長者視「四世同堂」、「五代同堂」為長壽及有福氣的象徵；同時，「兒孫滿堂」也是家族強大的表現。詳參盧嘉琪：〈清代廣嗣思想研究〉，頁143。

[92] 劉沅：《尋常語》，收入《中國歷代家訓大觀》，下冊，〈胎教〉，頁808。

「古人治家，男女不雜坐，不同巾櫛、不親授受，亦此意也。」[93]

　　傳統思想認為男女之間動作不應太親密，所以「男女不雜坐」、「不親授受」，[94]蔣氏在家訓中亦重申此概念；另外，蔣氏訓子孫云：「宜戒邪淫，家中不許留畜淫書，見即焚之」、[95]「少年血氣未定，戒之在色，刻削元氣，必致不壽」。[96]夫婦之間的性生活不能過度，否則也是縱慾的行為，所以丈夫需要自我檢點，以免迷戀於色慾，應約束自己及妻子，彼此要以禮相待。

　　雖然家訓中屢屢顯示禁色節慾的面貌，然而亦有不少學者發現清代的性風氣委實頗為開放，例如吳存存便指出清代是縱慾風氣盛行的時代，各種色情小說、春宮畫冊在社會上泛濫，而且娼女、變童等行為充斥娛樂場所，人們極力尋找新奇的性刺激。[97]除了以上的現象，劉達臨亦提出了「男風」的問題，指出此時期男色的風氣頗為泛濫，同性戀的現象亦應注意。[98]不過，有趣的是除了普遍的禁色訓誡，也有家訓著者不反對年青才子流連風月，如陸圻《新婦譜》曾言：

---

[93] 蔣伊：《蔣氏家訓》（《叢書集成初編》本），頁4-5。

[94] 追溯源流，《禮記·曲禮》云：「男女不雜坐，不同椸枷，不同巾櫛，不親授。」參《禮記正義》，卷第二，〈曲禮上〉，頁1240。但學者蔡尚思針對中國禮教的思想源流作出批判，指出傳統禮教思想有其自相矛盾的一面，例如荀子注重禮，蔡尚思指出荀子的看法中為夫者對妻卻可以不講禮；又如《禮記》中，一方面承認「飲食男女，人之大欲存焉」，一面又痛斥「滅天理而窮人欲」，蔡尚思認為這些禮教思想確有其自相矛盾的地方。由此可見，在傳統「男女不雜坐」、「不親授受」這些禮節上，也可能存在執行上的困難。詳參蔡尚思：《中國禮教思想史》（香港：中華書局，1991年），頁33、37、70。

[95] 蔣伊：《蔣氏家訓》（《叢書集成初編》本），頁2-3。

[96] 同上。

[97] 吳存存：《明清社會性愛風氣》，頁1。

[98] 劉達臨：《中國古代性文化》（銀川：寧夏人民出版社，2003年），頁902-930；劉達臨、魯龍光：《中國同性戀研究》，頁1-2。

> 「凡少年善讀書者，必有奇情豪氣，尤非兒女所知。或
> 登山臨水，憑高賦詩，或典衣沽酒，剪燭論文，或縱談
> 聚友，或座挾妓女，皆是才情所寄，一須順適，不得違
> 拗。」[99]

陸氏認為「座挾妓女」也是「才情所寄」，遊山水、賦詩、朋友
聚會等行為是才子常有的行為，換言之「座挾妓女」也應成為年
青才子的認可行為，婦人不得反對。事實上，正如李伯重所言，
大力提倡禁欲絕色正正反映那是人欲橫流、色情泛濫的時代。李
伯重指出當時的出版物當中，成為社會銷路最大的就是豔情小
說。[100]由此可見，清代家訓著者為了不讓後輩沈迷色慾，影響自
己及家族的名聲，故此大力提倡禁色節慾，也正反映出當時的實
際風氣。高羅佩更認為清代士人這些訓誡行為是「誇張的假正
經」，以致西方對中國性生活產生了一種錯誤的印象。[101]可見
家訓針對色慾問題作出勸勉，其實也反映了當時性風氣開放的
現象。

再者，清人家訓中強調丈夫不能沉迷女色，也與家族的嗣
繼和興旺有所連繫。家訓文獻充滿對男性婚外性關係的排斥，除
了是因為禮教綱常的規範外，主要還是因為古人認為縱情聲色
會消融男性元氣，也直接危害到家族血統的純潔。[102]稽查清人家
訓，便可發現清人認為丈夫沉迷女色，會對家族嗣繼帶來不良的

---

[99] 陸圻：《新婦譜》，〈敬丈夫〉，頁12上。
[100] 李伯重：〈問題與希望：今天的中國婦女史研究〉，見《千里史學文存》（杭州：杭州出版社，2004年），頁345-346。
[101] 高羅佩著，楊權譯：《秘戲圖考：附論漢代至清代的中國性生活》（廣州：廣東出版社，1992年），頁5。
[102] 吳存存：《明清社會性愛風氣》，頁19-21。

影響，例如朱用純《治家格言》認為「見色而起淫心，報在妻女」，[103]朱氏認為貪戀美色而做出淫邪的行為，都會一一報應在妻子及兒女身上。朱氏訓誡後輩，提出丈夫要檢點自我，這樣才可確保家庭成員的安危，甚至維持家族的嗣繼及名聲，否則會為家庭帶來負面影響。此外，清聖祖的庭訓亦有戒色內容：

> 「訓曰：孔子云：『君子有三戒：少之時血氣未定，戒之在色；及其壯也，血氣方剛，戒之在鬥；及其老也，血氣既衰，戒之在得。』朕今年高，戒色、戒鬥之時已過，惟或貪得，是所當戒。朕為人君，何所用而不得，何所取而不能，尚有貪得之理乎？萬一有此等處，亦當以聖人之言為戒。爾等有血氣方剛者，亦有血氣未定者，當以聖人所戒之語各存諸心而深以為戒也。」[104]

清聖祖以孔子（前551-前479）提出的「三戒」，[105]訓誡皇室子嗣必須要戒色，可見戒色是家訓文獻的一個共同主題，更不分階層和地區。不過，有學者認為清聖祖雖然勸誡皇室子嗣要戒色，卻又因帝皇的身份難以貫徹地執行。[106]但是，基於皇室子嗣是大

---

[103] 朱用純：《治家格言》，收入《課子隨筆鈔》，卷三，頁38下。另參朱用純著，謝恭正譯：《朱子治家格言》（台南：文國書局，2004年），頁5。

[104] 愛新覺羅胤禛述：《聖祖仁皇帝庭訓格言》（據民國九年〔1920〕《留餘草堂叢書》本影印；收入《叢書集成續編》，〈社會科學類〉，冊60），頁61下。

[105] 語出《論語》，原句為「孔子曰：『君子有三戒：少之時，血氣未定，戒之在色；及其壯也，血氣方剛，戒之在鬥；及其老也，血氣既衰，戒之在得。』」參何晏注，邢昺疏：《論語注疏》（阮元《十三經注疏》本），卷第十六，〈季氏第十六〉，頁2522。

[106] 例如學者陳捷先便提出康熙帝並非是長久以來被大家公認的道學家，特別在女色方面，值得商榷。陳捷先舉出了一些例子，如康熙所納的后妃人數之多屬清朝諸帝之冠、晚年不斷召江南年輕美女子入宮為他生下子女、縱慾導致健康情況惡化等等，詳參陳捷先：〈康熙好色〉，《歷史月刊》，193期（2004年2月），頁47-53。

清皇朝的命脈，訓誡子嗣戒色，可以確保皇室的嗣繼及興旺，也可避免皇室子嗣因沉迷色欲而荒廢朝政，故仍需在原則上確立戒色的規條警惕後世皇族子孫。由此可見，清代家訓文獻中所呈現的男性自我約束，主要在於對行為檢點的勸喻。由於丈夫被視為妻子的榜樣，所以要以身作則；同時，家訓著者多主張丈夫不能好色，不然會對自己及家族帶來不良的影響。不過，從廣嗣思想的角度出發，禁色的訓誡實屬理論的層面，針對指定的對象作出規範，誠然妻妾成群是常見的現象，納妾仍然是清代男性普遍行使的廣嗣方式。[107]

總而言之，「夫為妻綱」彰顯了丈夫的主導角色，也暗示妻子亦需要跟從丈夫的意志；男性是一家之主，需要確立自己的尊嚴，故此在家訓文獻中每每充斥「不聽婦言」的勸戒。另外，丈夫有責任教導妻子，不能放縱她們；為了維持家庭和諧，男性又肩負教導妻子孝順翁姑之責。為夫者，亦必須自我鞭策，約束自己；特別是不能沉迷女色，要確保家族的嗣繼及興旺。

清代男性對自身性別角色的認知，可以在家訓等文獻中找到蛛絲馬跡。爬梳之餘，我們會發現清代男性要肩負教導妻子的責任，也必須以身作則，作為妻子的良好榜樣。凡此種種，都對我們理解清代的夫妻關係甚有啟發。[108]

---

[107] 盧嘉琪從婚姻關係、生活習俗、醫學角度、因果報應等層面分析清代廣嗣思想，梳理不同種類的史料及研究，指出「廣嗣」基本上是植根於中國人心中的一種想法，對清代社會產生極大的影響力。詳參盧嘉琪：〈清代廣嗣思想研究〉，頁44-45、159-168。

[108] 〈家訓文獻的性別面貌〉，收入《性別視野中的中國歷史新貌》，頁222。

第五章

「齊家」之道

——從家訓看清代男性對家中女性成員關係的管理觀念

前一章論述了清代為人夫對自身性別角色的認知，在男性的自我概念中，丈夫要確立自己的威嚴，建立「夫綱」；與此同時，為人夫者亦要從旁教導妻子，確保家庭的和諧，以維持自己及家族的名聲。古人曾言：

> 「古之欲明明德於天下者，先治其國。欲治其國者，先齊其家。欲齊其家者，先修其身。」[1]

儒家提倡「修身、齊家、治國、平天下」，「修身」的概念使男性懂得督促自己，為家人（包括女性）建立良好的榜樣。然而，在「齊家」方面，家庭成員的關係由「夫婦」一倫開始建立，[2]

---

[1] 鄭玄箋，孔穎達疏：《禮記正義》，卷第六十，〈大學第四十二〉，頁1673。由此可見，要懂得「治國」、「平天下」，必先從「齊家」入手，若果丈夫不能有效地管理家庭成員的關係，恐怕亦難以有效地達到「治國」、「平天下」的目標。因此，本文亦採用「齊家」這個詞彙以表達成年男性為了維持家庭和諧，繼而對家庭成員的管理。此外，需要注意的是清代丈夫並非只針對妻妾等女性成員進行管理，要達至「齊家」，成年男性（家長）也有注意家中妻妾以外的女性成員的管理，例如對女兒的管理方面，曾國藩與嚴復（1854-1921）教導女兒需要專注紡織、煮食等家務，為將來出嫁做好準備，可參考本章第二節〈「教婦初來」——清代丈夫管理妻子行為的觀念〉。此外，清代丈夫亦對家族中其他男性成員進行管理，例如在兄長對弟弟的管理而言，兄長會教導弟弟，並分享其治學、建功立業、維持家庭秩序的經驗等等，兄長實有責任管教弟弟，有助於維持家族名聲，例如胡林翼（1812-1861）與其楓弟討論如何擇婿，胡林翼分享其經驗：「……兄則謂擇婿第一先審其德，第二須知其才，第三須視其門第，最後乃涉及家私。」參《胡林翼家書》，收入《清代十大名人家書》，下冊，頁1295。胡林翼勸勉其弟擇婿需要重視女婿的德行，不能只以才能、門第為擇婿條件。筆者爬梳清代家訓文獻，發現家訓中關於「為人夫」的論述較為詳備，因此本文以「夫道」為探討主題，對於丈夫如何管理妻妾等女性成員的關係作為核心討論。應注意的是「齊家」並不等同丈夫只對妻妾等女性成員進行管理，而忽略其他家庭成員，「齊家」的管理對象是整體的。

[2] 《禮記·中庸》提出「君子之道，造端乎夫婦，及其至也，察乎天地。」一個家之根源在於夫妻關係的建立，所以要先從「齊家」著手，學懂齊家之道，方能了解更深奧的天地之間的真理。參《禮記正義》，卷第五十二，〈中庸第三十一〉，頁1626。另參劉燕儷：《唐律中的夫妻關係》，〈自序〉，頁5。

夫妻雙方的結合帶動了兩個家庭的連繫，《禮記‧昏義》亦云：

> 「昏禮者，將合二姓之好，上以事宗廟，而下以繼後世也。」[3]

除了夫妻共居，家中成員之間的相處也是丈夫維持家庭和諧需要面對的問題，故此，男子既為一家之掌舵人，要達到「齊家」的目標，便要懂得實際的管理方法。本章的主旨便是透過梳理清代家訓文獻，並輔以清人文集作為補充，從而窺探清代男性對家中女性成員關係的管理觀念。整體而言，筆者先以清代丈夫所倡導的夫妻相處之道作為綱領，並進一步探究為人夫如何運用「夫為妻綱」的信念對妻子的行為進行約束，最後詮釋為夫者如何管理「公婆」、「妻妾」等家室內親人之間的人際關係。

第一節：清人家訓中所倡導的夫妻相處之道

清代丈夫普遍提倡容人之道，認為男性進入了夫妻關係，就需對妻子的缺失有所包容，夫婦之間講求禮法，互相尊重。這種相敬相愛的概念，並非只是清代獨有。儒家的重要人物荀卿（前313-前238）早已提出「為人夫」及「為人妻」該如何相處：

> 「請問為人夫？曰：『致功而不流，致臨而有辨。』請問為人妻？曰：『夫有禮則柔從聽侍；夫無禮則恐懼而自竦也。』此道也，偏立而亂，俱立而治，其足以稽矣。」[4]

---

[3] 《禮記正義》，卷第六十一，〈昏義第四十四〉，頁1680。
[4] 荀況撰，楊倞注：《荀子》（清《抱經堂叢書》本），卷八，〈君道篇第十

為夫者與妻相處，親近妻子也需注意有一定的限制。夫妻之間不能流於追求親暱，雙方沒有約束是不容許的；夫婦亦要互相尊重，只要丈夫遵守禮儀，為妻者便會柔順及聽從，而妻子也要常懷肅慎、敬重之心。荀子指出如果夫妻不能遵行以上規則，天下則會大亂；然而，夫妻之間互相敬重，謹慎彼此的言行，天下自然會長治久安。[5]「相敬如賓」的傳統源自先秦，至兩漢時期，「相敬如賓」的相處模式，除了沿襲傳統的典範，夫妻之間的相處也有如同君臣般嚴肅的一面。[6]例如《禮記・郊特牲》便提出夫與妻之間的相敬尤如奉行「賓主之禮」：「……執摯以相見，敬章別也。」[7]夫婦互相尊敬對方，執行如賓主之間的禮節。[8]「相敬如賓」的傳統不單得到提倡，並加以實踐，例如《後漢書・龐公傳》便指出夫妻之間的家庭生活是以「相敬如賓」為相處模式：

> 「龐公者，南郡襄陽人也。居峴山之南，也未嘗入城府。夫妻相敬如賓。」[9]

而《後漢書・周燮傳》亦有記載家室內成員是以「相待如賓」的方式相處：

二〉，頁2下。

[5] 劉燕儷：《唐律中的夫妻關係》，頁19。除了荀子的主張，《左傳・僖公三十三年》中冀缺與妻子的相處亦是日後夫妻相處的典範。原文為「初，臼季使過冀，見冀缺耨，其妻饁之，敬，相待如賓。」冀缺的妻子帶了食物給他吃，他們在田中的相處是相待如賓的，參左丘明傳，杜預注，孔穎達疏：《春秋左傳正義》，卷第十七，〈僖公三十三年〉，頁1833。另參劉燕儷：《唐律中的夫妻關係》，頁20-21。

[6] 劉燕儷：《唐律中的夫妻關係》，頁97-99。

[7] 《禮記正義》，卷第二十六，〈郊特牲〉，頁1456。

[8] 劉燕儷：《唐律中的夫妻關係》，頁31-32。

[9] 范曄：《後漢書》，卷八十三，〈逸民列傳第七十三〉，頁2776。

「爕居家清處，非法不言，兄弟、父子、室家相待如
賓。」[10]

此外，梁鴻與孟光之間「舉案齊眉」的相處方式，也是體現「相
敬如賓」的典範。「舉案齊眉」這個典故出自《後漢書·梁鴻
傳》，其內容如下：

「為人賃舂。每歸，妻為具食，不敢於鴻前仰視，舉案齊
眉。」[11]

梁鴻與孟光是互相敬愛的，孟光對丈夫更是非常尊敬。每天她親
自為丈夫端飯，把盛載飯菜的托盤舉起至眼眉的位置，以表示對
丈夫的敬重。由此可見，夫妻「相敬如賓」的傳統，不但得到了
奉行，更成為了後代禮教規範夫妻相處之道的主流。[12]例如題唐
代（618-907）女學士宋若華（一作宋若莘）、宋若昭（?-825）
姊妹所撰《女論語》便對傳統以來所提倡的夫婦觀有所傳承：

「將夫比天，其義匪輕，夫剛妻柔，恩愛相因，居家相

---

[10] 同上，卷五十三，〈周黃徐姜申屠列傳第四十三〉，頁1742。

[11] 同上，卷八十三，〈逸民列傳第七十三〉，頁2765-2768。「舉案齊眉」的「案」
是指有腳的托盤，而「舉案齊眉」亦被後世用以表達夫妻相敬相愛。參羅竹風、
漢語大詞典編輯委員會：《漢語大詞典》，第8冊，頁1291。

[12] 劉燕儷：《唐律中的夫妻關係》，頁97。此外，劉氏亦指出了在魏晉南北朝的墓
誌銘中，有關夫妻相處的論述，以「相敬如賓」、「琴瑟和諧」的記載居多。而
「琴瑟和諧」表示了夫妻之間和諧以待，宛如琴瑟一般，其音韻的相應和協調，
就如丈夫、妻子之間的互相協調一樣，如《詩經》的〈關雎〉云：「窈窕淑女，
琴瑟友之」；〈常棣〉亦言：「妻子好合，如鼓瑟琴」等等。參毛亨傳，鄭玄
箋，孔穎達疏：《毛詩正義》（阮元《十三經注疏》本），卷第一，〈國風〉，
〈周南〉，〈關雎〉，頁274；《毛詩正義》，卷第九，〈小雅〉，〈常棣〉，頁
408。另參劉燕儷：《唐律中的夫妻關係》，頁16-17、65。

待，敬重如賓。」[13]

「夫天妻地」、「夫剛妻柔」、夫妻「敬重如賓」，都是東漢大力鼓吹的夫妻關係及相處之道。在唐代，這些理論仍然受到重視，[14]上文強調夫妻之間應充滿敬意、莊重，即為一例。

古來流行的「相敬如賓」理念，在清人家訓文獻中也頻頻出現。[15]夫妻之間的相處是互動的，相愛的同時，亦需要互相敬重，例如秦雲爽《閨訓新編》言「夫婦之道，當始終相敬」[16]；于成龍《于清端公治家規範》亦云「夫妻之間，當思一『敬』字」，[17]秦氏及于氏均在家訓中重申夫妻相敬的重要性。前文所言，荀子提出為人夫要遵守禮儀，為妻者亦要柔順，雙方保持嚴

---

[13] 陳宏謀：《五種遺規》，〈教女遺規〉卷上，〈事夫章第七〉，頁11上-11下。補充一點，已有學者關注《女論語》作者的問題。例如高世瑜便指出根據記載及其書名，《女論語》應是按照《論語》的體例，以問答形式撰寫。然而，今本《女論語》是以通俗的四言韻文形式，與《論語》的內容及形式不同。高世瑜認為並非宋若莘原作，而是宋若昭為《女論語》所作的注解申述文字。詳參高世瑜：〈宋氏姊妹與《女論語》論析——兼及古代女教的平民化趨勢〉，收入鄧小南編：《唐宋女性與社會》（上海：上海辭書出版社，2003年），上冊，頁143。而山崎純一則嘗試推測《女論語》的作者可能是韋溫的女兒或薛蒙的妻子韋氏，不過山崎純一亦重申不論是宋若昭還是韋溫的女兒或薛蒙的妻子韋氏，也難以確定是原作者。但無論如何，《女論語》不是後世所作的贋品，更反映出唐代的世態，是研究唐代婦女史的寶貴資料。詳參山崎純一：〈關於唐代兩部女訓書《女論語》、《女孝經》的基礎研究〉，收入《唐宋女性與社會》，上冊，頁180。

[14] 劉燕儷：《唐律中的夫妻關係》，頁147。

[15] 當時社會的主張是夫婦「相敬如賓」、「和而有禮」，而非過用其愛。不過，今人余新忠及張國剛提出夫婦「相敬如賓」雖成為了理想模式，但算不上當時的社會主流，因為要做到「相敬如賓」不是容易之事，為夫者要通情達理；為妻者要委婉柔順。詳參余新忠、張國剛：《中國家庭史：明清時期》，頁300。補充一點，雖然要做到「相敬如賓」並不容易，但是在家訓文獻中仍然重申這種夫妻相處之道，以作為訓誡子孫的用途，可見夫妻相敬的觀念對維持家庭和諧仍有其重要性。

[16] 秦雲爽：《閨訓新編》（據中國科學院圖書館藏清康熙二十五年〔1686〕徐樹屏刻本影印；收入《四庫全書存目叢書》，〈子部〉，〈雜家類〉，冊157），卷五，〈婦道〉，頁12上。

[17] 于成龍：《于清端公治家規範》，收入《中國歷代名人家訓精萃》，頁324-325。

蕭、敬重，金敝《宗範》亦以此作為警惕，對後輩加以訓誡：

> 「父子夫婦，皆濟濟有禮，於肅正之中，自然雍睦。一
> 寬縱太過，則父不父，子不子，夫婦不成夫婦，亂倫敗
> 度。」[18]

金敝認為父子、夫婦都需要以端正嚴謹的態度相待，若家中成員
不約束自己的行為，並肆意放縱，尤其是夫妻關係，就會導致
「夫婦不成夫婦」，破壞了社會的倫常秩序。而且，夫妻之間不
能過度沈溺於私情的追求，否則將導致不良後果，如梁顯祖《教
家編》嚴正地道出「溺於私情」的危害：

> 「古人有不聽婦人一語，誰不聞之，亦誰不能言之。但溺
> 於私情，無不迷惑，而喪其天性，傷其至愛者，可不慎
> 哉。」[19]

梁氏道出了「溺於私情」的禍害，不但使人迷惑，更會喪失其品
質及性情，故此夫妻之間謹守「相敬」之道，自然可以避免沉溺
於私情所衍生的問題。

透過爬梳清代家訓文獻，可見夫妻「相敬如賓」的相處方
式，仍然是清人的核心價值。

而清人對於夫妻「相敬」的重視，亦可在清人文集中找到蛛
絲馬跡。針對「溺於私情」的訓誡，唐甄（1630-1704）進一步
提出溺情的原因在於好色，並指出了夫婦相處之道的要點：

---

[18] 金敝：《宗範》，收入《課子隨筆鈔》，卷三，頁29下。
[19] 梁顯祖：《教家編》，收入《課子隨筆鈔》，卷五，頁30下。

「吾見以為夫婦之相好者，皆由於溺情；溺情，皆由於好色，非是則必相疏，甚者或至於乖離。蓋夫婦之道，以和不以私，和則順於父母，私則妨於兄弟。和則不失其情，私則不保其終。」[20]

唐氏認為夫婦相處之道在於和諧，若存有私心，則阻礙了家庭成員之間的感情維繫，甚至「不保其終」。依唐甄的說法，他並不贊同「溺情」，強調夫婦「相敬」的重要，可以說是認同「和而有禮」的夫妻相處方式。此外，夫妻互相敬重，彼此也需遵守禮義，因此要做到「相敬」，為夫者也需要以身作則，從而令為婦者耳濡目染，不應只把責任推卸給妻子，例如尹會一（1691-1748）便對男子推卸責任加以責備：

「……身不行道，不行於妻子，此固士大夫之責，而豈可徒責之婦人女子哉！」[21]

故此，清人對夫婦之道的看法，仍然是繼承了「相敬如賓」的思想，同時亦訓誡後輩，提醒他們關注「溺於私情」的禍害，重視「相敬如賓」對維繫夫妻、以至家庭成員和諧的重要性。

其實，清人不單重視「相敬如賓」、「和而有禮」的夫妻相

---

[20] 唐甄：《潛書》（據湖北省圖書館藏清康熙王聞遠刻本影印；收入《續修四庫全書》，〈子部〉，〈儒家類〉，冊945），上篇下，〈居室〉，頁43下-44上。

[21] 尹會一：《健餘先生文集》（據清光緒五年〔1879〕王氏謙德堂刻《畿輔叢書》本影印；收入《續修四庫全書》，〈集部〉，〈別集類〉，冊1424），卷一，〈約言〉，〈正始〉，頁4上。補充一點，顏之推於《顏氏家訓》亦曾訓示「夫不義則婦不順矣」，可見夫妻要做到相敬相愛，為人夫者需要擔當帶領妻子的角色，否則婦人也不會順從，可見夫婦相敬之道是互動的模式。參顏之推：《顏氏家訓》，卷上，〈治家篇五〉，頁7下。

處之道，委實也對男性能得到妻子的輔助充滿憧憬。[22]作為妻子者，要協助丈夫履行孝道，除了自己要盡孝，也當勸夫盡孝，例如唐彪《人生必讀書》便云：「媳婦不唯自己要盡孝，尤當勸夫盡孝」；[23]而姚延杰《教孝篇》亦規勸夫婦要互相勉勵，同心履行孝道：

> 「吾願天下之為子媳者，夫勸其婦，婦勸其夫，互相勉勵，以全孝道，而其責尤重於男子。」[24]

妻子除勸勉丈夫盡孝外，若果丈夫的性格及品行有所不足，也需助丈夫一臂之力，以達到夫妻間彼此尊重、信任、及和諧地相處，[25]例如秦雲爽《閨訓新編》便強調妻子作為賢內助，需要匡扶丈夫：

> 「男子以妻為賢內助，所謂內助者，不止料理家事……性情欠妥之處，苟有所見，皆當盡匡扶之力。」[26]

---

[22] 班昭於《女誡》曾言：「夫不賢，則無以禦婦；婦不賢，則無以事夫。夫不禦婦，則威儀廢缺；婦不事夫，則義理墮闕。」夫婦之間要做到彼此尊重、信任，單靠丈夫的力量是不足的，若果兩者不相輔相成，最終只會造成「威儀廢缺」、「義理墮闕」的惡果。參班昭：《女誡》，見范曄：《後漢書》，卷八十四，〈列女傳第七十四〉，〈曹世叔妻〉，頁2788。

[23] 陳宏謀：《五種遺規》，〈教女遺規〉卷下，〈唐翼修人生必讀書〉，頁19上。

[24] 姚延杰：《教孝篇》，收入《中國歷代家訓大觀》，下冊，頁930。景暹《景氏家訓》亦曾提出「吾願世之為子媳者，夫勸其婦，婦勸其夫，互相砥礪。」參景暹：《景氏家訓》，收入《課子隨筆鈔》，卷五，頁27下-28上。

[25] 有學者以companionate marriage來形容夫妻間彼此尊重、信任及和諧地相處，但社會學家和歷史學家的詮釋並不相同，而中譯詞亦各異，詳參呂凱鈴：〈李尚暲、錢韞素合集所見之夫婦情誼：清代友愛婚姻一例〉，《中國文化研究所學報》，50期（2010年1月），頁189-190，註〔1〕。

[26] 秦雲爽：《閨訓新編》，卷五，〈婦道〉，頁57上。

若果丈夫的性情有所欠妥，也要勸勉丈夫加以改善及警惕。由此可見，清代男性既在家訓等資料中常常提點後輩要重視夫妻相敬相愛，但亦要彼此約束，以免造成「溺於私情」的後果；與此同時，夫與妻之間的敬重是相輔相成的、互相補足的，所以清人丈夫也注意到夫妻相處上互相扶持的重要，以確保家庭成員的和諧共處。清人頻頻訓示後代，必須謹慎處理夫妻關係，以達至「齊家」的目的，蓋因「齊家」是傳統以來男性所注視的重要議題，所以處理夫婦之道不是等閒之事，故毛先舒（1620-1688）亦云「夫婦之道不可以不慎也」。[27]

第二節：「教婦初來」
——清代丈夫管理妻子行為的觀念

清代男性既享受「夫為妻綱」所賦予的權利，[28]同時也時刻自覺有教化女性的責任，加以在「夫主婦從」的觀念驅使下，丈

---

[27] 毛先舒：《漢書》（據北京圖書館藏清康熙刻思古堂十四種書本影印；收入《四庫全書存目叢書》，〈集部〉，〈別集類〉，冊210），卷四，〈擇婦說〉，頁8下。

[28] 「夫為妻綱」除了體現在道德倫理方面外，也同時體現在法律層面上。丈夫的權力往往較妻子為多，例如夫對妻的直接權利，包括了財產權、教令權、休妻權、嫁賣權、殺妻權，詳參錢泳宏：〈清代的夫妻關係——基於《大清律例》與刑科檔案的法文化考察〉，《南通大學學報》（社會科學版），2010年5期（2010年9月），頁44-51。而有關休妻權的討論，郭松義及定宜莊亦指出清代沿襲了傳統，將夫妻之間的離異區分為「出」及「休」，顯示了在社會設定的夫妻關係中丈夫的主導位置，詳參郭松義、定宜莊：《清代民間婚書研究》，頁284-285。另外，關於嫁賣權的分析，岸本美緒對於賣妻典妻作出探究，詳參岸本美緒：〈妻可賣否？——明清時代的賣妻典妻習俗〉，收入陳秋坤、洪麗完編：《契約文書與社會生活（1600-1900）》（台北：中央研究院台灣史研究所籌備處，2001年），頁225-263；王躍生亦指出了清代中期的離婚個案意味著女性被丈夫作為一種家產而轉賣，女性沒有離婚的決定權，她們對丈夫的決定只能聽從，詳參王躍生：《十八世紀中國婚姻家庭研究：建立在1781-1791年個案基礎上的分析》（北京：法律出版社，2000年），頁81。至於以性別視角探討《大清律例》，並對犯姦案件的條文規定作出探討，亦參Matthew H. Sommer, *Sex, Law and Society in Late Imperial China* (Stanford: Stanford University Press, 2000).

夫被賦予管教妻子、約束妻子行為的權利，這些都是夫權的表現方式。[29]而清代丈夫約束妻子的行為頗多，包括教導婦人不宜出閨門、勸勉婦女不應接觸三姑六婆及出外參與宗教活動、婦女既宜節儉，亦忌豔服豔妝，並提出婦人應該安守本份，勤於處理家務等。

丈夫認為妻子不宜出閨門，是自古以來「女正位乎內」概念的延伸。前章所述《周易‧家人》已提出「女正位乎內，男正位乎外」的「男女之別」；[30]而《禮記‧內則》亦重申「男不言內，女不言外」、[31]「男子居外，女子居內，深宮固門，閽寺守之。男不入，女不出。」[32]不論是《周易》、《禮記》等典籍均明確地指出了「男女之別」，男子出外、女子居內是傳統思想所提倡的，因為女子不主於內，就會影響家庭秩序。故此，「女正位乎內，男正位乎外」亦受到清人的重視，例如靳輔（1633-1692）《靳河台庭訓》便深化「女正位乎內」的概念，並寫出以下的訓誡：

> 「女正位乎內，理該不出閨門。除父母有疾病死喪，或兄弟姊妹有嫁娶大禮，方許回母家過宿。」[33]

靳輔指出妻子只可在父母患有疾病及死喪、兄弟姊妹有嫁娶儀式等，方可回娘家，可見靳氏嚴謹地奉行「女正位乎內」的規

29　王躍生：《清代中期婚姻衝突透析》，頁76-79。
30　孔穎達指出「家人之道，必須女主於內，男主於外，然後家道乃立。」男女本位的確立，有助維持家庭秩序，參孔穎達疏：《周易正義》，卷第四，〈家人〉，頁50。
31　《禮記正義》，卷第二十七，〈內則第十二〉，頁1462。
32　《禮記正義》，卷第二十八，〈內則〉，頁1468。
33　靳輔：《靳河台庭訓》，收入徐梓：《家訓：父祖的叮嚀》，頁333。補充一點，余新忠及張國剛提出官府對丈夫制約妻子的歸寧權是完全認可的，不過是有限度的制約，詳參余新忠、張國剛：《中國家庭史：明清時期》，頁202。

範，訓誡妻子不宜出閨門。此外，顏光敏（1640-1686）《顏氏家誡》也申述了「勤儉閨門」的重要性：

> 「婦者家道所由盛衰也，凡擇姻家須醇厚勤儉閨門。」[34]

顏光敏認為婦人是家道的興衰關鍵，委實是傳統思想的繼承，如上引儒家經文所言，男女本位的確立，有助維持家庭秩序。而婦人安守本位，「勤儉閨門」，將會影響家道的盛衰。顏光敏以此訓示後輩，也是重申婦人「女正位乎內」的重要性，故此選擇姻親，視察婦人是否賢良的條件，「勤儉閨門」是重要的考慮因素。若果婦人不重視「女正位乎內，男正位乎外」的觀念，自然不能做到「勤儉閨門」。由此可見，婦人不宜出閨門是受到清代丈夫所注意的，他們把「女正位乎內」的概念加以引申，而監察妻子出入閨門，事實上也是表現「夫權」的方式。

另外，清代丈夫亦十分關注婦女接觸三姑六婆的行為，在家訓文獻中每每申述，並勸勉婦人不宜接觸三姑六婆。[35]許多家訓直接列有不可令三姑六婆出入家中的規條，例如朱潮遠《四本堂

---

[34] 顏光敏：《顏氏家誡》（濟南：山東友誼出版社，1989年），卷二，〈承家〉，頁4上。

[35] 三姑是指尼姑、道姑、卦姑，而六婆則指牙婆、媒婆、師婆、虔婆、藥婆、穩婆，語出陶宗儀（1360-1368）《南村輟耕錄》，陶宗儀認為「蓋與三刑六害同也。……若能謹而遠之，如避蛇蝎，庶乎淨宅之法。」三姑六婆的形象如同蛇蝎，並指出「淨宅之法」是遠離三姑六婆，參《南村輟耕錄》（北京：中華書局，1959年），卷十，〈三姑六婆〉，頁126。然而，史學界已對三姑六婆的形象有所研究，並帶來了新的視角，例如衣若蘭便提出梳理明清的家訓，發現許多規條都倡言婦女無知無識易受煽惑、三姑六婆為淫盜之媒等等。然而，透過他們的筆下，三姑六婆的形象實有失公允，士人對三姑六婆的批判，反映了儒者眼中婦女角色的定位，以及士紳階層欲維持社會秩序的使命與焦慮。詳參衣若蘭：《三姑六婆：明代婦女與社會的探索》（台北：稻鄉出版社，2002年）。另參余新忠、張國剛：《中國家庭史：明清時期》，頁200。

座右編》便有明言：

> 「……尼姑、道婆、媒婆、牙婆及婦人以買賣針灸為名，
> 皆不可令入人家。」[36]

靳輔《靳河台庭訓》嚴厲地禁止三姑六婆往來出入：

> 「婦女不可往寺廟焚香，亦不可令尼姑、女巫、賣婆、媒
> 婆等人來往出入。」[37]

而陳確《叢桂堂家約》云：「三姑六婆不令入門」、[38]陸隴其《治
嘉格言》亦言：「弗許六婆入門」、「弗留尼姑僧道在家」，[39]
以上家訓著者均異口同聲地不容許三姑六婆進入家門。雖然他們
沒有作出詳盡的解說，但筆者認為這些都是受到陶宗儀所提出以
遠離三姑六婆的行為為「淨宅之法」的影響，不希望家中有三姑
六婆往來出入。同時，也誠如衣若蘭所言，士紳階層在維持家庭
秩序中的使命及焦慮影響下，以此訓誡妻子、後輩應遠離三姑六
婆。此外，也有家訓痛陳接觸三姑六婆的禍害，例如蔣伊《蔣氏
家訓》指出：

> 「女人不得供養尼姑在家。此輩兩舌是非，多致離間骨

---

[36] 朱潮遠：《四本堂座右編・二十四卷》（據北京圖書館分館藏清康熙刻本影印；
收入《四庫全書存目叢書》，〈子部〉，〈雜家類〉，冊157），卷十九，〈循
理〉，頁16下。
[37] 靳輔：《靳河台庭訓》，收入《家訓：父祖的叮嚀》，頁333。
[38] 陳確：《叢桂堂家約》，收入《陳確集》，〈別集〉，卷九，〈雜約〉，頁517。
[39] 陸隴其：《治嘉格言》，〈居家務要嚴肅〉，頁25下。

肉。子孫有不守此訓者,即為不孝。」[40]

婦人供養尼姑在家,不但會離間骨肉之情,更會被視為不孝的表現;張履祥《楊園訓子語》亦言:「男子婦人,不可與僧尼往還,敗壞家風。」[41]張氏更指出男子、婦人均不可與三姑六婆往來,敗壞家庭和諧及風氣。而王士晉《宗規》更表明「惑於邪巫」會影響「齊家」:

> 「……至於婦女識見庸下,更喜媚神徼福,其惑於邪巫,也尤甚於男子。……各夫男,須皆預防,察其動靜,杜其往來,以免後悔,此是齊家最要緊事。」[42]

王士晉提出婦女的識見始終不及讀書較多的丈夫,容易受到邪巫迷惑,所以丈夫必須觀察妻子的行為,並杜絕妻子與這些邪巫的往來,才可有效地收「齊家」之效。蔣伊、張履祥與王士晉均針對維持家庭秩序的議題對婦人作出訓示,勸導她們宜遠離三姑六婆。而汪輝祖《雙節堂庸訓》更針對三姑中的尼姑作出訓誡云:

> 「三姑六婆,先民所戒:尼姑一種,尤易惑人。裙釵無識,愛聞禍福之談。此輩莠言,可人托經卷為名,鼓舌搖唇,誆財騙物,兼致婢嫗之類亦被煽蠱,不惟耗財,終且滋事。故宜早防其漸,禁止往來。」[43]

---

[40] 蔣伊:《蔣氏家訓》,頁4-5。
[41] 陳宏謀:《五種遺規》,〈訓俗遺規〉卷三,〈張楊園訓子語〉,頁15上。
[42] 關槐:《士林彝訓》,卷八,〈處世下〉,頁9下。
[43] 汪輝祖著,王宗志、夏春田、穆祥望釋:《雙節堂庸訓》,〈女尼宜絕其往來〉,頁110-111。

汪輝祖認為尼姑較容易迷惑婦女，婦女識見不足，愛聽禍福的談論。女尼可以藉以欺騙財物，甚至煽動婢媼，不但使家庭失財，更容易滋生事端。汪氏鄭重地勸戒婦人不宜與尼姑往來。凡此種種，皆可見清代丈夫在家訓文獻中屢屢強調宜要妻子遠離三姑六婆，實在於維持「齊家」的目的。

另外，清代家訓文獻亦勸戒婦人不應外出參與宗教活動。對於婦人的宗教性活動，政府已有所注意，而官員亦曾發出禁令，例如湯斌（1627-1687）的〈嚴禁婦女入寺燃身以正風化告諭〉曾述：

> 「……婦女各宜靜處閨幃，不得仍蹈從前惡習，入寺裸體燃肉身燈。」[44]

值得注意的是，官員的禁令表示了社會上婦女存在許多機會在戶外進行閑暇的娛樂活動，而婦女的娛樂活動往往是一些宗教性的活動。[45]出於「夫為妻綱」的觀念，丈夫對妻子的在外活動加以

---

[44] 湯斌：《湯子遺書》（收入《景印文淵閣四庫全書》，〈集部〉251，〈別集類〉，冊1312），卷九，〈告諭〉，〈嚴禁婦女入寺燃身以正風化告諭〉，頁6上-6下。當時的社會風氣出現了一些陋習，如湯斌指出「好為冶遊之習，靚粧艷服，連袂僧院。或群聚寺觀，裸身燃臂，胼體誨淫」等男女混雜、女性又多流連寺院的現象，參湯斌：《湯子遺書》，卷二，〈奏疏〉，〈毀淫祠以正人心疏〉，頁56上。康熙為了改變社會風氣，便提出「移風易俗」，如湯斌〈毀淫祠以正人心疏〉便提到「皇上諄諄誨諭以移風易俗為先務」見湯斌：〈毀淫祠以正人心疏〉，頁55下。另外，從湯斌所簽發的告諭來看，大致可分為嚴禁舊俗陋習與倡導新風兩大部分。在嚴禁舊俗陋習方面，如禁止婦女「入寺裸體燃肉身燈」，以免男女混雜，傷風敗俗。故此，湯斌便提出「婦女各宜靜處閨幃」的勸諭。另參吳建華：〈湯斌毀「淫祠」事件〉，《清史研究》，1996年1期（1996年），頁93-98；黃建軍、高志忠：〈湯斌與康熙的詩文交往考論〉，《內蒙古大學學報》（哲學社會科學版），2010年3期（2010年5月），頁123-128。

[45] 趙世瑜以明清以來婦女的宗教活動、閑暇生活等作出研究，提出了婦女參加宗教性活動，不論是為了履行自己家庭的職能，還是了解與自己有關的精神、生活問題，已經成為了獨特的文化。於上層女性而言，衣食住行及生老病死等問題不

約束，例如不許妻子入寺拜神燒香就是顯例。靳輔《靳河台庭訓》云：「婦女不可往寺廟焚香」；[46]陳確《叢桂堂家約》亦重申「婦女不入寺門」。[47]于成龍雖不許婦女入寺門，然而對她們在家念佛及吃素則不加以禁止。[48]對於丈夫不許妻子入寺，除了基於「女正位乎內」的理念，也是因為婦女出外很容易與其他男性混雜，影響自己及家人的名聲。[49]說到這裏，或者筆者可以借用韓獻博所提出有關「男性榮譽」的概念來說明一下。韓獻博認為男性榮譽的表現在於女性的服從，而男性控制女性，足以避免自己受恥辱；故此男子期許的優良女性，應該與其他男性較少接觸，樂於順從丈夫及其家人。[50]這個說法似乎也可應用在清代丈夫管束妻子不宜出閨門、勸勉她們不應接觸三姑六婆及出外參與宗教活動等行為，尤其妻子入寺較容易接觸其他男性，就絕對不是丈夫所能容忍的行為，因為他們認為妻子應安守家中，盡其本分。

再者，清代丈夫亦認為婦女應該節儉，避免以豔服、豔妝打扮。男性的主導角色，既要維持家庭和諧，也肩負著養家糊口的責任。[51]節儉可以確保家庭的財產不會虛耗，夫婦均有責任，故

算太大；然而，下層女性則面臨生子、袪病、免災等的問題，不同階層的婦女涉足宗教性活動有不同的原因。趙世瑜認為男性士紳對婦女的宗教行為有所不滿，出於他們對女性正當行為的傳統觀念，他們並不理解女性在面臨各種社會壓力的情況下對宗教的特殊要求。詳參趙世瑜：〈明清以來婦女的宗教活動、閒暇生活與女性亞文化〉，見其《狂歡與日常：明清以來的廟會與民間社會》（北京：三聯書店，2002年），頁259-296。

[46] 靳輔：《新河台庭訓》，收入《家訓：父祖的叮嚀》，頁333。

[47] 陳確：《叢桂堂家約》，收入《陳確集》，〈別集〉，卷九，〈雜約〉，頁517。

[48] 于成龍提出「婦女不許入寺燒香拜會，惟在家念佛持素不禁。」參于成龍：《于清端公治家規範》，收入《中國歷代名人家訓精萃》，頁326。

[49] 趙世瑜：〈明清以來婦女的宗教活動、閒暇生活與女性亞文化〉，見其《狂歡與日常：明清以來的廟會與民間社會》，頁268。

[50] Bret Hinsch, "Male Honor and Female Chastity in Early China," pp. 192-196.

[51] 中國伙伴關係研究小組、閔家胤：《陽剛與陰柔的變奏：兩性關係和社會模

此清人亦在家訓文獻中有所討論。例如張履祥、汪輝祖都明確地訓誡夫婦同負維持節儉作風之責，張履祥《楊園訓子語》也有這樣的教誨：「男子服用，固宜儉素，婦人尤戒華侈。」；[52]汪輝祖《雙節堂庸訓》更指出男子要監察婦人，以免耗費過多：

> 「米薪瑣屑、日用百須，男子止能總計大綱；一切籌量贏絀，隨時督察，惟婦人是倚。婦人不知操持，必多無益之費。」[53]

丈夫要隨時督察，若果放縱妻子花費，恐怕會影響家庭的財政狀況。彭玉麟（1816-1890）更視婦女奢淫為危害家庭秩序的重要因素之一，聲言「婦女奢淫者敗」。[54]由此可見，古人認為丈夫需節儉，也應教導妻子不宜奢侈，課加約束，才可有效維持家中的財政。與此同時，傳統以來教導婦人注意「婦容」，是「四德」之一，班昭於《女誡》已指出「婦容」並不在乎顏色的美麗，換言之婦人的外表要端莊。[55]清代丈夫三番四次提出妻子要避免以豔妝打扮，例如朱用純《治家格言》便警惕婦人「切忌豔妝」，[56]于成龍《于清端公治家規範》也鄭重申述婦人儀容要

式》，頁264。

52　陳宏謀：《五種遺規》，〈訓俗遺規〉卷三，〈張楊園訓子語〉，頁9下。

53　汪輝祖著，王宗志、夏春田、穆祥望釋：《雙節堂庸訓》，〈婦道尤以勤為要〉，頁69。

54　彭玉麟訓誡後輩，要注意危害家庭秩序的重要因素：「居家四敗曰：婦女奢淫者敗，子弟驕怠者敗，兄弟不和者敗，侮師慢客者敗。」參《彭玉麟家書》，收入《清代十大名人家書》，下冊，頁1331。

55　《禮記‧昏義》曾言：「教以婦德、婦言、婦容、婦功。」鄭玄注：「婦容，婉娩也。」參《禮記正義》，卷第六十一，〈昏義第四十四〉，頁1681。而班昭於《女誡》亦指出：「……婦容，不必顏色美麗也。」參班昭：《女誡》，見范曄：《後漢書》，卷八十四，〈列女傳第七十四〉，〈曹世叔妻〉，頁2789。

56　朱用純：《治家格言》，收入《課子隨筆鈔》，卷三，頁37下。

端莊：「婦女在家，家常服飾，不得喬妝豔服。」[57]至於陸隴其《治嘉格言》亦有明言：「淡妝自適者，方為賢婦」。[58]由此可見，清代丈夫也針對「豔」的問題警惕妻子，注意自己的儀容，突顯了「夫權」，對妻子的行為、外表也有所管理。

透過梳理清代家訓等文獻，我們發現在古人心目中，丈夫確有責任去管教妻子，同時丈夫亦認為婦人應勤於處理家務，安於其位。追溯源流，《周易·家人》早已指出了婦人的職責：

> 「婦人之道，巽順為常，無所必遂。其所職主，在於家中
> 饋食供祭而已」[59]

換言之，婦人的主要職責就是烹飪，以供家人食用，並用以祭祖。班昭於《女誡》亦已指出「婦功」為「專心紡績，不好戲笑，絜齊酒食，以奉賓客」，[60]婦人既要懂得烹調食物，也要專注於紡織，是婦女必需要學會做的家務。而這些自古以來對女性的規範，清代丈夫也奉為準則，在家訓中表明婦人需要處理這些家務，基於男性無論仕宦羈旅，或經商營生，都長期在外，故此家中的事務便交由婦女代理。[61]蔣伊《蔣氏家訓》便教導婦人只宜處理這些家務，並言「女子止主中饋、女紅、紡織事」；[62]張

---

[57] 于成龍：《于清端公治家規範》，收入《中國歷代名人家訓精萃》，頁326。

[58] 陸隴其：《治嘉格言》，〈淡妝賢婦〉，頁30下。

[59] 孔穎達疏：《周易正義》，卷第四，〈家人〉，頁50。

[60] 班昭：《女誡》，見范曄：《後漢書》，卷八十四，〈列女傳第七十四〉，〈曹世叔妻〉，頁2789。

[61] 有關清代至近代中國男女的性別分工，詳參Bryna Goodman and Wendy Larson (eds.), *Gender in Motion: Divisions of Labor and Cultural Change in Late Imperial and Modern China* (Lanham, Boulder, New York and Oxford: Rowman and Littlefield Publishers, 2005).

[62] 蔣伊：《蔣氏家訓》，頁4-5。

履祥《楊園訓子語》云：「婦人只宜勤紡織，供饋食」；[63]靳輔《靳河台庭訓》則以「男女之別」為切入點，主張「凡男子則耕讀工商，婦人則紡織針黹」；[64]陸隴其《治嘉格言》更生動地以妻女紡織的聲音表達了婦人應專注紡織的看法：「居家聽妻女紡織聲，耳根覺鬧然，亦可喜」。[65]此外，曾國藩與嚴復教女兒的訓誡，也值得參考。曾國藩教誨女兒言：「諸女學洗衣，學煮菜燒茶。」[66]雖然曾氏教育的對象是女兒，但是將來女兒出嫁，其身份也是妻子，曾國藩的教誨其實亦蘊含了丈夫對妻子的期待；而嚴復〈與夫人朱明麗書〉中亦勸導妻子教育女兒學會家常烹飪：

> 「居家無事，可以隨時買些小菜，同璆兒等學習家常烹飪，此本是婦女孩們分內的事。」[67]

嚴氏對女兒的教導與曾國藩的動機一樣，都是為女兒將來出嫁做好準備，而嚴復更表明烹飪是「婦女孩們分內的事」，也證明這是清人普遍認同的性別分工：婦人要專注紡織、煮食等家務。而蔣伊、張履祥、靳輔、陸隴其、曾國藩、嚴復等家訓著者更認為這些都理所當然是女性的責任及份內之事，是「婦功」的表現。更重要的是，女性勤於紡織等事宜，是婦德的表現。[68]清代丈夫

---

[63] 陳宏謀：《五種遺規》，〈訓俗遺規〉卷三，〈張楊園訓子語〉，頁9下。

[64] 靳輔：《靳河台庭訓》，收入《家訓：父祖的叮嚀》，頁331。

[65] 陸隴其：《治嘉格言》，〈喜聽書聲〉，頁9下。

[66] 《曾國藩家書》，收入《清代十大名人家書》，上冊，頁425-427。

[67] 嚴復：〈與夫人朱明麗書〉，收入嚴復著，王栻主編：《嚴復集》（北京：中華書局，1986年），第三冊，頁772。

[68] 曼素恩指出在盛清時期，社會分層體系對於男人及女人的主要區別，在於他們與體力勞動的關係。男人有機會遠避體力勞動是地位上升的第一個標誌，女人則相反，需要勤勉地從事生產性勞動，尤其是紡織、織布，都是婦德的表現。懶惰的女人的印象是放蕩，有損她在婚姻市場、家庭中的地位。詳參曼素恩著，楊雅婷

亦重視妻子「勤」的表現，如前文所引汪輝祖便提到「故治家之道，先須教婦人以勤」；甘樹椿（1839-1918）《甘氏家訓》亦訓誡後輩，不論男女均要重視「勤」對「齊家」的作用：

> 「居家之道，無論男女，均要各事其事，各勤其業。」[69]

「勤」是中性的道德，不論男女均要奉行，而清代丈夫也繼續發揮「婦功」對婦人的規範，關注婦人勤於處理家中事務，尤以紡織、煮食為之重要，男子需要「勤」，女子也要跟從，切合了「夫為妻綱」、「夫主婦從」的原則。

綜而論之，婦人初來，丈夫實有責任教導她們，在「夫為妻綱」的理念下，丈夫要具體地管束妻子的行為，彷彿是順理成章的事情。閱讀清代家訓等資料，可以從中窺探丈夫已有清晰的觀念去管理妻子的行為。家庭以外，丈夫勸勉妻子不宜出閨門、不應接觸三姑六婆及出外參與宗教活動；家庭之內，在「婦功」方面，則希望婦人安守本份，勤於處理家務，表現婦德。凡此種種，爬梳史料，不難發現清代丈夫已建立一套「夫為妻綱」、「夫主婦從」的守則，當中屢屢呈現清代丈夫的自我性別認知，也顯示了自身的「男性氣概」，有助加深後人對清代夫妻關係的理解。

第三節：清代丈夫所提倡的公婆與媳婦之關係

中國人尤重孝道，丈夫既要以身作則盡孝，與此同時也得教導妻子順從翁姑。婦人一方面要聽從丈夫的教導，但另方面有些

譯：《蘭閨寶錄：晚明至盛清時的中國婦女》，頁58。
[69] 甘樹椿：《甘氏家訓》，收入《中國歷代家訓大觀》，下冊，頁951。

時候又要反過來「勸夫盡孝」。追溯源流，《大戴禮記・本命》中早已記載所謂「七去」：

> 「婦有七去：不順父母去，無子去，淫去，妒去，有惡疾去，多言去，竊盜去。」[70]

「不順父母」位列「七出」之首，是故婦人要維持夫婦關係，就要重視孝順丈夫的父母，因為婦人不能討好翁姑，就有機會讓人以「七去」為理由休棄，可見公婆的地位是很高的。故此，丈夫必須擔負管教妻子順從公婆的責任，蓋因不孝對兒子亦是非常重大的罪名。[71]而且，丈夫娶妻，其首要任務是奉養父母及延續家族的血統，基於孝道的實踐，以至維持家庭和諧的驅使下，丈夫教妻子孝敬公婆，實為管教妻子的重要議題。[72]基於「男正位乎外」的理念，在男女性別分工的前提下，丈夫由於內顧無暇，妻子便應代夫對公婆盡孝，並努力維繫與夫家其他成員的和諧關係。[73]

我們爬梳典籍，也不難發現有不少教導婦人關於「事公婆」的訓誡。例如《禮記・內則》便云：「婦事舅姑，如事父母」；[74]「子婦孝者敬者，父母舅姑之命，勿逆勿怠。」[75]婦人事奉公婆，

---

[70] 戴德：《大戴禮記》（《四部叢刊》景明袁氏嘉趣堂本），卷第十三，〈本命第八十〉，頁6上。

[71] 劉佳指出在傳統的家庭倫理中，丈夫被賦予了管教妻子使其順從公婆的責任。他舉出了在清代，婆婆的權威很大程度上依賴於兒子的支持。而兒媳也並非對婆婆完全聽命，有時這種矛盾還相當激烈。不過，對兒子來說，如不對媳婦進行壓制，他將背負不孝的名聲，因此大多數的丈夫選擇的還是壓制妻子。詳參劉佳：〈清代婆媳沖突管窺〉，《清史研究》，2007年3期（2007年8月），頁100-104。

[72] 翁珮倫：〈明代之婆媳關係〉（國立中正大學歷史所碩士論文，2009年），頁87。

[73] 曼素恩著，楊雅婷譯：《蘭閨寶錄：晚明至盛清時的中國婦女》，頁54-57。

[74] 《禮記正義》，卷第二十七，〈內則第十二〉，頁1461。

[75] 同上，頁1462。

如同事奉自己的父母，而且不得忤逆公婆的意思。此外，「婦將有事，大小必請於舅姑」[76]亦表示了婦人不能任意妄為，家中的事務應先向公婆請示，不能獨斷。此外，也有一些女訓著作如鄭氏《女孝經》亦繼續申述這些道理，提出「女子之事姑舅也，敬與父同，愛與母同。」[77]換言之，婦人事奉公婆，如同敬愛父母，不可以顧此失彼。《女論語》亦訓誡婦人「事公婆如父母」，要謹慎地聽從公婆的叮囑：

> 「阿翁阿姑，夫家之主，既入他門，合稱新婦，供承看養，如同父母，敬事阿翁，形容不覿，不敢隨行，不敢對語，如有使令，聽其囑付。」[78]

「不敢隨行，不敢對語」都表示了婦人對公婆的敬畏，而「如有使令，聽其囑付」則表示了婦人不但要跟從丈夫，更加需要聽從公婆的囑咐，因為公婆是丈夫的父母。由此可見，公婆與媳婦之關係是嚴謹的，媳婦亦不能只偏愛自己的父母。夫妻要「相敬如賓」，那麼孝順雙方的父母就顯得理所當然。「事公婆」是丈夫管教妻子時所關注的重要事宜，清代丈夫亦受這些傳統思想的薰陶，在家訓中呈現出丈夫勸導妻子要孝順翁姑的思想，從而建構彼此融洽的關係。

曾國藩針對此議題，教誨女兒「孝順翁姑，敬事丈夫」，並重申「事公婆如父母」的概念，勸勉女兒成為媳婦後，不可只重

---

[76] 同上，頁1463。
[77] 鄭氏：《女孝經》（據津逮祕書本影印；收入《叢書集成初編》，冊990；北京：中華書局，1991年），〈事舅姑章第六〉，頁8-9。
[78] 陳宏謀：《五種遺規》，〈教女遺規〉卷上，〈事舅姑章第六〉，頁10下-11上。

視娘家而忽略夫家，故言：「慎無重母家而輕夫家」；[79]而陸隴其《治嘉格言》認為丈夫要以身作則，以「刑于之化」去感化妻子孝順公婆：

> 「婦道以敬夫為主，能敬夫者，必孝翁姑；若不孝翁姑，必由夫子薄視父母。」[80]

陸氏認為要感化妻子孝順公婆，自然離不開保持和諧共處的原則，也是丈夫所寄望的公婆、媳婦之間的良好關係。而戴翊清《治家格言繹義》也異口同聲地指出丈夫有責任教化妻子順從公婆：

> 「一入門便能孝翁姑、睦妯娌，然十不得一焉。所賴為丈夫者當婦之初來，先以孝友之型示之，而後察其情性之何如，而徐徐化導。」[81]

丈夫要瞭解妻子的性情並進行輔導，也要以身作則，為妻子當一個好榜樣。如果妻子與公婆可以建立良好的關係，對「齊家」就會有莫大的幫助。陸圻在《新婦譜》中更進一步解釋妻子孝順公婆對連繫夫家、娘家關係的益處，認為是盡孝的表現：

> 「蓋女子在家以母為重，出嫁以姑為重也。……今若新婦必欲盡孝於父母，亦有方略，先須從孝公姑、敬丈夫做起。公姑既喜，孝婦必歸功於婦之父母，必致喜於婦之父

---

[79] 《曾國藩家書》，收入《清代十大名人家書》，下冊，頁818-819。
[80] 陸隴其：《治嘉格言》，〈知敬必孝〉，頁29上-29下。
[81] 戴翊清：《治家格言繹義》，卷下，頁1上。另參王躍生：《清代中期婚姻衝突透析》，頁85-86。

母。丈夫既喜，賢妻必云：『彼敬吾父母，吾安得不敬彼父母』，於是曲盡子婿之情，歡然有恩以相接。舉家大小敢不敬愛？而新婦之父母於是乎榮矣。」[82]

陸氏認為妻子孝敬翁姑，翁姑感到歡喜，並讚賞姻親家庭教女有方，於是孝婦的榮譽遂能與父母分享。與此同時，雙方的父母均能享受到下一代不同形式的「孝」。清人的家訓文獻充滿丈夫對妻子的教導說話，孝順公婆就是其中重要的內容，正反映出清代丈夫多麼渴望公婆與媳婦之關係是和諧共處、互相尊重的。這種良好的互動關係，使夫婦能盡孝道之餘，也有效地維持家庭秩序。

不過，妻子始終來自不同的家庭背景，妻子與公婆的磨擦始終難免。而有關妻子與公婆的衝突，又必然地牽涉到丈夫對夫婦關係的處理。[83]以明代為例，當丈夫遭遇婆媳衝突時，基於傳統中國的家庭及家族的觀念，他們往往選擇放棄夫妻關係。由於丈夫要堅守孝的原則，故此明代的孝子在處理婆媳關係與夫妻關係的立場與態度上，亦是以母親為首要考慮，丈夫解決婆媳之間矛盾的方式，多以犧牲媳婦的利益為代價。[84]那麼清代丈夫是否只

---

[82] 陸圻：《新婦譜》，〈孝母〉，頁15上。

[83] 婆媳矛盾等問題涉及兒子或丈夫的歸屬心理，而另一方面牽涉「主內」大權的潛在爭奪問題，詳參中國伙伴關係研究小組、閔家胤：《陽剛與陰柔的變泰：兩性關係和社會模式》，頁269。另外，彭定光以清代為研究時期，提出丈夫對夫婦關係的處理有兩種態度：其一是丈夫對其妻雖仍有感情，但由於自身的懦弱或需順從母親的意願，不得不屈從母親對其妻的做法。其二是丈夫不僅同意母親對其妻的不合理做法，還成為了母親惡意對待其妻的幫兇。詳參彭定光：〈論清代家庭道德生活〉，《倫理學研究》，2008年6期（2008年11月），頁21-22。

[84] 翁珮倫提出了明代婆媳關係發生衝突時，男性所扮演的角色，包括妻子對婆婆不敬，丈夫主動出妻；丈夫因婆婆不喜歡媳婦而出妻或遠離妻子。詳參翁珮倫：〈明代之婆媳關係〉，頁102-107。

能放棄夫妻關係來平息妻子與公婆的衝突？筆者認為仍有待學者進行更仔細的探討，但清人在家訓中申述此方面的訓誡，委實也反映了丈夫對維持妻子與公婆的關係有所憂慮。

曾國藩及早教導女兒要對翁姑視如父母；陸隴其、戴翊清均重視丈夫教化妻子，而且要仔細觀察妻子的行為，從旁教導。前人無非想盡量避免妻子與公婆產生衝突，也許是丈夫認為如果不教導妻子孝順公婆的話，不但有違孝道，而且一旦產生衝突就只可以依靠放棄夫妻關係去解決問題，所以不是一個明智的做法。陸隴其《治嘉格言》開首便云：「凡姑媳妯娌間，本是和諧」，[85]若果處理姑媳關係不是難題，陸隴其就不必擔憂她們之間的相處，更不會言及「本是和諧」。家庭成員不互相尊重，和諧之道亦不可能長久，陸氏命題〈婦輩應戒〉，委實也顯露了丈夫處理妻子與公婆關係的憂慮，所以為了避免產生衝突，便訓誡後輩應重視此問題。為了「齊家」，丈夫當致力維繫她們良好的關係，故在家訓之中提倡婦人應孝順公婆，實屬人之常情。而針對維持妻子與公婆關係的議題，胡林翼（1812-1861）開宗明義地提出「治家貴和」不是容易之事：

> 「治家貴和，固也，然和字最不易言。聚父子、母女、兄弟、姊妹於一室，其勢必能和睦，何也？以其有天性存也。若聚婆媳、妯娌、姑嫂於一室，其勢必不能和睦，何也？以其本無天性之親也。其聚也，因其夫身所繫，乃適然會合也。」[86]

---

[85] 陸隴其：《治嘉格言》，〈婦輩應戒〉，頁31上。
[86] 《胡林翼家書》，收入《清代十大名人家書》，下冊，頁1273。

胡林翼認為家中的父子、母女、兄弟、姊妹可以和睦共處，因為大家本是親人，流著相同的血脈；但是，婆媳、妯娌、姑嫂則難以維持和睦的關係，在於她們來自不同的家庭背景，因妻子嫁入夫家，兩者建立關係，才使婆媳、妯娌、姑嫂等女性聚於一室，然而並非流著共同的血脈，故難以維持和睦關係。胡氏當然明白「齊家」首要令成員和諧相處的原則，然而亦呈現了丈夫在維持妻子與公婆關係的憂慮，因為妻子與公婆關係的好與壞，丈夫往往處於一個關鍵的角色，其態度也影響了妻子與公婆關係的發展。

綜而論之，梳理清代家訓文獻，丈夫固然著力於建立妻子、公婆之間良好的相處關係，雙方和睦以待，對「齊家」、盡孝道也有莫大的裨益。[87]然而，清代丈夫同時亦意識到維持雙方關係的難處，有時亦呈現出不少擔憂。不過，丈夫既然在家中是主導角色，縱使明瞭箇中的艱難，但也不可忘記對妻子的訓誡，並警惕後輩以此為鑑，合力建立良好的家風，在維持個人及家族的名聲方面頗具積極的作用。

---

[87] 筆者嘗試梳理閨訓（如前引《女誡》、《女孝經》、《女論語》等）及清代家訓文獻，已有不少教導婦人「事公婆」的訓誡，而婦人需要注意的對象多以公婆為一個整體。誠然也有討論姑媳關係、翁媳關係的個別例子，以姑媳關係為例，如班昭《女誡》於〈曲從第六〉指出「然則舅姑之心奈何？固莫尚於曲從矣。姑云不爾而是，固宜從令；姑云爾而非，猶宜順命。」不論姑之言論是如何，婦人亦需從命，以表示對姑的尊重。參班昭：《女誡》，見范曄：《後漢書》，卷八十四，〈列女傳第七十四〉，〈曹世叔妻〉，頁2790。此外，以翁媳關係而言，如陸圻《新婦譜》就有〈孝翁〉的訓誡，指出「則新婦謁見，有時無須執役。但當體翁之心，不須以向親密為孝也。」明確表示婦人要孝翁，必須「體翁之心」。參陸圻：《新婦譜》，〈孝翁〉，頁9下。由此觀之，爬梳典籍，婦人需要注意的對象多以公婆為一個整體；同時，也有個別關係的討論，如姑媳關係、翁媳關係等。

第四節：如何兼顧妻妾？──清代丈夫的管理之道

孟子曾言「不孝有三，無後為大」，當中「無後為大」使男子對繁衍後代尤為重視。[88]丈夫在「不孝有三，無後為大」的教導下，為家庭傳宗接代是重要的事宜。妻子無法生子，構成了丈夫納妾的一個重要理由。[89]丈夫納妾具有悠久的傳統，那麼古人對妾又有何理解？[90]班固（32-92）於《白虎通德論》曾提出「妾者，接也。以時接見也。」，[91]妾是指某些時間侍奉丈夫的女人。而《禮記‧內則》則明確地指出妻妾的分別，指出「聘則為妻，奔則為妾」。[92]「聘則為妻」的原意是男子娶妻必須用聘禮，嚴格地按照「六禮」成婚，而「奔」並不是依禮成婚，不符

---

[88] 孫奭對「不孝有三，無後為大」之疏：「阿意曲從，陷親不義，一不孝也；家貧親老，不為祿仕，二不孝也；不娶無子，絕先祖祀，三不孝也。三者之中，無後為大。」參趙岐注，孫奭疏：《孟子注疏》，卷第七下，〈離婁章句上〉，頁2723。

[89] 郭松義：《倫理與生活：清代的婚姻關係》，頁359。補充一點，施永南分析了中國妾制長久存在的原因，包括原始天道觀的影響、自然經濟的影響、男人對美色及生活刺激的追求、儒家及道家思想的影響、早婚的補償等等。詳參施永南：《納妾縱橫談》（北京：中國世界語出版社，1998年），頁22-75。而針對納妾原因，郭松義指出丈夫藉口多生子女，也得再納妾。納妾求子、傳代防老的傳統思想，因男權主義的膨脹已走向扭曲，詳參郭松義：《倫理與生活：清代的婚姻關係》，頁354。此外，盧嘉琪提出了在廣嗣思想的影響下，誠然妻子與丈夫也需一起承擔生育的責任。不過，古代社會因為醫療知識較匱乏，把不育的罪責由女性承擔。值得注意的是妻子若能接受丈夫納妾以傳宗接代，便會被視為賢婦的德行，在夫家的地位因而提升。盧嘉琪認為古代女性容許丈夫納妾，可能是一種自保的方法以維繫夫妻關係。詳參盧嘉琪：〈清代廣嗣思想研究〉，頁160-161。

[90] 妾之意思分別解作女奴、舊時男子在妻以外所娶女子的稱呼、舊時女子自稱的謙詞及用作姓氏。參羅竹風、漢語大詞典編輯委員會：《漢語大詞典》，第4冊，頁334。而妾有很多別稱，例如有「夫人」、「君」、「小妻」、「側室」、「美人」等等，參王紹璽：《小妾史》（上海：上海文藝出版社，1995年），頁2-5。

[91] 班固：《白虎通德論》（《四部叢刊》景元大德覆宋監本），卷九，〈嫁娶〉，頁16上。

[92] 《禮記正義》，卷第二十八，〈內則〉，頁1471。

合禮教娶妻的要求，故此只能為妾。[93]許慎（約58-約147）對妾的解釋，也建立在《禮記‧內則》的基礎上，提出「女為人妾，妾不聘也」，[94]換言之妾不是依禮成婚，並不經「聘」的儀式，所以妾為「不聘」。此外，妻妾的地位並不相同，例如班固指出「妾事夫人，如事舅姑，尊嫡絕妒嫉之原」，[95]妻妾關係如同妻子事奉舅姑，妻如舅姑的角色，妾要尊敬妻，彰顯了妻妾地位之別，並希望斷絕彼此之間所產生的妒嫉。[96]

　　梳理了古人對妾的理解及妻妾地位之別，那麼作為丈夫，又應如何管理妻妾關係？呂不韋（？－前235）一針見血地對妻妾的管理提出意見：「妻妾不分則家室亂」，[97]若果為夫者不注意管理妻妾，便會導致家庭秩序出現混亂的情況，可見丈夫的管理角色尤其重要。清代以前，已有論者談及嚴格區分妻妾之別，又建議管理方法，那麼，清代家訓著者對妻妾的管理又有何看法？以妾為例，汪輝祖《雙節堂庸訓》便已嚴厲地訓誨妾不可以操家：

> 「吾越作妾，類皆大家婢女。過江吳產，多以室女為之。
> 然亦小家女也，素無姆教。明理達義，百無二三，全賴正

---

[93] 施永南：《納妾縱橫談》，頁193。「六禮」是指納采、問名、納吉、納徵、請期、親迎，是從議婚直至完成婚禮的整個過程中必需完成的六種禮節，詳參史鳳儀：《中國古代婚姻與家庭》，〈婚姻的程序〉，頁108-118；常建華：《婚姻內外的古代女性》，〈婚姻程序〉，頁42-82。

[94] 許慎：《說文解字》（《四部叢刊》景北宋本），卷三上，頁7下。

[95] 班固：《白虎通德論》，卷九，〈嫁娶〉，頁15上。

[96] 王紹璽提出妻及妾的地位不能變換顛倒，例如在明清時期，妻死去以後把妾扶正為繼室雖為常見，但是不能自動替補，需經宗族、妻的娘家認可，而且被扶正者應是出身良家，可見妻妾地位始終有所差別，詳參王紹璽：《小妾史》，頁26。

[97] 呂不韋撰，高誘注：《呂氏春秋》（《四部叢刊》景明刊本），卷十七，〈審分覽第五〉，〈慎勢〉，頁17上。

室挩循化誨，苟因正室願樸或衰老，令妾主持內政，必有不知大禮之處。若正室無子，以有子之妾操家，勢且尾大不掉，害有不可勝言者，終非其子之幸也。」[98]

汪輝祖明確地指出如果妾主持家政，家中事務會失去有效的管理，若果因妾有子而令其治理家庭，對丈夫而言亦並不是好事，必招致禍害。此外，有關婦女不宜以豔妝打扮的原則，不論妻妾都應遵守，故朱用純《治家格言》中便云：「妻妾切忌豔妝」；[99]而且妾的過份嬌美，朱用純認為是「非閨房之福」，[100]丈夫對妻妾的管理一視同仁，方可有效達至「齊家」之道。因為如果丈夫放縱妾以豔妝打扮，就會使妻子產生妒嫉，妾亦可能持寵生嬌，故此丈夫不得忽略家中每一個細節的管理。

更重要的是，丈夫應致力於促使妻妾互相尊重，所以家訓中常灌輸妻妾需要融洽相處的訊息。例如于成龍《于清端公治家規範》便訓示後輩若為繼嗣立妾，就不容正妻妒忌，但亦不得縱容妾侍以下凌上：

「凡年至四十無子方許置妾，嫡妾不得妒忌，其夫亦不得縱妾凌妻，犯者合族公罰。」[101]

---

[98] 汪輝祖著，王宗志、夏春田、穆祥望釋：《雙節堂庸訓》，〈勿使妾操家〉，頁73。不過，並非所有妾也不能有效處理家政，例如張廷玉的元配夫人姚氏得了不治之症，其後派人聘側室吳氏代為處理家政，因處理得宜得到家翁張英、丈夫張廷玉的讚賞，詳參郭松義：《倫理與生活：清代的婚姻關係》，頁360。但是，基於「夫權」的驅使下，清人在家訓中始終灌輸對妾應有所管束，也是可以理解的。

[99] 朱用純：《治家格言》，收入《課子隨筆鈔》，卷三，頁37下。

[100] 同上。

[101] 于成龍：《于清端公治家規範》，收入《中國歷代名人家訓精萃》，頁324-325。

于成龍認為妻子不得因為丈夫置妾生子而妒忌，妾亦不可欺凌妻子，丈夫需要兼顧妻妾共處。而蔣伊《蔣氏家訓》則提出妾的地位較為低微，容易受到壓迫，所以呼籲「女人不得酷打婢妾」，[102]換言之就是提倡家中的婦人都應和諧共處，妻子應尊重妾的存在，不可以酷刑對待妾侍。由此可見，清代丈夫既期許妻妾能和諧共處，同時丈夫亦不應因妾侍生子而忽略髮妻，放縱妾獨秉家政，否則會對家庭的秩序帶來不良的影響。

不過，值得注意的是古人口中所謂婦人的妒性。婦人因妒忌心（例如丈夫納妾而忽略妻子）而對丈夫及其家人加以欺凌的行為，委實受到社會的關注。[103]前文所引的《大戴禮記・本命》中已提到婦人「七去」中有「妒」，可見「妒」是休妻原因之一。又如鄭氏《女孝經》便斥責「妒」之罪大：

> 「五刑之屬三千，而罪莫大於妒忌，故七出之狀標其首焉。」[104]

---

[102] 蔣伊：《蔣氏家訓》，頁4-5。

[103] 有關中國歷史上的「妒婦」現象已受到學界的關注，例如魏晉南北朝、唐代的「妒婦」現象是較為普遍的，詳參牛志平：〈唐代妒婦述論〉，收入鮑家麟編：《中國婦女史論集續集》（台北：稻鄉出版社，1991年），頁55-65；張兆凱：〈魏晉南北朝的妒忌之風〉，《文史知識》，1993年10期（1993年10月），頁114-118；王萬盈：〈魏晉南北朝時期上流社會閨庭的妒悍之風〉，《西北師大學報》（社會科學版），2000年第5期（2000年9月），頁77-82。而以明清時期為探究時期，例如有曼素恩著，楊雅婷譯：《蘭閨寶錄：晚明至盛清時的中國婦女》，頁152；高彥頤著，李志生譯：《閨塾師：明末清初江南的才女文化》，〈男人、妻和妾：婦妒的話語〉，頁113-117；吳秀華、尹楚彬：〈論明末清初的「妒風」及妒婦形象〉，《中國文學研究》，2002年3期（2002年），頁42-47；孫小力：〈悍婦與益友——晚明江南婦女的家庭角色新變〉，《深圳大學學報》（人文社會科學版），2007年6期（2007年11月），頁142-146。有關中國歷史上「妒婦」現象的綜論，詳參Chia-lin Pao Tao, "Women and Jealousy in Traditional China," in Institute of History and Philology, Academia Sinica (ed.), *Papers on Society and Culture of Early Modern China* (Taibei: Institute of History and Philology, Academia Sinica, 1992), pp. 531-561.

[104] 鄭氏：《女孝經》，〈五刑章第十一〉，頁14-15。

婦人應避免生妒，以免被丈夫以「七去」解除雙方的夫妻關係。明仁孝文皇后徐氏（1362-1407）於《內訓》便強調婦人應「貴於寬惠，惡於妒忌」，[105]可見傳統社會對妒婦的抨擊，而《內訓》更勸勉妻子要善待丈夫所立的妾，若不能自我控制，在家庭中的地位便出現危機。[106]除了女訓對妒性的抨擊，男性撰寫的家訓亦對婦人的妒性加以討論，例如明代王孟箕所寫的《家訓》便云：

> 「欲閑有家，須嚴於納媳之始，所謂教婦初來也。蓋新婦初來，就是素性剛狠，自有許多含蓄不敢發處。」[107]

王孟箕認為新婦初來，丈夫需要注意婦人的本性，因為婦人本應柔順，若果性格剛狠，容易地危害家庭和諧，所以為夫要嚴格地視察婦人的本性。追溯以往論者對妒婦的看法後，清代丈夫又在家訓之中表達了什麼看法？黃衛總已曾提出清代家訓重視丈夫的能力，尤其是妻子始終來自不同的背景，抗衡妻子可能對家庭帶來的不良影響是受到丈夫注視的。[108]所以，如陸隴其《治嘉格言》便提倡丈夫要主動約束婦人，不能放縱：

> 「從來婦性宜柔。女孩兒須教之溫順，務鋤其暴氣，戒其多言。如木難然，方成婦德。切勿縱容任意，嫁妻人家，

---

[105] 仁孝文皇后：《內訓》（據墨海本排印；收入《叢書集成初編》，冊990），〈逮下章第十九〉，頁26-27。

[106] 高彥頤著，李志生譯：《閨塾師：明末清初江南的才女文化》，〈男人、妻和妾：婦妒的話語〉，頁114。

[107] 陳宏謀：《五種遺規》，〈教女遺規〉卷下，〈王孟箕家訓御下篇〉，頁3下。另參曼素恩著，楊雅婷譯：《蘭閨寶錄：晚明至盛清時的中國婦女》，頁152。

[108] Martin W. Huang, *Negotiating Masculinities in Late Imperial China*, pp. 187-189.

乖戾恣睢，不孝翁姑，不敬夫主。」[109]

陸氏不但申述婦人宜柔順的傳統思想，又指出若果妻子具有妒性，就定必要「鋤其暴氣」、「戒其多言」；而且不可放縱，因為丈夫對妒婦一旦放縱，妒婦不但不孝順翁姑，甚至破壞了「夫主婦從」的相處模式。針對妒婦的出現，蔣伊《蔣氏家訓》更強調是丈夫之責：

> 「婦女挾制丈夫，凌虐婢妾，不敬翁姑，不和妯娌，雖女子秉性之惡，亦總是男子有以釀成之，故凡事不可使之專制。」[110]

妒婦對翁姑不孝敬、凌虐婢妾、不和妯娌等行為，已經有違丈夫對婦人的寄望；而「婦女挾制丈夫」更是為夫者不能容許的。男子要振「夫綱」，丈夫就有責任去教化婦人，以免妒婦的行為愈趨惡化，影響丈夫管理家庭成員的關係。[111]由此可見，夫婦相處之道是互動的，若丈夫對妻子放縱，不履行性別角色所賦予的責任，就難以做到「齊家」之效。對於妒婦的出現，清人丈夫都秉承以往的看法，對她們加以約束，以免影響家庭秩序。

---

[109] 陸隴其：《治嘉格言》，〈戒氏自懲〉，頁28下-29上。
[110] 蔣伊：《蔣氏家訓》，頁4-5。
[111] 彭定光：〈論清代家庭道德生活〉，頁22-23。

第五節：小結

梳理家訓和文集等資源，可見清代丈夫很重視「齊家」。清代男性受到傳統思想的薰陶，要達到「齊家」之道，他們明瞭夫妻相敬相愛外，也需約束雙方，以免陷於「溺於私情」的局面。夫妻相處是互動的模式，夫妻相處上要互相扶持，以確保家庭成員的和諧共處。

在「夫為妻綱」、「夫主婦從」等觀念的推動下，婦人初來，丈夫實有責任教導她們，並具體地管教妻子的行為。無論是家庭內外，丈夫都希望妻子安守本份，表現婦德。當代「男性氣概」的理論又言：「男性氣概」是有能力控制周遭事物，包括身邊的女性，呈現「男子氣概」。[112]把這個概念套用在清代丈夫的角色，不難發現丈夫亦重視管理妻子與家內成員的相處，希望有效地達到「齊家」的目的，彰顯男性的處理能力；此外，又堅守「夫綱」，建立夫威，擔當主導的角色，調停家內成員的關係，例如著力於建立妻、公婆之間良好的關係；妻妾之間容易產生妒嫉，故教誨婦人互相尊重，自己亦不偏愛某一方，以免影響彼此的和睦相處；針對妒婦的問題，丈夫更要主動勸導婦人，免其放縱，影響家庭運作。筆者認為，清代丈夫每每灌輸「齊家」的概念於訓誡文獻中。誠如馮爾康所言，丈夫其實是有一套守則可以加以借鑑的，為人夫已有「道」可循。這個說法對理解清代的夫妻關係（尤其是丈夫的角色）具有極大的啟發性。

---

[112] 曾立煌：《男人本色》，頁12-13；山姆・基恩著，張定綺譯：《新男人：21世紀男人的定位與角色》，頁167。

第六章

從清人家訓看男性所受規範

綜上所述，清代男性對自身性別角色已有所認知，丈夫要確立威嚴，呈現「男性氣概」，不能表現懦弱。在男性的自我概念中，建立「夫綱」尤為重要；與此同時，為夫者是家庭的主導角色，為了確保家庭的和諧、維持自己及家族的名聲，又意識到管教妻妾是「齊家」的關鍵，不可馬虎了事。故此，爬梳家訓及有關史料，我們可發現清代丈夫重視「齊家」之道，竭力維繫家庭成員的關係。清代男性不但為「齊家」建立一套可行之法，同時藉此勸誡後輩對丈夫的守則加以借鑑，並繼承這些寶貴的人生經驗，對後代管理家庭成員的關係亦有所裨益。誠然梳理這些訓誡文獻，又可發現清代男性既享受「夫為妻綱」的倫理觀念所賦予的權利和地位，同時也面對不同層面的規範。然而，男性盡是得益者嗎？其實，他們並沒有獨享性別優越特權，而是同樣要有所付出的。本章的主旨便是綜述清代丈夫的權利及地位，並整合相關史料以窺探清代男性所受的規範。

第一節：得益者？——清代丈夫的權利及地位

追溯源流，「夫為妻綱」概念的確立，賦予了丈夫在家庭中管束妻子的社會道德。「夫為妻綱」為丈夫帶來了教化妻子的權利，為人夫擔當「扶」的角色，而為人妻則需要依從丈夫。換言之，丈夫的權利較為優越，丈夫扶助妻子、妻子依從丈夫亦普遍為社會所認同。「夫為妻綱」的概念，也一直延伸至清代。在「夫為妻綱」的薰陶下，清代丈夫重視妻子「敬順其夫」；[1]要求婦人「以夫為天」，[2]從而彰顯男性天賦的權力及地位。「夫

---

[1] 呂留良：《晚邨先生家訓真蹟》，卷一，〈壬子除夕論〉，頁5下-6上。

[2] 汪輝祖著，王宗志、夏春田、穆祥望釋：《雙節堂庸訓》，〈婦人不良咎在其

為妻綱」也強調丈夫的主導角色，認為妻子不可奪夫權，要懂得安守本份，履行「女正位乎內，男正位乎外」的觀念。

基於「夫為妻綱」的倫理觀念賦予了丈夫權利，在男性的立場，他們認為女性會對男性的聲譽帶來威脅，因此男性自覺有責任去控制她們的行為。[3]而且，爬梳清代家訓文獻，若果以「讀書人較明理」這個假設為大前提，筆者發現清代丈夫均意識到妻妾的識見或許不及自己，故自覺有教化妻妾的責任。例如金敞《宗約》言「婦多愚闇」、[4]景暹《景氏家訓》提出「蓋婦人未嘗讀書，暴戾之氣，或一日而數見」、[5]王士晉《宗規》也認同「婦女識見庸下」等，[6]他們明瞭女性對個人、家族聲譽的潛在影響，所以屢屢申述為人夫有責任去「制其妻」，[7]可以運用男性的權力對妻妾「以嚴正率之」。[8]

此外，在「夫為妻綱」、「夫主婦從」、「夫為妻天」這些概念的驅使下，清代丈夫通過對若干女性行為的規範，來表現出自我的性別優越感，也是可以在家訓等資源找到線索。就以清代丈夫約束妻子的行為為例，約束頗多，家庭以外，丈夫勸誡妻子不宜出閨門、不應接觸三姑六婆及出外參與宗教活動；家庭之內，在「婦功」方面，又希望婦人勤於處理家務，表現婦德。他們除了具體約束妻子的行為，也極力維繫妻與公婆、妻妾的和諧共處，無非是不讓妻妾放縱，破壞家庭秩序。故此，丈夫可以運用「夫為妻綱」所賦予的權利，宣揚「不聽婦言」來建立男性的

夫〉，頁59-60；張廷玉：《澄懷園語》，卷三，頁2上-2下。
[3]　Bret Hinsch, "Male Honor and Female Chastity in Early China," pp. 173-181.
[4]　金敞：《宗約》，收入《課子隨筆鈔》，卷三，頁24上。
[5]　景暹：《景氏家訓》，收入《課子隨筆鈔》，卷五，頁27下-28上。
[6]　關槐：《士林彝訓》，卷八，〈處世下〉，頁9下。
[7]　蔣伊：《蔣氏家訓》，頁4-5；張習孔：《家訓》，頁6上。
[8]　金敞：《宗約》，收入《課子隨筆鈔》，卷三，頁24上。

威信、彰顯丈夫的地位；而「夫為妻綱」這種受到社會認可的夫妻相處模式，又使婦人處於順從的角色。

而且，如前文所述，「夫為妻綱」同時體現在法律層面上，丈夫的權力往往較妻子為多，丈夫對妻子的直接權利，包括了財產權、教令權、休妻權、嫁賣權、殺妻權等。[9]例如在休妻權方面，郭松義及定宜莊認為從夫妻之間的離異如「出」及「休」，表示了社會所設定的夫妻關係中，清代丈夫處於主導的位置；[10]而以嫁賣權而言，清代中期的離婚個案，也意味著女性被丈夫作為一種家產而轉賣，在大多數的情況女性沒有離婚的決定權，只能聽從丈夫的決定。[11]

由此可見，不論是在道德倫理方面，以至在法律層面而言，都可印證丈夫的話語權較大，既可要求妻妾順從，約束女性的行為，從而表現「夫綱」；同時，丈夫亦擁有法律所賦予對妻的直接權利。凡此種種，顯示了清代丈夫的性別身分較為優越，他們委實擁有較多的權利。

第二節：受害者？——清代丈夫所受規範

就清代丈夫的權利及地位而言，他們的主導角色及擁有的權利使其較有得益。然而，這是否等同清代男性不受任何約束，也沒有自身性別角色的憂慮？誠然論者嘗指出，男性處於男性主導的社會，除了注意「男性氣概」的展現之餘，也顯露了「男性

---

9 錢泳宏：〈清代的夫妻關係——基於《大清律例》與刑科檔案的法文化考察〉，頁44-51。

10 郭松義、定宜莊：《清代民間婚書研究》，頁284-285。

11 王躍生：《十八世紀中國婚姻家庭研究：建立在1781-1791年個案基礎上的分析》，頁81。

憂慮」。學者們如黃衛總、宋耕、曾佩琳均強調男性書寫的著作中，既反映了他們對社會與文化的看法，同時也呈現了男性幻想及恐懼。[12]其實，把以上的理論加以套用在清代丈夫的角色上，可發現他們也面對著自身性別角色的約束，也有相當多的憂慮。

（一）清代丈夫的自我約束

以清代丈夫的自我約束為例，家訓文獻中不斷地灌輸「男子氣概」的重要性，強調男性要有出息，所以不能「逐日在家庭」、[13]「貪戀家園，不圖遠大」。[14]與此同時，又因為「男兒氣概」是男性自我及男性群體認同的理想模式，[15]男子若果表現懦弱，可能會受到別人嘲笑，所以「男兒自立，必須有倔強之氣」。[16]換言之，丈夫為一家之主，既要表現出雄性剛強的一面，也要時刻在意社會對男性建功立業的厚望。

當代「男性氣概」理論中曾指出「男子氣概」犧牲了男性的情緒及感受，他們的責任就是做個「男子漢」。[17]我們把這個理論用於清代丈夫的角色身上，同樣會發現他們要犧牲個人的情緒及感受，為人夫不可貪戀於與家人共聚天倫之樂，他們時常警惕自己要做個「男子漢」，努力克盡己責。在「男正位乎外」的觀

---

[12] Martin W. Huang, *Negotiating Masculinities in Late Imperial China*, p. 199; Geng Song, *The Fragile Scholar: Power and Masculinity in Chinese Culture*, pp. 3、178; Paola Zamperini, *Lost Bodies: Prostitution and Masculinity in Chinese Fiction*, p. 77.

[13] 陸隴其：《治嘉格言》，〈男子不可陋〉，頁28下。

[14] 《林則徐家書》，收入《清代四名人家書》，頁6。

[15] Martin W. Huang, *Negotiating Masculinities in Late Imperial China*, p. 185.

[16] 《曾國藩家書》，收入《清代十大名人家書》，下冊，頁896。

[17] 弗蘭克・皮特曼（Frank Pittman）著，楊淑智譯：《新男性：掙脫男子氣概的枷鎖》（台北：牛頓出版股份有限公司，1995年），頁31-32。

念下，男子為了爭取功名，長期在外，與家人分離。久而久之，他們思念家中親人是可以理解的。然而，面對社會對男性的普遍期許，男性自知要有「男子氣概」，又受到多種規範，於是明白到實在不宜「貪戀家園」而應志在四方。總之男兒要克盡職責、遵守規矩，努力達到別人對男性的期望。[18]

再者，清代家訓中亦重申丈夫不能縱情聲色。丈夫「宜戒邪淫」，[19]需注意避免與女性有親密接觸，如「男女不雜坐」、「不親授受」等等。[20]就算是夫婦，也不能過度縱欲。男性不論在家內或家外，都需要自我檢點，以免迷戀於色欲，應約束自己的行為，夫婦之間亦要以禮相待。根據前文所引皮埃爾・布爾迪厄的看法，「男子氣概」常被理解為生殖的、性欲的、社會的能力，然而「男子氣概」首先是一種責任。[21]若果清代丈夫意識到要檢點自我行為，為女性立下榜樣，以免造成放縱之風，影響倫常秩序，那麼「戒色」就是丈夫為表現「男子氣概」、彰顯「夫為妻綱」而需要履行的責任。

可是，如前文所述，有不少學者發現清代的性風氣委實頗為開放，而且在廣嗣思想的影響下，清代男性仍然普遍地視納妾為廣嗣方式。[22]換言之，清代丈夫委實處於一種矛盾的處境，他們既要面對「戒色」的勸誡，同時又不能逃避廣嗣思想及繁衍後代的責任。[23]不論是「戒色」或廣嗣思想的規範下，對丈夫而言，

---

[18] 同上，頁127。

[19] 蔣伊：《蔣氏家訓》，頁2-3。

[20] 《禮記正義》，卷第二，〈曲禮上〉，頁1240。

[21] 皮埃爾・布爾迪厄著，劉暉譯：《男性統治》，頁69。

[22] 盧嘉琪：〈清代廣嗣思想研究〉，頁44-45、159-168。

[23] 值得注意的是清代是縱欲風氣盛行的時代，於此時期男色的風氣頗為泛濫，同性戀的現象亦應注意，詳參吳存存：《明清社會性愛風氣》，頁3-8；劉達臨：《中國古代性文化》，頁902-930；劉達臨、魯龍光：《中國同性戀研究》，頁1-2。若果男性迷戀於「男色」，那麼他們面對廣嗣的責任時，又有否呈現出「男性憂

似乎都只有限制，而且迫使男性處身狹隘、侷促不安的境地。[24]
這些禁慾的訓誡縱然存在，也誠如李伯重所言，卻又反映了那是
人欲橫流、色情泛濫的時代。[25]所以，爬梳清代家訓文獻，主流
的聲音當然是勸誡丈夫「戒色」，但我們又能輕易發現有家訓著
者如陸圻提出「座挾妓女」也是「才情所寄」的主張。[26]筆者認
為陸氏的這種看法，有可能以「風流才子」為理由，讓自己有空
間去脫離「戒色」的約束，當然只是一種推論。不過，可以肯定
的是清代丈夫需要注意「戒色」的規範，不能隨意放縱自己去追
求色欲，同時亦不能逃避為家族繁衍後代的責任。

（二）清代丈夫所面對的「男性憂慮」

此外，清代丈夫同時亦面對著自身性別角色的憂慮。在家
庭內，男性要爭取功名，長期在外，家中的大小事務由妻子肩
負。[27]這是古代社會的常見現象，男性不論在家庭、社會都肩負
重大責任，故此在婚後往往長期在外，希望建立功名，所以他們
把維持家庭日常運作的責任交給妻子。[28]不過，他們除了自覺要
檢點自我以作為女性的榜樣，同時也意識到在建立家庭和諧的過
程中，女性常被視作重要的變數，因為她們有機會導致家庭的衰

慮」？他們又如何應對？筆者認為此議題仍可作出更仔細的探討。

[24] 弗蘭克‧皮特曼著，楊淑智譯：《新男性：掙脫男子氣概的枷鎖》，頁31-32。

[25] 李伯重：〈問題與希望：今天的中國婦女史研究〉，頁345-346。

[26] 陸圻：《新婦譜》，〈敬丈夫〉，頁12上。

[27] 這也是「女正位乎內，男正位乎外」觀念的延伸，參孔穎達疏：《周易正義》，卷第四，〈家人〉，頁50。

[28] 精英男子要出外建功立業，例如應考科舉、參與政府部門的工作等等，詳參Susan Mann, "The Virtue of Travel for Women in the Late Empire," in Bryna Goodman and Wendy Larson (eds.), *Gender in Motion: Divisions of Labor and Cultural Change in Late Imperial and Modern China*, pp. 55-74.

落及分裂，所以男子要達到「齊家」，必須重視教化女性，盡力排除影響家庭秩序的危機。[29]故此，爬梳清代家訓文獻，男性屢屢申述女性是丈夫維持家庭和諧的憂慮。例如丈夫放縱婦人奢淫，是危害家庭秩序的重要因素之一，如彭玉麟便聲言「婦女奢淫者敗」；[30]丈夫不能確立「夫綱」及「明大義」，又有可能促使婦人「挑弄是非」。[31]更甚者，婦人若搬弄是非，可能間接令丈夫與兄弟、其他家人不和。故孫奇逢表明了「然兄弟不和，多開隙於妻子」、[32]左宗棠亦強調：「兄弟天親，本無間隔，家人之離起於婦子」，[33]張習孔也認為「人家不和，每由婦女」，[34]他們均認同女性是有機會導致家庭成員的分裂，影響家庭的正常秩序。清代丈夫雖把維持家庭日常運作的責任交給妻子，但作為一家之領導者，若然隨意令妻子處理家中事務，不加教導，委實他們已經意識到女性的潛在影響，因此竭力教化女性，無非是顯露了丈夫對維持家庭和諧的擔憂。

再者，基於男性意識到女性可能為家庭和諧帶來重要的變數，梳理家訓文獻，清代丈夫亦注意到家中親人之間的相處，尤其是妻與公婆的關係、妻妾關係。在妻與公婆的關係方面，所謂「教婦初來」，妻子始終來自不同的家庭背景，妻子與公婆的相處委實需要時間調整，彼此的磨擦始終難免。例如陸隴其《治嘉格言》便提出「凡姑媳妯娌間，本是和諧」，[35]意味著丈夫對處理妻子與公婆關係的顧慮，不著手管理其關係便很容易產生磨

---

[29] Martin W. Huang, *Negotiating Masculinities in Late Imperial China*, pp. 187-190.

[30] 《彭玉麟家書》，收入《清代十大名人家書》，下冊，頁1331。

[31] 梁顯祖：《教家編》，收入《課子隨筆鈔》，卷五，頁30下。

[32] 孫奇逢：《孝友堂家規》，頁2-3。

[33] 《左宗棠家書》，收入《清代十大名人家書》，下冊，頁1173-1174。

[34] 張習孔：《家訓》，頁6上。

[35] 陸隴其：《治嘉格言》，〈婦箴應戒〉，頁31上。

擦；而胡林翼亦強調「治家貴和」不是容易處理之事，[36]而恰巧丈夫正正處於一個關鍵的角色，他們有責任去調停妻與公婆的關係，以達到「齊家」、盡孝道的目的。所以，清代丈夫對管理妻與公婆的關係難免有所憂慮。

同時，以妻妾關係而言，清代丈夫都注意到嚴格區分兩者的重要性，若果以妾管理家政容易地衍生問題，如汪輝祖《雙節堂庸訓》便嚴厲地指出「令妾主持內政，必有不知大禮之處。」[37]此外，丈夫置妾生子，妻子因而有所妒忌，妻妾之間的爭寵及磨擦是較難避免的。閱讀家訓文獻，都可見清代丈夫也明瞭箇中的問題，所以極力促使妻妾互相尊重，常常灌輸妻妾需要融洽相處的訊息。凡此種種，都因為「夫為妻綱」概念的驅使下，丈夫處於一個關鍵的角色，他們有責任去處理妻與公婆的關係、妻妾關係。當代研究「男性氣概」的一些理論，亦指出「男子氣概」被視為要保護家庭的氣概，[38]而男性控制身邊的女人以表現自己的「男子氣概」。[39]筆者借用這些理論來審視清代丈夫，便可以理解他們通過對若干女性行為的規範，來體現自我的性別優越感。不過，正因為丈夫是主導的角色，他們致力於維繫家中成員的關係，因為男性不能有效控制女性的行為，對男性的聲譽會帶來威脅。[40]因此他們便不能逃避自身性別角色的責任，但是清代丈夫既要建立功名，又要注意家中成員的和諧共處，並非所有男性都可以有效地兼顧兩者。故此，清代男性在家訓文獻中表達了自身

---

[36] 《胡林翼家書》，收入《清代十大名人家書》，下冊，頁1273。

[37] 汪輝祖著，王宗志、夏春田、穆祥望釋：《雙節堂庸訓》，〈勿使妾操家〉，頁73。

[38] 弗蘭克・皮特曼著，楊淑智譯：《新男性：掙脫男子氣概的枷鎖》，頁6。

[39] 山姆・基恩著，張定綺譯：《新男人：21世紀男人的定位與角色》，頁167。

[40] Bret Hinsch, "Male Honor and Female Chastity in Early China," pp. 173-181.

性別角色的憂慮是可以理解的。

　　值得注意的是清代丈夫的經濟能力有可能影響其家中地位。有論者指出於清代中期，中下層家庭中的男性制約妻子的能力是有限的。究其原因，由於再婚的成本太高，而且選擇休妻的損失亦太大，所以丈夫多選擇把不和睦的夫妻關係繼續維持下去。換句話說，貧窮是影響夫妻關係相處的一個重要因素。而且，男性的經濟能力決定了其家庭地位，丈夫沒有養育家庭成員的能力，「夫主婦從」的相處模式也可能難以實行。[41]雖然清代的家訓著者多是帝王、在朝官員、文人儒者等，或許未必經歷上述男性所面對的經濟問題。但是，他們同樣注意到「婚姻論財」的風氣，[42]並提出婚姻的締結應注意雙方的品行，如孫奇逢《孝友堂家規》便提出「擇德以結婚姻」，[43]史典也認為「合婚之道」應是「止宜男擇女之德，女擇男之行」，[44]不應只在乎對方財產的多寡。筆者認為孫奇逢與史典的勸誡，其實也反映了丈夫的憂慮。若果後輩把財產多寡視為婚姻的首要考慮，不注意配偶的品德，萬一配偶的德行不佳，在耳濡目染的情況下，也容易為「齊家」帶來威脅。

---

[41] 王躍生：《清代中期婚姻衝突透析》，頁73-82。王躍生亦指出「婚姻論財」使男性娶妻的困難大大增加，社會中下層出身者並非容易找到婚配對象。在清代中期，男性晚婚、終生不婚者也不在少數。詳參王躍生：《十八世紀中國婚姻家庭研究：建立在1781-1791年個案基礎上的分析》，頁183。曼素恩也提到在十九世紀中國男性未能娶妻者也不少，因為他們找不到適婚對象或未能負擔娶妻的費用。詳參Susan Mann, *Gender and Sexuality in Modern Chinese History* (New York: Cambridge University Press, 2011), pp. 4-5.

[42] 補充一點，家訓文獻中所作出的訓誡，委實也反映了當時的社會風氣，如上文所引李伯重的論點，縱然大力提倡禁色，卻又反映了當時是人欲橫流的時代。梳理清代家訓文獻，亦可發現著者屢屢申述婚姻的締結不應只是「論財」，如朱用純《治家格言》勸誡後輩「嫁女擇佳婿，勿索重聘；娶媳求淑女，勿計厚妝。」參朱用純：《治家格言》，收入《課子隨筆鈔》，卷三，頁38上。蔣伊《蔣氏家訓》亦言「嫁娶不可慕眼前勢利」參蔣伊：《蔣氏家訓》，頁2-3。若果「婚姻論財」不是一個社會現象，家訓著者也不會針對此現象，從而勸喻擇偶也需注重雙方的品德。

[43] 孫奇逢：《孝友堂家規》，頁1。

[44] 陳宏謀：《五種遺規》，〈訓俗遺規〉卷四，〈史措臣願體集〉，頁4上。

再者，若果因夫家的貧窮而對其家庭地位有所影響，也會動搖「夫為妻綱」所賦予給丈夫的主導地位。在男性的立場下，勸誡後輩擇偶不應過於注重財產，無非是對丈夫的主導位置有所顧慮，故屢屢訓誡後代應該注意配偶的品德。品德優良，才可感染家中成員，合力維持家庭和諧，才是有效的「齊家」之道。所以，張履祥《楊園訓子語》便勸誡婦人不可因夫家貧窮而有所嫌棄：

> 「女子既嫁，若是夫家貧乏，父母兄弟當量力周卹，不可坐視。其有賢行，當令女子媳婦敬事之。……切不可有所貪慕，攀附非偶。」[45]

若果夫家貧窮，婦人亦不能坐視不理，或可盡量輔助丈夫。更重要的是，丈夫有賢行應受到婦人的尊重，張氏強調「德行」應較受到重視，不可因夫家的經濟狀況而輕視丈夫。張氏的觀點除了申述丈夫品行的重要性，也在重申丈夫不應因貧窮而得不到婦人的尊重，只要丈夫有品德，仍需維持「夫為妻綱」的相處模式。

由此可見，在家庭內，清代丈夫的「男性憂慮」離不開對家中女性的顧慮。他們不但注意到女性對家庭秩序的影響力，同時擔憂家中親人的磨擦為「齊家」帶來不良的影響，故致力維繫妻與公婆、妻妾的關係。再者，又因「婚姻論財」成為一種風氣，生怕後輩談婚論嫁只會考慮財產為擇偶條件，不重對方的品德；而且清代丈夫亦為了避免因其經濟能力對於他們主導地位的影響，屢屢申述品德應為擇偶之首要條件，委實也呈現了清代丈夫對於自身性別角色的憂慮。

---

[45] 同上，〈訓俗遺規〉卷三，〈張楊園訓子語〉，頁14上-14下。

清代男性在家庭之外同樣地面對建功立業的憂慮，如前引曼素恩所提出的性別分工概念下，精英男子需要出外建立功名，例如應考科舉等。值得注意的是已有學者提出男性因應考科舉而面對種種壓力，如田汝康（T'ien Ju-k'ang，1916-2006）曾提出男性會把自身應考科舉面對的壓力，轉投在女性貞節道統的討論上；[46]曼素恩亦指出在科舉制度下男性之間亦互相競爭。[47]不過，清代男性仍需與同性保持彼此的關係，他們互相交流學問、抒發情感，可以互為指正對方的行為。[48]換言之，男性之間建立多元的關係是有實際需要的，甚至在官僚制度之中，男子具有良好的人際關係也是成功的關鍵。[49]

　　基於男性之間的交友對於仕途具有重要的作用，筆者梳理清代家訓文獻，也發現丈夫屢屢勸喻後輩不宜誤交損友，如蔣伊《蔣氏家訓》便言「宜慎交游，不可與便佞之人相與。」、[50]白雲上（1724-1790）《白公家訓》也隆重其事，認為「友為五倫之一，慎於擇交，懼其損也。」[51]他們同樣地懼怕誤交損友的禍害，所以勸誡後輩慎重擇友，尤其在清代科舉制度下男性交友對丈夫建功立業的積極作用。而且，清代丈夫亦認同交益友對於增

---

[46]　T'ien Ju-k'ang, *Male Anxiety and Female Chastity: A Comparative Study of Chinese Ethical Values in Ming-Ch'ing Times* (Leiden: E.J. Brill, 1988). 此外，艾爾曼（Benjamin A. Elman）亦提出在科舉制度下男性希望及第，繼而投身士大夫階層為國家建立功業是男子所崇尚的人生目標。不過，男性在參加科舉中所面對的壓力及憂慮也是歷史現象，詳參Benjamin A. Elman, *Civil Examinations and Meritocracy in Late Imperial China* (Cambridge, MA: Harvard University Press, 2013), pp. 147-210.

[47]　Susan Mann, "Women's History, Men's Studies: New Directions in Research on Gender in Late Imperial China," pp. 73-103.

[48]　*Ibid.*, p. 93.

[49]　Susan Mann, "AHR Forum-The Male Bond in Chinese History and Culture," pp. 1600-1614.

[50]　蔣伊：《蔣氏家訓》，頁2-3。

[51]　白雲上：《白公家訓》，收入包東波：《中國歷代名人家訓精萃》，頁382。

進學問、改善彼此品行的重要性，所以在家訓文獻中指出了結交益友對自身的裨益，如甘樹椿《甘氏家訓》便認為「求益輔仁，惟友是賴，斷未有無友而可成德者。」[52]甘氏指出了交益友可以「輔仁」、「成德」，就是明瞭交友對於增進學問、改善品行的作用。而靳輔《靳河台庭訓》更開宗明義地提出了男子有「道義之交」、「學問之交」、「周旋患難之交」，但亦明言「尚須慎交益友」，[53]誠然也可了解清代丈夫對男性交友的認知，他們雖理解到男性之間是互相競爭，但是結交益友可以互相交流學問、互補不足，對於建功立業、自我修身實在有所益處。清代男性在家訓之中屢屢灌輸慎重擇友的概念，委實也呈現了丈夫的憂慮。他們為了避免後輩因誤交損友而變得墮落、沒有出息，甚至影響個人及家族的名聲，規勸他們慎重擇友，也可了解到清代丈夫自身所面對的「男性憂慮」，為了達到「齊家」，當然有責任教導家庭的成員，以免因誤交損友而誤入歧途。

綜而論之，家庭之外，在科舉制度下，清代丈夫為了建功立業，他們既面對應考科舉的壓力，同時也與同性互相競爭。不過，男性之間建立良好關係，實有助於他們的仕途。故此，清代丈夫於家訓之中多強調慎重擇友，無非是擔憂後輩誤交損友對於「齊家」的禍害，可見在家庭之外，清代丈夫同樣地面對「男性憂慮」。

第三節：小結

總括而言，不論是在道德倫理方面，以至在法律層面而言，清代丈夫無疑享受著「夫為妻綱」的倫理觀念所賦予的權利和地

52　甘樹椿：《甘氏家訓》，收入《中國歷代家訓大觀》，下冊，頁957。
53　靳輔：《靳河台庭訓》，收入徐梓：《家訓：父祖的叮嚀》，頁333。

位；可是，他們同樣地面對著自身性別角色的約束及憂慮。丈夫要克盡己任，展現「男性氣概」，而且不能過度迷戀於色欲，並為婦人建立良好的榜樣。同時，在「男性憂慮」方面，家庭之內，丈夫對於家中女性的相處有所顧慮；家庭之外，在科舉制度下，他們也面對著男性之間的競爭，卻又不能避免與男性接觸，為了建立自己的事業，他們必須謹慎擇友，建立良好的人際網絡。

因此，我們可以理解到清代丈夫面對著不同層面的性別壓力。社會期許男性可以達到如「大丈夫」、「男兒」等理想男性人格的標準，男人要有出息、時刻克盡己責，亦需具備「男子氣概」。他們除了要懂得「齊家」，也需注意「治國、平天下」。清代男性亦需顧及家族的態度，他們不能任意妄為，從提倡戒色、注意繼嗣、確保自我榮譽等方面，都不難發現他們有責任確保家族的名聲及血統的純潔，換言之，清代丈夫的一舉一動對於家族的興旺具有關鍵的作用。與此同時，同輩之間的互相競爭又構成了壓力，若自己只是眷戀兒女私情、在事業上未能發揮，又可能被同儕看不起、怕被恥笑。

筆者認為清代丈夫面對這些因性別而帶來的心理及精神壓力，其實是有意識地去避免得到如懦夫、[54]懼內、[55]夫綱不振等

---

[54] 懦夫是指軟弱無能的男性。參羅竹風、漢語大詞典編輯委員會：《漢語大詞典》，第7冊，頁767。孟子曾言「故聞伯夷之風者，頑夫廉，懦夫有立志。」見趙岐注，孫奭疏：《孟子注疏》，卷第十上，〈萬章章句下〉，頁2740。趙岐注：「頑貪之夫，更思廉絜；懦弱之人，更思有立義之志也。」見趙岐注，孫奭疏：《孟子注疏》，卷第十上，〈萬章章句下〉，頁2740。可見懦夫的行為是較為懦弱，他們缺乏了「立義之志」。

[55] 懼內是指丈夫怕妻子。舊稱妻為內或內子。參羅竹風、漢語大詞典編輯委員會：《漢語大詞典》，第7冊，頁798。宋代陳季常懼內是較為著名的例子，其妻子柳氏發怒，又被稱為「河東獅子吼」以比喻妒悍的妻子發怒，也藉此嘲笑懼內的丈夫。參羅竹風、漢語大詞典編輯委員會：《漢語大詞典》，第5冊，頁1053。事實上，古人亦曾嘲笑陳季常懼內，如李贄（1527-1602）曾寫下〈嘲陳季常懼內〉一文，見《山中一夕話》（明刻本），卷八，〈嘲陳季常懼內〉，頁23上-23下。

指控。由於懦夫的行為不能呈現「男性氣概」，清代丈夫便強調「懦弱無剛四字為大恥」，要有「倔強之氣」、[56]「男以剛健為德」；[57]而且丈夫懼內、夫綱不振，又對「齊家」造成威脅，所以在家訓之中重視男性管教家庭之中女性成員，必須教化她們，以排除女性有機會導致家庭衰落及分裂的變數，[58]故此清代丈夫重申「男子不能正夫綱」的後果，可能導致「婦人得而挑弄是非」，[59]所以男性要重視振夫綱，不能懼怕妻子，表現出「男性氣概」。

　　論者嘗指出「男性氣概」是規定的、理想的概念，而非描述男性的實際情況，是男性自我及男性群體認同的理想。[60]清代家訓著者的規勸雖間接地反映了當時的社會現象，希望後輩注意這些勸誡，努力達到男性群體認同的理想。然而，在實際情況下，清代丈夫又能否切實地執行？筆者認為此議題仍然有延伸討論及增潤的空間。不過，若果綜合清代家訓文獻等各種資源，筆者認為周華山的論點可以作為借鑑，並為清代丈夫的性別角色作出總結：「男人雖然是父權體制的既得利益者，但男人同樣是父權的受害者」。[61]換句話說，清代男性雖然已建立一套丈夫的守則，不過他們同時亦面對不同層面的性別壓力，可見男性並非只享有性別優越感，筆者認為他們要完全地達到這些丈夫的守則，也並非容易之事。

---

[56]　《曾國藩家書》，收入《清代十大名人家書》，下冊，頁896。

[57]　吳汝綸：〈原烈〉，見《桐城吳先生詩文集》，〈文集〉，卷四，頁30上。

[58]　Martin W. Huang, *Negotiating Masculinities in Late Imperial China*, pp. 187-190.

[59]　梁顯祖：《教家編》，收入《課子隨筆鈔》，卷五，頁30下。

[60]　Martin W. Huang, *Negotiating Masculinities in Late Imperial China*, p. 185; Harry Brod, *The Making of Masculinities: The New Men's Studies*, p. 16; Peter N. Stearns 認為沒有男人可以完全達成男性性別要求，男性在性別上的責任是可以轉變的，詳參Peter N. Stearns, *Be A Man!: Males in Modern Society*, p. 249.

[61]　周華山：《性別越界在中國》，〈排斥女人與一切「女性化」價值的霸權男性特質〉，頁47。

第七章

總結

傳統學術界多以父系及父權來形容中國社會，然而中國歷史文化研究具備極為豐富的面向，過於強調舊社會的父權性質，顯然過於單調。當代女性及性別史權威學者曼素恩曾提出在中國歷史上男性的人際關係、「男性氣概」與性別關係等議題應受到重視。[1]在「男性氣概」研究領域內引領風騷的學者如雷金慶、黃衛總均認為「男性氣概」的研究深具發展潛力；[2]黃衛總更進一步提出研究家訓文獻是很好的切入點去審視「男子氣概」。[3]

有見及此，筆者在黃衛總的研究基礎上得到啟發，並著力搜羅清代家訓文獻。無論以數量、作者、體例、以至出版形式方面看，都足以證明清代是家訓文獻著述中的一個關鍵時期。在數量方面，清代至少有超過120多部家訓類的著作存世；而以作者而言，也包括廣泛來自不同背景的人士，如在朝官員、文人儒者、帝王、商賈等等，是故作者的多元化是清代家訓的特色之一。再者，以體例而言，也比以往朝代更為豐富，例如有「指示式」、近似「散文」形式、「歌訣體」和「詩訓」等不同形式的家訓著作；而在出版形式方面，也有各式各樣的方式，例如以單行本出版、收入作者文集及叢書等等，都顯示了清代家訓的發展是非常蓬勃的。再者，清代也是了解舊思想向新思想過渡的重要時期，也加強了本文借家訓看某些觀念的時代變遷的可行性。

不過「男性氣概」的呈現並非只是清代獨有，爬梳史料，便可發現傳統社會男性早已對自身性別有所認知，「大丈夫」、「男子漢」、「男兒」、「鬚眉」等詞語不但反映了男性所追求

---

[1] Susan Mann, "AHR Forum-The Male Bond in Chinese History and Culture," pp. 1600-1614.

[2] Kam Louie, *Theorising Chinese Masculinity: Society and Gender in China*, pp. 3-5; Martin W. Huang, *Negotiating Masculinities in Late Imperial China*, p. 203.

[3] Martin W. Huang, *Negotiating Masculinities in Late Imperial China*, pp. 187-190.

的理想人格，也承載了社會對男子的期許。「大丈夫」是男性最崇高人格的化身，既要以身作則，志向要遠大，也要為國效力，並作出貢獻。「大丈夫」需具備勇氣，不能表現懦弱；同時，「大丈夫」也要注意學問的累積。換言之，「大丈夫」是崇高的人格追求。此外，「男子漢」及「男兒」亦蘊含了對男性的期許，與「大丈夫」較為近似。男兒為國捐軀，毫不退縮；他們也堅持著《周易》之中「君子以自強不息」的概念，表現出勇敢及自強不息的「男子氣概」。此外，「鬚眉」也表達了男子有教化女性的責任，擔當「刑于之化」的角色。

由此觀之，古代男性不但對兩性關係已有所思考，同時也逐漸自覺地建立起自我性別認同。「大丈夫」、「男子漢」、「男兒」、「鬚眉」等詞語反映了男性自我及群體所認同的理想人格追求，可見「男性氣概」的呈現於中國歷史上已有一定的發展及脈絡，這些思想背景也有助我們理解清代男性的自身性別認知。

筆者稽查清代的家訓文獻，並適度採用清人文集加以延伸比對，發現家訓中除了訓誡晚輩為人子、為人女、為人婦之道外，還有不少關於「為人夫」的論述。故此，本文以「為夫之道」為切入點去審視清代男性對自身性別角色的認知。筆者發現「為夫者」在家訓中屢屢灌輸「夫為妻綱」的概念，以確立丈夫尊嚴；清代男性亦了解到丈夫要肩負教化女性的責任，並需要自我約束。

「夫為妻綱」的概念有著悠久的傳統，丈夫處於主導的地位，妻子需要服從丈夫，是傳統社會中夫妻共同遵守的模式，這個傳統也延伸至清代。清代丈夫不但重申自漢人以來不時強調的「夫為妻天」的主張，同時亦表達了「夫為妻綱」作為維持夫婦關係的重要原則。此外，男性在家中是主導的角色，因此需要振

「夫綱」，故此在家訓中經常重申自《書經》以來已流行「不聽婦言」的概念，聽取婦言被清代男性視為沒有「男性氣概」的所為。與此同時，清代丈夫亦認同男性應該「有出息」，不可「逐日在家」、貪戀家園。在傳統思想的教育下，男性要有更大的抱負，「齊家」之外，亦應重視「治國、平天下」。故此，清代丈夫也繼承了「男兒志在四方」、「大丈夫志向要遠大」、「大丈夫要兼濟天下」等概念，在家訓文獻及文集中多強調男性要有志向。

清代丈夫在享受「夫為妻綱」所賦予的權利和地位的同時，也同樣要擔起舊社會所認許的重要責任，就是教導妻妾，不可讓她們放縱。故此，清代男性亦認為控制女性的行為，也是表現「男子氣概」、維持「男性榮譽」的方法，所以他們不會馬虎了事，「為夫者」要懂得「以嚴正率之」。魏禧〈義夫說〉更一針見血地指出「夫道不篤」便會造成「婦人之心不勸於節」，所以「為夫者」要以身作則去教導妻子，否則妻子亦不會謹慎地注意自己的操守。而且，「婦人之心不勸於節」最終導致「男女之廉恥不立」，可見夫婦關係是互動的，也重申丈夫教化妻妾的重要性。清代丈夫不能漠視「夫道」，要明瞭自己的角色及所肩負的責任，而「夫道」也正是本文的主題。

再者，清代丈夫要以身作則，為婦人建立良好的榜樣，故此他們也注意到自我行為的約束。面對妻子的某些缺陷和行為的失誤，他們不能過於計較，要表現出男性的容人之量。而且，「為夫者」宜檢點自我的行為，不能沉迷女色。這種觀念的極度發揮，便是對「義夫」的表揚。「義夫」雖為邊緣群體的存在，卻又反映了古代社會一樣有男子守貞的情形：他們堅守夫妻情義，也表現了丈夫不可荒淫。而在較為中庸的主張方面，主要是勸喻

男性不得縱情聲色、不要和女性有親密接觸，清代家訓中強調丈夫不能沉迷女色，無非是古人認為縱情聲色會消融男性元氣，也直接危害到家族血統的純潔。雖然從廣嗣思想的角度出發，禁色的訓誡實屬理論的層面，妻妾成群也是常見的現象，可是「為夫者」亦需要自我鞭策，警惕自己不能沉迷女色，以確保家族的嗣繼及興旺。凡此種種，也可看到清代男性運用「夫為妻綱」的權利及表現自我的「男性氣概」。

梳理清代家訓文獻，同樣地發現丈夫重視「齊家」。在清代男性對家中女性成員關係的管理觀念之中，他們倡導夫妻「相敬如賓」的傳統。夫妻相處如奉行「賓主之禮」，互相尊敬，而梁鴻與孟光夫妻之間「舉案齊眉」的相處方式更是夫妻相處的典範。傳統以來「夫天妻地」、「夫剛妻柔」、「相敬如賓」的夫妻關係及相處之道，都受到清代丈夫的重視。清代丈夫期許夫妻之間「相敬如賓」、「和而有禮」，同時又對男性能得到妻子的輔助充滿憧憬。妻子除勸勉丈夫盡孝外，若果丈夫的性情有所欠妥，也要勸勉丈夫加以改善及警惕。清代丈夫注意夫妻相處上的互相扶持，都是出於確保家庭和諧的目的，以達到「齊家」之效。如前文所言，丈夫實有責任管教身邊的女性，以彰顯「男性氣概」。所謂「教婦初來」，加以「夫為妻綱」理念的驅使下，清代丈夫約束妻子的行為亦頗多。具體而言，家庭之外，丈夫勸勉妻子不宜出閨門、不應接觸三姑六婆及出外參與宗教活動；家庭之內，希望婦人勤於處理家務，表現婦德。由此看來，清代丈夫已建立一套「夫為妻綱」、「夫主婦從」的守則，藉以表現「男性氣概」。

再者，基於中國人重視孝道，丈夫亦著力於建立妻子與公婆之間良好的相處關係，因為雙方和睦相處，對「齊家」及盡孝

道也有莫大的益處。值得注意的是清代丈夫需要瞭解妻子的性情進行輔導,並要以身作則,可見維繫妻子與公婆之間的關係不是等閒之事。甚至一些家訓著者及早教導女兒要視翁姑如父母,無非是他們了解到「治家貴和」不是容易處理之事,丈夫委實擔當一名關鍵的角色,在調停妻子與公婆之間的關係上具有重要的作用。同時,納妾仍是清代男性普遍行使的廣嗣方式,換言之,清代丈夫管理妻妾關係實在不能避免。他們明瞭妻妾之間容易產生妒嫉,故教導婦人應互相尊重,自己也不偏愛某一方,在管理上一視同仁,以免影響彼此的和睦相處。換句話說,由妾主持家政、縱容妾侍以下凌上、放縱婦人因妒忌心對丈夫及其家人加以欺凌,這些行為都不是清代丈夫所容許的。稽查家訓文獻,他們嚴格區分妻妾之別,同時也渴望促使妻妾互相尊重。總而言之,清代丈夫屢屢灌輸「齊家」的概念於家訓之中,著力於維繫妻與公婆、妻妾之間的關係。他們希望有系統地管理家庭女性成員之間的關係,期許做到「齊家」、盡孝之效,以呈現自我的「男子氣概」及捍衛「男性榮譽」。

從種種跡象顯示,清代男性享受「夫為妻綱」的倫理觀念所賦予的權利和地位,他們可以運用「夫為妻綱」、「夫主婦從」、「夫為妻天」這些概念去管教女性,建立男性的威信、彰顯丈夫的地位;同時,在法律層面上,丈夫的權力亦往往較妻子為多。不過清代丈夫又是否不受任何約束、沒有自身性別角色的憂慮?筆者梳理了相關史料,發現清代丈夫同樣需要自我約束。丈夫要克盡職責,努力做到別人對男性的期望。所以,基於「男正位乎外」的概念下,丈夫時刻要關注建功立業、要有出息,又不可表現懦弱,要注意「男性氣概」的呈現;他們亦需注意「戒色」,為女性立下榜樣,以免造成放縱之風。而且,清代丈夫也

面對著「男性憂慮」。在家庭內，丈夫對於家中女性的相處當然有所顧慮，甚至視女性為「齊家」的威脅；家庭之外，在科舉制度下，他們也面對著同性之間的競爭，卻又不能避免與男性接觸，為了建立自己的事業，他們必須建立良好的人際網絡。總括來說，清代丈夫的角色既受益於性別的優越感，但也受害於自身性別的規範。

綜上所述，爬梳清代家訓文獻及文集等資料，我們可以發現清代丈夫對自身性別已有所認知，他們不但彰顯「夫道」，確立男性威嚴；同時，他們亦自覺要控制身邊的女性，為「齊家」建立一套有效的方法。再者，仔細探究相關史料，清代丈夫不但有自我約束的概念，也呈現了他們對自身性別有所憂慮。由此可見，如馮爾康所指，男性委實已建立一套丈夫守則，可加以借鑑。

再者，筆者亦發現清代丈夫展現「男性氣概」的方式，與當代「男性氣概」研究的理論也頗為近似。例如當代「男性氣概」的理論指出「男性氣概」是男人有能力控制身邊的事情與女人、男人於困境時比女人堅毅；[4]「男子氣概」是一種責任，真正具有「男子氣概」的男人會盡最大努力去擴大自己的榮譽；[5]好男人必須致力於「自我改進」，例如努力工作、節制嗜好、無懼困難等等。[6]其實把這些理論套用在清代丈夫的角色，又同樣地觀察到他們致力於控制身邊的女性，努力協調妻與公婆、妻妾的相處；丈夫不可表現懦弱，要有「倔強之氣」、比女人堅強；他們盡力達到「齊家」的目的，從而捍衛自己的榮譽；清代丈夫也要

4　曾立煌：《男人本色》，頁12-13。

5　皮埃爾・布爾迪厄著，劉暉譯：《男性統治》，頁69；亦參 Victor J. Seidler, *Unreasonable Men: Masculinity and Social Theory*, p. 117.

6　山姆・基恩著，張定綺譯：《新男人：21世紀男人的定位與角色》，頁167-173。

懂得「自我改進」，做個好男人，努力建立事業、約束自我的行為、無懼困難等等。

　　凡此種種，以清代家訓文獻為切入點去審視「男子氣概」，對我們理解清代的夫妻關係，尤其以丈夫的角色為主要探究的對象，具有極大的啟發性。而且，筆者認為以家訓文獻作為研究性別面貌的資源，仍具有甚大的發掘空間，例如審視各朝代的家訓著作加以比較，從而突破朝代的框架；或者採用其他文本加以延伸比對，如清人文集就是審視性別意識的珍貴材料。換句話說，以家訓為核心的性別歷史研究，在方法上、對象上也有增補的空間。[7]

　　此外，本文以探討清代丈夫的「為夫之道」為核心，然而拙文以家訓文獻去探究男性性別認知，尚屬初步。由於「性別」不等於「女性」，若果我們能夠關注男性的角色輔以理解不同朝代的兩性關係，將有助我們更有深度地去研究中國性別的歷史。再者，以現存有關中國歷史的「男性氣概」研究而言，筆者亦十分認同雷金慶的看法，「男性氣概」需要更細緻的考究，必須關注從父權社會所建立的性別規律。[8]

　　同時，筆者亦嘗試提出一些建議，例如在男性自身性別角色的認知、兩性關係、男性管理家庭內部成員關係的觀念等議題上，相關研究仍然不足，本文以「為人夫」者為探討對象，然而其他男性的角色如「為人子」、「為人父」等等也是值得關注的。換言之，男性史研究仍有待發掘及補充。回到本文的主題，探究家訓史的性別內容不應只集中在有關「婦德」的論述上，我們可以努力發掘古人如何訓誡子孫做堂堂正正、具有尊嚴的「丈

---

[7]　〈家訓文獻的性別面貌〉，收入《性別視野中的中國歷史新貌》，頁222。

[8]　Kam Louie, *Theorising Chinese Masculinity: Society and Gender in China*, p. 5.

夫」，也將是極富開拓性的性別史議題。[9]總括而言，「男性氣概」的研究極具延伸討論的價值，也能彌補只以「女性」作為中國性別歷史研究對象的不足。

---

[9] 〈家訓文獻的性別面貌〉，收入《性別視野中的中國歷史新貌》，頁222。

附錄

附錄一、〈清代家訓文獻中有關男性建構的論述（原文圖像選錄）〉

（以作者姓氏筆劃排序）

作者	相關著作及版本	男性建構的論述	家訓扉頁／目錄	原文圖像
1. 王士晉	《宗規》清乾隆五十四年（1789）刻本	「至於婦女識見庸下，更喜媚神徼福，其惑於邪巫，也尤甚於男子。……各夫男，須皆預防，察其動靜，杜其往來，以免後悔，此是齊家最要緊事。」	士林彝訓八卷　〔清〕顧受謙　清乾隆五十四年刻本	令至門至於婦女識見庸下更喜媚神徼福其惑於邪巫也尤甚於男子且風俗日俯僧道之外又有齋婆賣婆尼姑跳神卜婦女歲等項奔竄門人戶人不知禁以致哄誘費財甚有犯姦淫者為害不小各夫男須皆預防察其動靜杜其往來以免後悔此是齊家最要緊事　王士晉　宗規
2. 史典	《願體集》中國科學院圖書館藏清乾隆四至八年（1739-1743）培遠堂刻匯印本	「天下未有不正其妻，而能正其子者」	乾隆七年刊　桂林陳榕門輯　訓俗遺規　培遠堂藏板	人之於妻也宜防其嚴子之過於後妻也宜防其謫於嫁妻。天下未有不正其妻而能正其子者。故曰列

作者	相關著作及版本	男性建構的論述	家訓扉頁／目錄	原文圖像
3. 朱潮遠	《四本堂座右編》北京圖書館分館藏清康熙刻本	「……尼姑、道婆、媒婆、牙婆及婦人以買賣針灸為名，皆不可令入人家。」	揚州四本堂正 續座右編 本堂在南門內謝家橋朱府發兌 起家之本 治家之本 齊家之本 保家之本	四本堂座右編 卷十 先儒理 十本 厚生訓慕曰尼姑道婆媒婆牙婆及婦人以買 賣針灸為名皆不可令入人家凡脫漏及引 誘為不美之事皆此曹也
4. 呂留良（1629-1683）	《晚邨先生家訓真蹟》清康熙刻本	「凡為妻者，必敬順其夫，為子者，必敬順父母……為婦者，必敬順長幼婦。」	晚邨先生家訓真蹟目錄 一卷 樣華閣齋規 壬子臘月編 戊午一月示諸子 二卷 遺令 三卷 論大尖帖二十四	法度之全然分然不亂辦備當以 漸為之而其根本大要不可緩 者有四先與妻子諸婦主約相 勉其共聽焉 一旦敬順凡為妻者必敬順其夫

作者	相關著作及版本	男性建構的論述	家訓扉頁／目錄	原文圖像
5.汪輝祖（1731-1807）	《雙節堂庸訓》清光緒十五年（1889）江蘇局刊本影印，收入《汪龍莊遺書》（台北：華文書局，1970年）。	「婦人以夫為天，未有不願夫婦相愛者。屢憎於夫，豈其性？惟言之莫予違也，馴至喋喋不休。為之夫者，禦之以正，無論明理之婦，知所自處；即不甚明理者，亦漸知感悟。故吾謂男子之能孝弟者，其婦必不敢不孝不睦。婦之不良，大率男子有以成之。」「米薪瑣屑、日用百須，男子止能總計大綱；一切籌量贏絀，隨時督察，惟婦人是倚。婦人不知操持，必多無益之費。」「故治家之道，先須教婦人以勤」	望三益齋原本 龍莊遺書 江蘇書局樵刻	婦人不返善在共夫 婦道尤以勤為要 人以勤

作者	相關著作及版本	男性建構的論述	家訓扉頁／目錄	原文圖像
6. 孫奇逢（1585-1675）	《孝友堂家規》《孝友堂家訓》商務印書館1935年版	「只不聽婦人言，便有幾分男子氣。」「然兄弟不和，多開隙於妻子」		
7. 秦雲爽	《閨訓新編》中國科學院圖書館藏清康熙二十五年（1686）徐樹屏刻本	「夫婦之道，當始終相敬」「男子以妻為賢內助，所謂內助者，不止料理家事……性情欠妥之處，苟有所見，皆當盡匡扶之力。」		
8. 張廷玉（1672-1755）	《澄懷園語》光緒二年（1876）《嘯園叢書》本	「夫婦人倫之一也，婦以夫為天，不矜其不幸而遂棄之，豈天理哉。」		

作者	相關著作及版本	男性建構的論述	家訓扉頁／目錄	原文圖像
9. 張習孔	《家訓》康熙三十四年（1695）《檀几叢書》本	「人家不和，每由婦女」「然總以丈夫剛明能制其妻為主」		
10. 張履祥（1611-1674）	《楊園訓子語》中國科學院圖書館藏清乾隆四至八年（1739-1743）培遠堂刻匯印本	「男子人，不可與僧尼往還，敗壞家風。」「男子服用，固宜儉素，婦人尤戒華侈。」		

	作者	相關著作及版本	男性建構的論述	家訓扉頁／目錄	原文圖像
11.	清聖祖（愛新覺羅玄燁，1654-1722）（由其子清世宗雍正〔1677-1735〕筆述）	《聖祖仁皇帝庭訓格言》民國九年（1920）《留餘草堂叢書》本	「訓曰：孔子云：『君子有三戒：少之時血氣未定，戒之在色；及其壯也，血氣方剛，戒之在鬥；及其老也，血氣既衰，戒之在得。』朕今年高，戒色、戒鬥之時已過，惟或貪得，是所當戒。朕為人君，何所用而不得，何所取而不能，尚有貪得之理乎？萬一有此等處，亦當以聖人之言為戒。爾等有血氣方剛者，亦有血氣未定者，當以聖人所戒之語各存諸心而深以為戒也。」		

作者	相關著作及版本	男性建構的論述	家訓扉頁／目錄	原文圖像
12. 陸圻（1614-？）	《新婦譜》宣統二年（1910）《香艷叢書》本	「丈夫有說妻不是處，畢竟讀書人明理，畢竟是夫之愛妻，難得難得。凡為婦人，豈可不虛心受教耶？」	新婦譜	四 丈夫何損 丈夫有說妻不是處畢竟讀書人明理畢竟是夫之愛妻難得難得凡為婦人豈可不虛心受教耶須將言謝之遠則改之以俟見丈夫顏色我有失否千萬教彼自然獎言德必日進若嫌絮折辯及高聲爭鬧則惡名歸于婦人矣于
13. 陳確（1604-1677）	《叢桂堂家約》清餐霞軒鈔本	「三姑六婆不令入門」「婦女不入寺門」	陳確集 別集卷九 叢桂堂家約 叢桂堂家約序	雜約 官債不速償　不與人爭財產　不與訟　訟不求勝　不輕貸人　不負人貸　不賴道 不剝收佃租　不武擅量　不藉親友之情　不藉僮僕之力　不輕取債僕婢　不負人貸　不賴道 大婦不令入門　婦女不入寺門　男娶毋失時。　三姑

作者	相關著作及版本	男性建構的論述	家訓扉頁／目錄	原文圖像
14. 陸隴其（1630-1693）	《治嘉格言》同治七年（1868）版本	「大丈夫若逐日在家庭，動用間量，柴頭數米粒，號定升合，使其妻孥無所措手足，此等人必無出息。」		

作者	相關著作及版本	男性建構的論述	家訓扉頁／目錄	原文圖像
15. 曾國藩（1811-1872）	《曾國藩家書家訓》天津市古籍書店 1991 年版	「吾家祖父教人，亦以懦弱無剛四字為大恥。故男兒自立，必須有倔強之氣」「余每見嫁女貪戀母親富貴而忘其翁姑者，其後必無好處。余家諸女當教之孝順翁姑，敬事丈夫，慎無重母家而輕夫家，效澆俗小家之陋習也。」		

作者	相關著作及版本	男性建構的論述	家訓扉頁／目錄	原文圖像
16. 黃濤	《家規省括》清乾隆刻本	「婦人不睦，斷無獨是獨非之理，但彼婦之非，已婦頻為我言之。……斯婦言無自入矣。」	〔清〕黃濤輯 家規省括三卷 清乾隆刻本	綠規省括 卷三 武德婦言 二
17. 熊氏（湖南益陽）	《熊氏續修族譜》清光緒二十年（1794）江陵堂刊本	「夫貴和而有禮，婦貴柔而不媚」	不詳	熊氏賓修族譜 江陵堂

作者	相關著作及版本	男性建構的論述	家訓扉頁／目錄	原文圖像
18. 蔣伊（1631-1687）	《蔣氏家訓》商務印書館1935年版	「女子止主中饋、女紅、紡織事，不得操夫之權，獨秉家政，及預聞戶外事。」 「婦女挾制丈夫，凌虐婢妾，不敬翁姑，不和妯娌，雖女子秉性之惡，亦總是男子有以釀成之，故凡事不可使之專制。」 「夫不能制其妻者，眾共絕之」		女子止主中饋女紅紡織事不得操夫之權獨秉家政及預聞戶外事將氏家訓曰婦女挾制丈夫凌虐婢妾不敬翁姑不和妯娌雖女子秉性之惡亦總是男子有以釀成之故凡事不可使之專制 不得寄扈懷倖女人不得酷打婢妾若無大罪而致其人於死者告廟出之夫不能制其妻者眾共 絕之女婢二十歲以內即遣嫁成配與傔僕或擇婚嫁之不得貪利賣與人為妾誤其終身
19. 戴翊清	《治家格言繹義》光緒二十三年（1897）《有福讀書堂叢書》本	「一入門便能孝翁姑、睦妯娌，然十不得一焉。所賴為丈夫者當婦之初來，先以孝友之型示之，而後察其情性之何如，而徐徐化導。」	治家格言繹義	

附錄二、〈清代家訓作者之相關畫像（選錄）〉

（以作者姓氏筆劃排序）

作者	相關畫像	出處
1. 王夫之 （1619-1692）	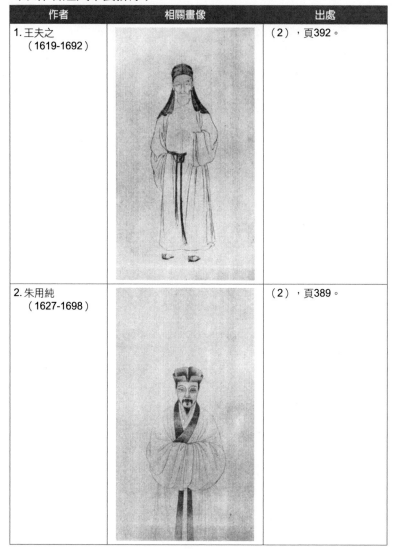	（2），頁392。
2. 朱用純 （1627-1698）		（2），頁389。

作者	相關畫像	出處
3. 呂留良 （1629-1683）		（2），頁397。
4. 吳汝綸 （1840-1903）		（2），頁537。

作者	相關畫像	出處
5. 汪輝祖 （1731-1807）	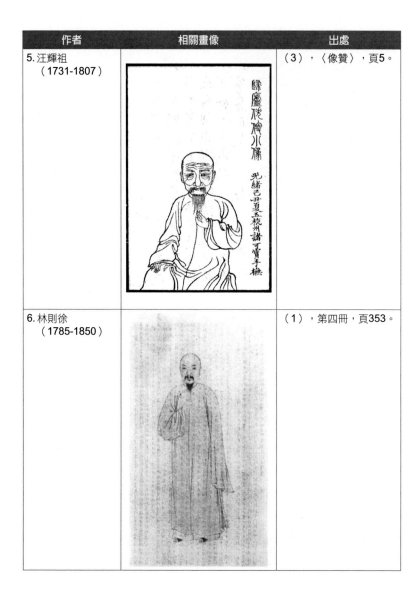	（3），〈像贊〉，頁5。
6. 林則徐 （1785-1850）		（1），第四冊，頁353。

作者	相關畫像	出處
7. 紀昀 （1724-1805）	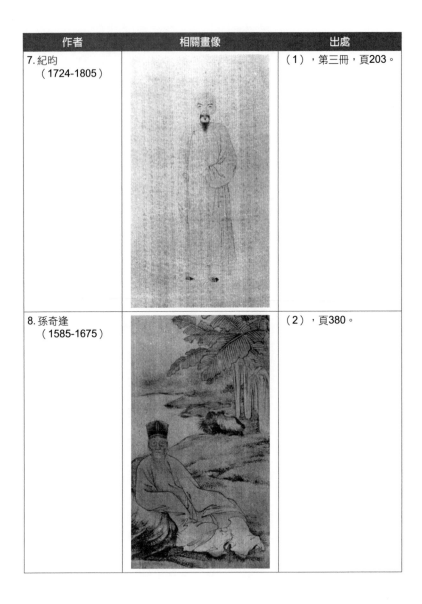	（1），第三冊，頁203。
8. 孫奇逢 （1585-1675）		（2），頁380。

作者	相關畫像	出處
9. 張履祥 （1611-1674）		（2），頁385。
10. 陸隴其 （1630-1693）		（2），頁400。

作者	相關畫像	出處
11. 傅山 （1607-1690）		（1），第一冊，頁27。
12. 湯斌 （1627-1687）		（1），第一冊，頁91。

作者	相關畫像	出處
13. 焦循 （1763-1820）		（2），頁453。
14. 潘德輿 （1785-1839）		（2），頁476。

作者	相關畫像	出處
15. 鄭燮 （1693-1765）	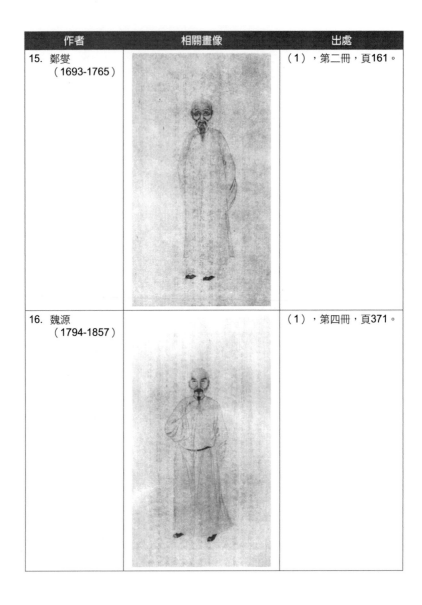	（1），第二冊，頁161。
16. 魏源 （1794-1857）		（1），第四冊，頁371。

作者	相關畫像	出處
17. 魏禧 （1624-1680）	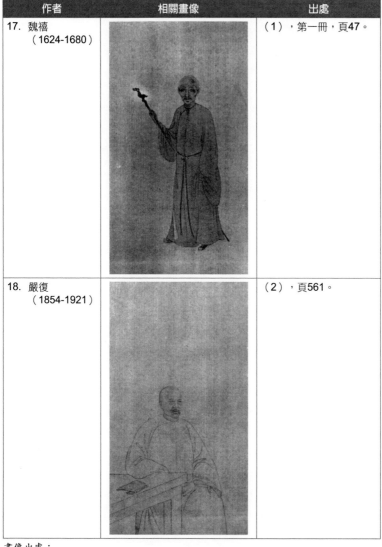	（1），第一冊，頁47。
18. 嚴復 （1854-1921）		（2），頁561。

畫像出處：
（1）葉衍蘭（1823-1898）、葉恭綽（1880-1968）編：《清代學者像傳合集》（上
　　海：上海古籍出版社，1989年）。（第一集）

（2）葉衍蘭（1823-1898）、葉恭綽（1880-1968）編：《清代學者像傳合集》（上海：上海古籍出版社，1989年）。（第二集）
（3）汪輝祖：《汪龍莊遺書》（台北：華文書局，1970年）。

徵引書目

（一）中文資料

甲、論著

1. 丁文：《莫教空度可憐宵：魏晉南北朝兩性關係史》（西安：陝西人民出版社，2008年）。

2. 刁包：《易酌》，收入《景印文淵閣四庫全書》（台北：台灣商務印書館，1983-1985年），〈經部〉33，〈易類〉，冊39。

3. 丁耀亢：《家政須知》（據清順治康熙遞刻《丁野鶴集八種》本影印；收入《清代詩文集彙編》；上海：上海古籍出版社，2009年）。

4. _____：《丁野鶴詩鈔》（據北京圖書館藏清初刻《丁野鶴集八種》本影印；收入《四庫全書存目叢書》〔台南柳營鄉：莊嚴文化事業有限公司，1996年〕，〈集部〉，〈別集類〉，冊235）。

5. 山姆‧基恩（Sam Keen）著，張定綺譯：《新男人：21世紀男人的定位與角色》（台北：時報文化出版企業有限公司，1994年）。

6. 小明雄：《中國同性愛史錄》（香港：粉紅三角出版社，1997年）。

7. 上海古籍出版社：《清代詩文集彙編總目錄‧索引》（上海：上海古籍出版社，2010年）。

8. 上海圖書館：《中國叢書綜錄》（上海：上海古籍出版社，1982-1983年）。

9. 《三國志文類》，收入《景印文淵閣四庫全書》，〈集部〉300，〈總集類〉，冊1361。

10. 《清實錄》（北京：中華書局，1985-1987年）。

11. 仁孝文皇后：《內訓》（據墨海本排印；收入《叢書集成初編》〔北京：中華書局，1991年〕，冊990）。

12. 中國民間文學集成全國編輯委員會、中國民間文學集成廣東卷編輯委員會：《中國諺語集成‧廣東卷》（北京：中國ISBN中心，1997年）。

13. 中國伙伴關係研究小組、閔家胤：《陽剛與陰柔的變奏：兩性關係和社會模式》（北京：中國社會科學出版社，1995年）。

14. 中國第一歷史檔案館：《康熙起居注》（北京：中華書局，1984年）。

15. _____：《乾隆朝上諭檔》（北京：檔案出版社，1991年）。

16. _____：《雍正朝起居注冊》（北京：中華書局，1993年）。

17. _____：《乾隆帝起居注》（桂林：廣西師範大學出版社，2002年）。

18. _____：《嘉慶帝起居注》（桂林：廣西師範大學出版社，2006年）。

19. 中國第一歷史檔案館、呂堅：《光緒帝起居注》（桂林：廣西師範大學出版社，2007年）。

20. _____：《宣統帝起居注》（桂林：廣西師範大學出版社，2007年）。

21. 方元亮：《家訓》，收入張伯行輯，夏錫疇錄：《課子隨筆鈔》（台北：文史哲出版社，1987年）。

22. 毛文芳：《物、性別、觀看：明末清初文化書寫新探》（台北：台灣學生書局，2001年）。

23. 毛先舒：《家人子語》（據道光十三年〔1833〕世楷堂藏板《昭代叢書》本影印；收入《叢書集成續編》，〈社會科學類〉，冊61；台北：新文豐出版公司，1989年）。

24. _____：《潠書》（據北京圖書館藏清康熙刻思古堂十四種書本

影印；收入《四庫全書存目叢書》，〈集部〉，〈別集類〉，冊210）。

25. 毛亨傳，鄭玄箋，孔穎達疏：《毛詩正義》（阮元〔1764-1849〕《十三經注疏》本；北京：中華書局，1980年）。

26. 尹奎友、秦豔華、謝錫文：《中國古代家訓四書》（濟南：山東友誼書社，2000年）。

27. 方剛：《男性研究與男性運動》（濟南：山東人民出版社，2008年）。

28. 尹會一：《健餘先生文集》（據清光緒五年〔1879〕王氏謙德堂刻《畿輔叢書》本影印；收入《續修四庫全書》〔上海：上海古籍出版社，1995年〕，〈集部〉，〈別集類〉，冊1424）。

29. 孔穎達疏：《周易正義》（阮元《十三經注疏》本）。

30. ＿＿＿＿＿＿：《尚書正義》（阮元《十三經注疏》本）。

31. 方濬師：《蕉軒續錄》（清光緒刻本）。

32. 王士俊：《閑家編》（據浙江圖書館藏清雍正十二年〔1734〕養拙堂刻本影印；收入《四庫全書存目叢書》，〈子部〉，〈雜家類〉，冊158）。

33. 王夫之：《船山遺書全集》（台北：中國船山學會，自由出版社，1972年）。

34. ＿＿＿＿＿＿：《王船山詩文集》（北京：中華書局，1962年）。

35. 王日根：《明清民間社會的秩序》（長沙：岳麓書社，2003年）。

36. 王心敬：《豐川家訓》，收入張伯行輯，夏錫疇錄：《課子隨筆鈔》。

37. 王玉波：《中國家庭的起源與演變》（石家莊：河北科學技術出版社，1992年）。

38. 王先謙：《東華續錄（乾隆朝）》（清光緒十年長沙王氏刻本）。

39. ＿＿＿＿＿＿：《東華續錄（嘉慶朝）》（清光緒十年長沙王氏刻本）。

40. ＿＿＿＿＿＿：《東華續錄（道光朝）》（清光緒十年長沙王氏刻本）。

41. _____：《東華續錄（咸豐朝）》（清光緒十年長沙王氏刻本）。

42. _____：《東華續錄（同治朝）》（清刻本）。

43. 王步青：《己山先生文集》（據北京師範大學圖書館藏清乾隆敦復堂刻本影印；收入《四庫全書存目叢書》，〈集部〉，〈別集類〉，冊273）。

44. 王長金：《傳統家訓思想通論》（長春：吉林人民出版社，2006年）。

45. 王若：《修身齊家：中國古代家訓》（瀋陽：遼海出版社，2001年）。

46. 王重民、楊殿珣：《清代文集篇目分類索引》（北京：北京圖書館出版社，2003年）。

47. 王書奴：《中國娼妓史》（北京：團結出版社，2004年）。

48. 王紹璽：《小妾史》（上海：上海文藝出版社，1995年）。

49. 王惲：《秋澗集》（《四部叢刊》景明弘治本）。

50. 王維：《名人家訓經典：曾國藩家書‧朱子家訓》（西寧：青海人民出版社，2003年）。

51. 王詩穎：《國民革命軍與近代中國男性氣概的形塑，1924-1945》（台北：國史館，2011年）。

52. 王賢儀：《家言隨記》（據清同治素風堂刻本影印；收入《四庫未收書輯刊》，5輯9冊）。

53. 王曉驪、劉靖淵：《解語花：傳統男性文學中的女性形象》（石家莊：河北人民出版社，2001年）。

54. 王熹：《中國明代習俗史》（北京：人民出版社，1994年）。

55. 王應麟撰，陳戌國、喻清點校：《三字經》（長沙：岳麓書社，2002年）。

56. 王鵬運：《半塘稿》（清光緒朱祖謀刻本）。

57. 王躍生：《十八世紀中國婚姻家庭研究：建立在1781-1791年個案基礎上的分析》（北京：法律出版社，2000年）。

58. ＿＿＿＿：《清代中期婚姻衝突透析》（北京：社會科學文獻出版社，2003年）。

59. 史孝貴：《古今家訓新編》（上海：華東師範大學出版社，1992年）。

60. 包東波：《中國歷代名人家訓精萃》（合肥：安徽文藝出版社，2000年）。

61. 《四庫未收書輯刊》（北京：北京出版社，2000年）。

62. 《四庫全書存目叢書》（台南柳營鄉：莊嚴文化事業有限公司，1996年）。

63. 《四庫全書存目叢書補編》（濟南：齊魯書社，2001年）。

64. 《四庫禁燬書叢刊》（北京：北京出版社，2000年）。

65. 司徒琳（Lynn A. Struve）編，趙世瑜等譯：《世界時間與東亞時間中的明清變遷》（北京：生活・讀書・新知三聯書店，2009年）。

66. 史楠：《中國男娼秘史》（北京：中國華僑出版社，1994年）。

67. 史祿國（Sergéi Mikháilovich Shirokogórov）著，高丙中譯：《滿族的社會組織：滿族氏族組織研究》（北京：商務印書館，1997年）。

68. 包筠雅（Cynthia Joanne Brokaw）著，杜正貞、張林譯：《功過格：明清社會的道德秩序》（杭州：浙江人民出版社，1999年）。

69. 史鳳儀：《中國古代的家族與身分》（北京：社會科學文獻出版社，1999年）。

70. ＿＿＿＿：《中國古代婚姻與家庭》（武漢：湖北人民出版社，1987年）。

71. 左丘明傳，杜預注，孔穎達疏：《春秋左傳正義》（阮元《十三經注疏》本）。

72. 左宗棠：《左宗棠全集》（長沙：岳麓書社，1987-1996年）。

73. 本書編寫組：《明清人口婚姻家族史論：陳捷先教授、馮爾康教授古稀紀念論文集》（天津：天津古籍出版社，2002年）。

74. 弗蘭克・皮特曼（Frank Pittman）著，楊淑智譯：《新男性：掙脫男子氣概的枷鎖》（台北：牛頓出版股份有限公司，1995年）。

75. 石成金：《傳家寶全集》（北京：北京師範大學出版社，1992年）。

76. 田汝成：《西湖遊覽志》，收入《景印文淵閣四庫全書》，〈史部〉343，〈地理類〉，冊585。

77. 皮埃爾・布爾迪厄（Pierre Bourdieu）著，劉暉譯：《男性統治》（深圳：海天出版社，2002年）。

78. 石雲：《柔腸寸斷愁千縷：中國古代婦女的貞節觀》（西安：陝西人民出版社，1988年）。

79. 甘樹椿：《花隱老人遺著》（出版地缺：崇雅堂，1923-1924年）。

80. 伊沛霞（Patricia Buckley Ebrey）著，胡志宏譯：《內闈：宋代的婚姻和婦女生活》（南京：江蘇人民出版社，2004年）。

81. 伍國慶、楊振洪等譯：《湘軍四大將帥家書精選》（天津：天津古籍出版社，1995年）。

82. 呂留良：《晚邨先生家訓真蹟》（據清康熙刻本影印；收入《續修四庫全書》，〈子部〉，〈儒家類〉，冊948）。

83. _____：《呂晚村先生文集》（據復旦大學圖書館藏清雍正三年〔1725〕呂氏天蓋樓刻本影印；收入《續修四庫全書》，〈集部〉，〈別集類〉，冊1411）。

84. 守屋洋著，鍾憲譯：《中國歷代偉人家訓集》（台北：世潮出版有限公司，1994年）。

85. 朱用純著，謝恭正譯：《朱子治家格言》（台南：文國書局，2004年）。

86. 朱用純：《治家格言》，收入張伯行輯，夏錫疇錄：《課子隨筆鈔》。

87. _____：《治家格言》（西寧：青海人民出版社，1998年）。

88. 朱明勳：《中國家訓史論稿》（成都：巴蜀書社，2008年）。

89. 朱勇：《清代宗族研究》（長沙：湖南教育出版社，1987年）。

90. 朱軾：《史傳三編》，收入《景印文淵閣四庫全書》，〈史部〉217，〈傳記類〉，冊459。

91. 朱壽朋：《東華續錄（光緒朝）》（清宣統元年上海集成圖書公司本）。

92. 朱潮遠：《四本堂座右編・二十四卷》（據北京圖書館分館藏清康熙刻本影印；收入《四庫全書存目叢書》，〈子部〉，〈雜家類〉，冊157）。

93. ＿＿＿＿：《四本堂座右編二集・二十四卷》（據清康熙刻本影印；收入《四庫未收書輯刊》，3輯21冊）。

94. 成曉軍：《名儒家訓》（武漢：湖北人民出版社，1996年）。

95. ＿＿＿＿：《帝王家訓》（武漢：湖北人民出版社，1994年）。

96. 行政院文化建設委員會、聯合報國學文獻館：《中國家訓》（台北：行政院文化建設委員會，1988年）。

97. 江興祐：《中國歷代名人家訓精華》（太原：山西古籍出版社，1997年）。

98. 衣若蘭：《三姑六婆：明代婦女與社會的探索》（台北：稻鄉出版社，2002年）。

99. 何宇軒：《言為心聲：明清時代女性聲音與男性氣概之建構》（台北：秀威資訊科技股份有限公司，2018年）。

100. 何宗美：《明末清初文人結社研究續編》（北京：中華書局，2006年）。

101. 何明星：《著述與宗族：清人文集編刻方式的社會學考察》（北京：中華書局，2007年）。

102. 何晏注，邢昺疏：《論語注疏》（阮元《十三經注疏》本）。

103. 何滿子：《中國愛情與兩性關係：中國小說研究》（香港：商務印書館，1994年）。

104. 余新忠、張國剛：《中國家庭史：明清時期》（廣州：廣東人民出版社，2007年）。

105. 吳存存：《明清社會性愛風氣》（北京：人民文學出版社，2000年）。

106. 吳自甦：《中國家庭制度》（台北：台灣商務印書館，1974年）。

107. 吳汝綸撰，施培毅、徐壽凱校：《吳汝綸全集》（合肥：黃山書社，2002年）。

108. _____：《桐城吳先生詩文集》（清光緒刻《桐城吳先生全書》本）。

109. 吳言生、翟博、薛放：《中國歷代家訓集錦》（西安：三秦出版社，1992年）。

110. 吳肅公：《明語林》（清光緒刻宣統印碧琳琅館叢書本）。

111. 吳鳳翔、金木、王日昌、悟堂：《清代十大名人家書》（長春：東北師範大學出版社，1996年）。

112. 呂不韋撰，高誘注：《呂氏春秋》（《四部叢刊》景明刊本）。

113. 呂坤：《呻吟語》（明萬曆二十一年刻本）。

114. _____：《續小兒語》（清《藝海珠塵》本）。

115. 巫仁恕：《品味奢華：晚明的消費社會與士大夫》（台北：中央研究院、聯經出版事業股份有限公司，2007年）。

116. _____：《奢侈的女人：明清時期江南的婦女消費文化》（台北：三民書局，2005年）。

117. _____：《優游坊廂：明清江南城市的休閑消費與空間變遷》（台北：中央研究院近代史研究所，2013年）。

118. 李元春：《桐閣先生文鈔》（桂林：廣西師範大學出版社，2007年）。

119. 李白：《李太白文集》（上海：上海古籍出版社，1994年）。

120. 李伯重：《千里史學文存》（杭州：杭州出版社，2004年）。

121. 李志生：《中國古代婦女史研究入門》（北京：北京大學出版社，2014年）。

122. 李果：《詠歸亭詩鈔》（據北京圖書館藏清乾隆刻本影印；收入

《四庫全書存目叢書補編》，冊9）。

123. 李咸用：《唐李推官披沙集》（《四部叢刊》景宋本）。

124. 李貞德編：《中國史新論・性別史分冊》（台北：聯經出版事業股份有限公司，2009年）。

125. 李淦：《燕翼篇》（據康熙三十四年〔1695〕《檀几叢書》本影印；收入《叢書集成續編》，〈社會科學類〉，冊62）。

126. 李路陽、畏冬：《中國清代習俗史》（北京：人民出版社，1994年）。

127. 李銀河：《中國婚姻家庭及其變遷》（哈爾濱：黑龍江人民出版社，1995年）。

128. 李鴻章撰，吳汝綸編：《李文忠公全集》（台北：文海出版社，1980年）。

129. 李贄：《山中一夕話》（明刻本）。

130. 李靈年、楊忠、王欲祥：《清人別集總目》（合肥：安徽教育出版社，2000年）。

131. 汪之昌：《青學齋集》（北京：中國書店，1980年）。

132. 沈赤然：《寒夜叢談》（據民國十三年〔1924〕《又滿樓叢書》本影印；收入《叢書集成續編》，〈社會科學類〉，冊60）。

133. ＿＿＿＿＿：《五研齋詩文鈔》（清嘉慶刻增修本）。

134. 汪玢玲：《中國婚姻史》（上海：上海人民出版社，2001年）。

135. 沈家本：《大清現行新律例》（清宣統元年排印本）。

136. 沈起鳳：《諧鐸》（清乾隆五十七年刊本）。

137. 汪惟憲：《寒燈絮語》（據道光十三年〔1833〕世楷堂藏板《昭代叢書》本影印；收入《叢書集成續編》，〈社會科學類〉，冊60）。

138. ＿＿＿＿＿：《積山先生遺集》（清乾隆三十八年汪新刻本）。

139. 汪維玲、王定祥：《中國家訓智慧》（香港：中華書局有限公司，1992年）。

140. 汪輝祖著，王宗志、夏春田、穆祥望釋：《雙節堂庸訓》（天津：

天津古籍出版社，1995年）。

141. 汪輝祖：《汪龍莊遺書》（台北：華文書局，1970年）。

142. _____：《學治臆說》（清《汪龍莊先生遺書》本）。

143. 阮元：《經籍籑詁》（清嘉慶阮氏琅嬛仙館刻本）。

144. 阮文茂：《竹巖集》（據東北師範大學圖書館藏清雍正十一年〔1733〕柯潮刻本影印；收入《續修四庫全書》，〈集部〉，〈別集類〉，冊1329）。

145. 辛立：《男女‧夫妻‧家國：從婚姻模式看中國文化中的倫理觀念》（北京：國際文化出版公司，1989年）。

146. 周文復：《中國家訓：修身、治家、處世》（廣州：廣東教育出版社，1991年）。

147. 周秀才：《中國歷代家訓大觀》（大連：大連出版社，1997年）。

148. 周亮工：《因樹屋書影》（清康熙六年刻本）。

149. 周華山：《性別越界在中國》（香港：香港同志研究社，2000年）。

150. 周楫：《西湖二集》（明崇禎刊本）。

151. 周維立：《清代四名人家書》（台北：文海出版社，1971年）。

152. 季乃禮：《三綱六紀與社會整合：由《白虎通》看漢代社會人倫關係》（北京：中國人民大學出版社，2004年）。

153. 定宜莊：《滿族的婦女生活與婚姻制度研究》（北京：北京大學出版社，1999年）。

154. 尚詩公：《中國歷代家訓大觀》（上海：文匯出版社，1992年）。

155. 宗豪：《家訓經典》（深圳：海天出版社，1997年）。

156. 性別／文學研究會、洪淑玲等著：《古典文學與性別研究》（台北：里仁書局，1997年）。

157. 房玄齡：《晉書》（北京：中華書局，1974年）。

158. 易中天：《中國的男人和女人》（香港：三聯書店〔香港〕有限公司，2007年）。

159. 林良銓：《林睡廬詩選》（據清乾隆二十年〔1755〕詠春堂刻本影印；收入《四庫禁燬書叢刊》，〈集部〉，冊53）。

160. _____：《麟山林氏家訓》（清同治四年〔1865〕跋林氏自刊本）。

161. 林則徐：《雲左山房詩鈔》（據浙江圖書館藏清光緒十二年〔1886〕刻本影印；收入《續修四庫全書》，〈集部〉，〈別集類〉，冊1512）。

162. 林紓：《畏廬續集》（上海：上海書店，1992年）。

163. 肯尼斯‧克拉特鮑（Kenneth C. Clatterbaugh）著，劉建台、林宗德譯：《男性氣概的當代觀點》（台北：女書文化事業有限公司，2003年）。

164. 金敞：《宗約》，收入張伯行輯，夏錫疇錄：《課子隨筆鈔》。

165. _____：《宗範》，收入張伯行輯，夏錫疇錄：《課子隨筆鈔》。

166. _____：《家訓紀要》，收入張伯行輯，夏錫疇錄：《課子隨筆鈔》。

167. _____：《金闇齋先生集》（據華東師範大學圖書館藏清康熙三十九年〔1700〕共學山居刻本影印；收入《四庫全書存目叢書補編》，冊8）。

168. 俞樾：《春在堂詩編》（據上海辭書出版社圖書館藏清光緒二十五年〔1899〕刻《春在堂全書》本影印；收入《續修四庫全書》，〈集部〉，〈別集類〉，冊1550-1551）。

169. _____：《春在堂雜文》（清光緒二十五年刻《春在堂全書》本）。

170. 姚勉：《雪坡集》，收入《景印文淵閣四庫全書》，〈集部〉123，〈別集類〉，冊1184。

171. 姚鼐：《惜抱軒詩文集》（清嘉慶十二年刻本）。

172. 施永南：《納妾縱橫談》（北京：中國世界語出版社，1998年）。

173. 施曄：《中國古代文學中的同性戀書寫研究》（上海：上海人民出版社，2008年）。

174. 柯愈春：《清人詩文集總目提要》（北京：北京古籍出版社，2002

年）。

175. 《皇清奏議》（民國影印本）。

176. 紀大奎：《雙桂堂稿》（據上海辭書出版社圖書館藏清嘉慶十三年〔1808〕刻《紀慎齋先生全集》本影印；收入《續修四庫全書》，〈集部〉，〈別集類〉，冊1470）。

177. _____：《紀慎齋先生全集》（清嘉慶十三年〔1808〕刻《紀慎齋先生全集》本）。

178. 紀昀：《紀文達公遺集》（據清嘉慶十七年〔1812〕紀樹馨刻本影印；收入《續修四庫全書》，〈集部〉，〈別集類〉，冊1435）。

179. 胡林翼：《胡文忠公遺集》（據華東師範大學圖書館藏清同治六年〔1867〕刻本影印；收入《續修四庫全書》，〈集部〉，〈別集類〉，冊1539-1540）。

180. 胡發貴：《痛苦的文明：中國古代貞節觀念探秘》（北京：中國社會出版社，1992年）。

181. 范文瀾：《大丈夫》（北京：中國長安出版社，2005年）。

182. 范揚：《陽剛的隳沉：從賈寶玉的男女觀談中國男子氣質的消長軌跡》（北京：國際文化出版公司，1988年）。

183. 范曄撰，李賢等注：《後漢書》（北京：中華書局，1965年）。

184. 計有功：《唐詩紀事》（上海：上海古籍出版社，1987年）。

185. 凌力：《生死‧飲食‧男女：清代民俗趣談》（北京：中國人民大學出版社，1990年）。

186. 唐漢：《曾國藩家訓解讀》（北京：中國三峽出版社，2000年）。

187. 唐甄：《潛書》（據湖北省圖書館藏清康熙王聞遠刻本影印；收入《續修四庫全書》，〈子部〉，〈儒家類〉，冊945）。

188. 孫奇逢：《孝友堂家規》（《叢書集成初編》本）。

189. _____：《孝友堂家訓》（《叢書集成初編》本）。

190. _____：《夏峰先生集》（據清道光二十五年〔1845〕大梁書院刻本影印；收入《清代詩文集彙編》）。

191. 徐少錦、陳延斌：《中國家訓史》（西安：陝西人民出版社，2003年）。

192. 徐少錦等著：《中國歷代家訓大全》（北京：中國廣播電視出版社，1993年）。

193. 徐倬：《全唐詩錄》，收入《景印文淵閣四庫全書》，〈集部〉411-412，〈總集類〉，冊1472-1473。

194. 徐梓：《家訓：父祖的叮嚀》（北京：中央民族大學出版社，1996年）。

195. ＿＿＿＿＿：《家範志》（上海：上海人民出版社，1998年）。

196. 徐揚杰：《中國家族制度史》（北京：人民出版社，1992年）。

197. ＿＿＿＿＿：《宋明家族制度史論》（北京：中華書局，1995年）。

198. 涂天相：《靜用堂偶編》（據南京圖書館藏清康熙刻本影印；收入《四庫全書存目叢書》，〈子部〉，〈儒家類〉，冊27）。

199. 班固：《白虎通德論》（《四部叢刊》景元大德覆宋監本）。

200. 秦坊：《範家集略》（據北京大學圖書館藏清同治十年〔1871〕重刻本影印；收入《四庫全書存目叢書》，〈子部〉，〈雜家類〉，冊158）。

201. 秦雲爽：《闈訓新編》（據中國科學院圖書館藏清康熙二十五年〔1686〕徐樹屏刻本影印；收入《四庫全書存目叢書》，〈子部〉，〈雜家類〉，冊157）。

202. 祝瑞開：《中國婚姻家庭史》（上海：學林出版社，1999年）。

203. 翁連溪：《中國古籍善本書目》（北京：線裝書局，2005年）。

204. 翁福清、周新華：《中國古代家訓集成》（北京：中國國際廣播出版社，1992年）。

205. 荀況撰，楊倞注：《荀子》（清《抱經堂叢書》本）。

206. 袁行雲：《清人詩集敘錄》（北京：文化藝術出版社，1994年）。

207. 袁枚：《小倉山房集》（清乾隆刻增修本）。

208. 郝培元：《梅叟閒評》（清嘉慶至光緒間刊本）。

209. 高拱京：《高氏塾鐸》（據康熙三十四年〔1695〕《檀几叢書》本影印；收入《叢書集成續編》，〈社會科學類〉，冊60）。

210. 高彥頤（Dorothy Ko）著，李志生譯：《閨塾師：明末清初江南的才女文化》（南京：江蘇人民出版社，2005年）。

211. 高連峻：《中國婚姻家庭史》（長春：吉林教育出版社，2002年）。

212. 高達觀：《中國家族社會之演變》（上海：上海書店出版社，1991年）。

213. 高羅佩（Robert Hans van Gulik）著，李零、郭曉惠等譯：《中國古代房內考：中國古代的性與社會》（上海：上海人民出版社，1990年）。

214. ＿＿＿＿＿：《秘戲圖考：附論漢代至清代的中國性生活，公元前206年——公元1644年》（廣東：廣東人民書局，1992年）。

215. 國立故宮博物院：《清代起居注冊・咸豐朝》（台北：聯經出版事業公司，1983年）。

216. ＿＿＿＿＿：《清代起居注冊・同治朝》（台北：聯經出版事業公司，1983年）。

217. ＿＿＿＿＿：《清代起居注冊・道光朝》（台北：聯經出版事業公司，1985年）。

218. ＿＿＿＿＿：《清代起居注冊・光緒朝》（台北：聯經出版事業公司，1987年）。

219. 《國朝宮史》，收入《景印文淵閣四庫全書》，〈史部〉415，〈政書類〉，冊657。

220. 張九成：《孟子傳》，收入《景印文淵閣四庫全書》，〈經部〉190，〈四書類〉，冊196。

221. 張之洞：《張文襄公全集》（台北：文海出版社，1980年）。

222. 張文嘉：《重定齊家寶要》（據北京圖書館分館藏清康熙刻本影印；收入《四庫全書存目叢書》，〈經部〉，〈禮類〉，冊115）。

223. 張在舟：《曖昧的歷程：中國古代同性戀史》（鄭州：中州古籍出

版社，2001年）。

224. 張伯行輯，夏錫疇錄：《課子隨筆鈔》（台北：文史哲出版社，1987年）。

225. 張伯行：《正誼堂文集》（據吉林大學圖書館藏清乾隆刻本影印；收入《四庫全書存目叢書》，〈集部〉，〈別集類〉，冊254）。

226. ＿＿＿＿：《學規類編》（清《正誼堂全書》本）。

227. 張宏生：《明清文學與性別研究》（南京：江蘇古籍出版社，2002年）。

228. 張廷玉：《澄懷園語》（據光緒二年〔1876〕《嘯園叢書》本影印；收入《叢書集成續編》，〈社會科學類〉，冊60）。

229. ＿＿＿＿：《澄懷園詩選》（據北京圖書館分館安徽省圖書館藏清乾隆刻《澄懷園全集》本影印；收入《四庫全書存目叢書》，〈集部〉，〈別集類〉，冊262）。

230. 張居正：《張太岳先生文集》（明萬曆四十年唐國達刻本）。

231. 常建華：《宗族志》（上海：上海人民出版社，1998年）。

232. ＿＿＿＿：《明代宗族研究》（上海：上海人民出版社，2005年）。

233. ＿＿＿＿：《婚姻內外的古代女性》（北京：中華書局，2006年）。

234. 張英：《聰訓齋語》（《叢書集成初編》本）。

235. ＿＿＿＿：《恆產瑣言》（《叢書集成初編》本）。

236. ＿＿＿＿：《文端集》，收入《景印文淵閣四庫全書》，〈集部〉258，〈別集類〉，冊1319。

237. 張國剛：《家庭史研究的新視野》（北京：生活·讀書·新知三聯書店，2004年）。

238. 張敏杰：《中國古代婚姻與家庭》（杭州：浙江人民出版社，2004年）。

239. 張習孔：《家訓》（據康熙三十四年〔1695〕《檀几叢書》本影印；收入《叢書集成續編》，〈社會科學類〉，冊60）。

240. ＿＿＿＿：《誥清堂集》（據北京圖書館藏清乾隆刻本影印；收入

《四庫全書存目叢書補編》，冊1）。

241. 張惠言：《茗柯文編》（清同治八年刻本）。

242. 張舜徽：《清人文集別錄》（北京：中華書局，1980年）。

243. 張萱：《疑耀》（明萬曆三十六年刻本）。

244. 張壽榮：《成人篇》（據光緒九年〔1883〕花雨樓叢鈔本影印；收入《叢書集成續編》，〈社會科學類〉，冊60）。

245. 張廓：《多妻制度：中國古代社會和家庭結構》（天津：天津古籍出版社，1999年）。

246. 張履祥：《楊園訓子語》，收入張伯行輯，夏錫疇錄：《課子隨筆鈔》。

247. _____：《楊園先生全集》（清同治十年刻重訂《楊園先生全集》本）。

248. 張樹棟、李秀領：《中國婚姻家庭的嬗變》（杭州：浙江人民出版社，1990年）。

249. 張懷承：《中國的家庭與倫理》（北京：中國人民大學出版社，1993年）。

250. 張豔國：《家訓輯覽》（武昌：武漢大學出版社，2007年）。

251. 《從商經》（北京：中國戲劇出版社，2000年）。

252. 《御製詩集》，收入《景印文淵閣四庫全書》，〈集部〉241-250，〈別集類〉，冊1302-1311。

253. 梅文鼎撰，何靜恒、張靜河校：《續學堂詩文鈔》（清乾隆梅穀成刻本）。

254. 曹庭棟：《宋百家詩存》，收入《景印文淵閣四庫全書》，〈集部〉416，〈總集類〉，冊1477。

255. 曼素恩（Susan Mann）著，楊雅婷譯：《蘭閨寶錄：晚明至盛清時的中國婦女》（台北：左岸文化事業公司，2005年）。

256. 曼素恩（Susan Mann）著，定宜莊、顏宜葳譯：《綴珍錄：十八世紀及其前後的中國婦女》（南京：江蘇人民出版社，2005年）。

257. 曹雪芹：《紅樓夢》（清光緒丙子聚珍堂本）。

258. 梅堯臣：《宛陵集》（《四部叢刊》景明萬曆梅氏祠堂本）。

259. 梁顯祖：《教家編》，收入張伯行輯，夏錫疇錄：《課子隨筆鈔》。

260. 清世宗雍正：《聖祖仁皇帝庭訓格言》（據民國九年〔1920〕《留餘草堂叢書》本影印；收入《叢書集成續編》，〈社會科學類〉，冊60）。

261. 《清代詩文集彙編》編纂委員會：《清代詩文集彙編》（上海：上海古籍出版社，2009年）。

262. 畢誠：《中國古代家庭教育》（北京：商務印書館，1997年）。

263. 章義和、陳春雷：《貞節史》（上海：上海文藝出版社，1999年）。

264. 許汝霖：《德星堂家訂》（《叢書集成初編》本）。

265. ＿＿＿＿＿：《德星堂文集》（據浙江圖書館藏清康熙刻本影印；收入《四庫全書存目叢書》，〈集部〉，〈別集類〉，冊253）。

266. 許華安：《清代宗族組織研究》（北京：中國人民公安大學出版社，1999年）。

267. 許慎：《說文解字》（《四部叢刊》景北宋本）。

268. 許維賢：《從豔史到性史：同志書寫與近現代中國的男性建構》（台北：遠流出版事業股份有限公司，2015年）。

269. 陳少華：《閹割、篡弒與理想化：論中國現代文學中的父子關係》（廣州：廣東人民出版社，2005年）。

270. 陸有銓、李國鈞、郭齊家：《中華傳世家訓》（北京：人民日報出版社，1998年）。

271. 陸圻：《新婦譜》（據宣統二年〔1910〕《香豔叢書》本影印；收入《叢書集成續編》，〈社會科學類〉，冊62）。

272. ＿＿＿＿＿：《威鳳堂文集》（清康熙刻本）。

273. 陳宏謀：《五種遺規》（據中國科學院圖書館藏清乾隆四至八年〔1739-1743〕培遠堂刻匯印本影印；收入《續修四庫全書》，

〈子部〉，〈儒家類〉，冊951）。

274. 陶宗儀：《南村輟耕錄》（北京：中華書局，1959年）。

275. 陸林、卜沖：《中華家訓大觀》（合肥：安徽人民出版社，1994年）。

276. _____：《中華家訓》（合肥：安徽人民出版社，2000年）。

277. 郭松義、定宜莊：《清代民間婚書研究》（北京：人民出版社，2005年）。

278. 郭松義：《倫理與生活：清代的婚姻關係》（北京：商務印書館，2000年）。

279. 陸游著，錢仲聯注：《劍南詩稿校注》（上海：上海古籍出版社，1985年）。

280. 陶毅、明欣：《中國婚姻家庭制度史》（北京：東方出版社，1994年）。

281. 陳高華、童芍素編：《中國婦女通史》（杭州：杭州出版社，2010-2011年）。

282. 陳確：《陳確集》（北京：中華書局，1979年）。

283. _____：《乾初先生遺集》（清餐霞軒鈔本）。

284. 郭璞注，邢昺疏：《爾雅注疏》（阮元《十三經注疏》本）。

285. 陸隴其：《三魚堂集》（清康熙刻本）。

286. _____：《陸稼書先生文集》（《叢書集成初編》本）。

287. _____：《治嘉格言》，收入《中國哲學思想要籍叢編》（台北：廣文書局，1975年）。

288. 黃宗羲：《宋元學案》（清道光刻本）。

289. _____：《明文海》（清涵芬樓鈔本）。

290. 黃鴻壽：《清史紀事本末》（民國三年石印本）。

291. 傅山：《霜紅龕家訓》（據道光十三年〔1833〕世楷堂藏板《昭代叢書》本影印；收入《叢書集成續編》，〈社會科學類〉，冊60）。

292. _____：《霜紅龕集》（據清宣統三年〔1911〕山陽丁氏刻本影印；收入《清代詩文集彙編》）。

293. 喻岳衡：《歷代名人家訓》（長沙：岳麓書社，2002年）。

294. 彭玉麟：《彭玉麟集》（長沙：岳麓書社，2003年）。

295. 彭定求：《南畇文稿》（據中央民族大學圖書館藏清雍正四年〔1726〕刻本影印；收入《四庫全書存目叢書》，〈集部〉，〈別集類〉，冊246）。

296. 彭定求等編：《全唐詩》（北京：中華書局，1960年）。

297. 惠周惕：《硯溪先生集》（清康熙惠氏紅豆齋刻本）。

298. 斯人：《名人家訓》（南京：江蘇文藝出版社，1994年）。

299. 《景印文淵閣四庫全書》（台北：台灣商務印書館，1983-1985年）。

300. 景暹：《景氏家訓》，收入張伯行輯，夏錫疇錄：《課子隨筆鈔》。

301. 曾立煌：《男人本色》（香港：基道出版社，1999年）。

302. 曾國藩：《曾文正公詩文集》（《四部叢刊》景清同治本）。

303. _____：《曾國藩家書家訓日記》（北京：北京古籍出版社，1994年）。

304. 《欽定八旗通志》，收入《景印文淵閣四庫全書》，〈史部〉422-429，〈政書類〉，冊664-671。

305. 《欽定皇朝文獻通考》，收入《景印文淵閣四庫全書》，〈史部〉390-396，〈政書類〉，冊632-638。

306. 《欽定皇朝通典》，收入《景印文淵閣四庫全書》，〈史部〉400-401，〈政書類〉，冊642-643。

307. 湯斌：《湯文正公全集》（《近代中國史料叢刊》本，冊911；台北：文海出版社，1973年）。

308. _____：《湯子遺書》，收入《景印文淵閣四庫全書》，〈集部〉251，〈別集類〉，冊1312）。

309. 湯準：《家訓》，收入張伯行輯，夏錫疇錄：《課子隨筆鈔》。

310. 游鑑明：《無聲之聲（II）：近代中國的婦女與國家（1600-1950）》（台北：中央研究院近代史研究所，2003年）。

311. 焦循：《里堂家訓》（據光緒十一年〔1885〕《傳硯齋叢書》本影印；收入《叢書集成續編》，〈社會科學類〉，冊60）。

312. _____：《雕菰集》（據中國科學院圖書館藏清道光四年〔1824〕阮福嶺南節署刻本影印；收入《續修四庫全書》，〈集部〉，〈別集類〉，冊1489）。

313. 滋賀秀三著，張建國、李力譯：《中國家族法原理》（北京：法律出版社，2003年）。

314. 費正清、中國社會科學院歷史研究所編譯室：《劍橋中國晚清史，1800-1911》（北京：中國社會科學出版社，1993年）。

315. 費成康、方小芬、許洪新、劉華：《中國的家法族規》（上海：上海社會科學出版社，1998年）。

316. 費絲言：《由典範到規範：從明代貞節烈女的辨識與流傳看貞節觀念的嚴格化》（台北：國立台灣大學出版委員會，1998年）。

317. 陽海清、陳彰璜：《中國叢書廣錄》（武漢：湖北人民出版社，1999年）。

318. 馮班：《鈍吟雜錄》（清借月山房彙鈔本）。

319. 黃雲鶴：《唐宋下層士人研究》（石家莊：河北人民出版社，2006年）。

320. 馮瑞龍：《中華家訓：帝王將相的錦囊》（香港：中華書局，1996年）。

321. 馮爾康、常建華：《清人社會生活》（天津：天津人民出版社，1990年）。

322. 馮爾康：《18世紀以來中國家族的現代轉向》（上海：上海人民出版社，2005年）。

323. _____：《清史史料學》（瀋陽：瀋陽出版社，2004年）。

324. _____：《清人生活漫步》（北京：中國社會出版社，1999年）。

325. ＿＿＿＿：《清代人物傳記史料研究》（北京：商務印書館，1999年）。

326. 黃克武：《言不褻不笑：近代中國男性世界中的諧謔、情慾與身體》（台北：聯經出版事業股份有限公司，2016年）。

327. 黃昕瑤：《魏晉名士的友誼觀：友情與友道研究》（新北：花木蘭文化出版社，2012年）。

328. 黃濤：《家規省括》（據清乾隆刻本影印；收入《四庫未收書輯刊》，3輯21冊）。

329. 黃錫蕃：《閩中書畫錄》（民國三十二年《合眾圖書館叢書》本）。

330. 楊杰、王德明、劉翠、墨文莊：《家範，家訓》（海口：海南出版社，1992年）。

331. 楊知秋：《歷代家訓選》（南寧：廣西人民出版社，1988年）。

332. 楊曉婷：《傳世家訓》（台北：絲路出版社，1993年）。

333. 《聖祖仁皇帝御製文集》，收入《景印文淵閣四庫全書》，〈集部〉237-238，〈別集類〉，冊1298-1299。

334. 萬斯同：《石園文集》（據民國二十五年〔1936〕張氏約園刻四明叢書第四集本影印；收入《續修四庫全書》，〈集部〉，〈別集類〉，冊1415）。

335. 董家遵：《中國古代婚姻史研究》（廣州：廣東人民出版社，1995年）。

336. 賈麗英：《誰念西風獨自涼：秦漢兩性關係史》（西安：陝西人民出版社，2008年）。

337. 鄔寶珍：《吉祥錄》（清宣統元年〔1909〕刊本）。

338. 《嘉興大藏經》（台北：新文豐出版公司，1987年）。

339. 廖宜方：《唐代的母子關係》（台北：稻鄉出版社，2009年）。

340. 熊月之、熊秉真：《明清以來江南社會與文化論集》（上海：上海社會科學院出版社，2004年）。

341. 熊章溥、熊世珍等修：《熊氏續修族譜》（清光緒二十年〔1794〕

江陵堂刊本）。

342. 熊節：《性理群書句解》，收入《景印文淵閣四庫全書》，〈子部〉15，〈儒家類〉，冊709。

343. 端方：《大清光緒新法令》（清宣統上海商務印書館刊本）。

344. 端木賜香：《中國傳統文化的陷阱》（北京：長征出版社，2005年）。

345. 翟博：《中國家訓經典》（海口：海南出版社，2002年）。

346. 蒲松齡：《蒲松齡集》（上海：中華書局，1962年）。

347. _____：《聊齋文集》（清道光二十九年邢祖恪鈔本）。

348. 趙世瑜：《腐朽與神奇：清代城市生活長卷》（長沙：湖南出版社，1996年）。

349. _____：《狂歡與日常：明清以來的廟會與民間社會》（北京：三聯書店，2002年）。

350. 趙岐注，孫奭疏：《孟子注疏》（阮元《十三經注疏》本）。

351. 趙忠心：《中國家訓名篇》（武漢：湖北教育出版社，1997年）。

352. 趙炳麟：《趙柏巖集》（台北：文海出版社，1968年）。

353. 趙爾巽等撰：《清史稿》（北京：中華書局，1977年）。

354. 劉向：《古列女傳》（北京：中華書局，1985年）。

355. 劉詠聰：《女性與歷史：中國傳統觀念新探》（香港：香港教育圖書公司，1993年）。

356. _____：《才德相輝：中國女性的治學與課子》（香港：三聯書店有限公司，2015年）。

357. _____：《德・才・色・權：論中國古代女性》（台北：麥田出版，1998年）。

358. 劉詠聰編：《性別視野中的中國歷史新貌》（北京：中國社會科學出版社，2012年）。

359. 劉達臨、劉應杰、張其仔：《社會學家的觀點：中國婚姻家庭變遷》（北京：中國社會出版社，1998年）。

360. 劉達臨、魯龍光：《中國同性戀研究》（北京：中國社會出版社，2005年）。

361. 劉達臨：《中國古代性文化》（銀川：寧夏人民出版社，2003年）。

362. 劉鳳雲、劉文鵬：《清朝的國家認同：「新清史」研究與爭鳴》（北京：中國人民大學出版社，2010年）。

363. 劉廣明：《宗法中國》（上海：上海三聯書店，1993年）。

364. 劉德新：《餘慶堂十二戒》（據康熙三十四年〔1695〕《檀几叢書》本影印；收入《叢書集成續編》，〈社會科學類〉，冊62）。

365. 劉慧英：《走出男權傳統的樊籬：文學中男權意識的批判》（北京：生活・讀書・新知三聯書店，1996年）。

366. 劉燕儷：《唐律中的夫妻關係》（台北：五南圖書出版股份有限公司，2007年）。

367. 劉錦藻：《清朝續文獻通考》（上海：商務印書館，1936年）。

368. 慶桂：《國朝宮史續編》（清嘉慶十一年內府鈔本）。

369. 歐陽修：《集古錄》，收入《景印文淵閣四庫全書》，〈史部〉439，〈目錄類〉，冊681。

370. 潘德輿：《養一齋集》（據清道光二十九年〔1849〕刻本影印；收入《續修四庫全書》，〈集部〉，〈別集類〉，冊1510-1511）。

371. 蔣士銓：《忠雅堂文集》（據山東省圖書館藏清嘉慶二十一年〔1816〕藏園刻本影印；收入《續修四庫全書》，〈集部〉，〈別集類〉，冊1436-1437）。

372. 蔣伊：《蔣氏家訓》（《叢書集成初編》本）。

373. 蔡尚思：《中國禮教思想史》（香港：中華書局，1991年）。

374. 鄧小南、王政、游鑑明編：《中國婦女史研究讀本》（北京：北京大學出版社，2011年）。

375. 鄧小南編：《唐宋女性與社會》（上海：上海辭書出版社，2003年）。

376. 鄭氏：《女孝經》（據津逮祕書本影印；收入《叢書集成初編》，

冊990；北京：中華書局，1991年）。

377. 鄭玄、常青、曉薇、景存：《名門家訓》（西安：三秦出版社，1991年）。

378. 鄭玄注，孔穎達疏：《禮記正義》（阮元《十三經注疏》本）。

379. 鄭玄注，賈公彥疏：《儀禮注疏》（阮元《十三經注疏》本）。

380. 鄭觀應：《羅浮偫鶴山人詩草》（清宣統元年本）。

381. 鄧偉志、張岱玉：《中國家庭的演變》（上海：上海人民出版社，1987年）。

382. 鄭雅如：《情感與制度：魏晉時代的母子關係》（台北：國立台灣大學出版委員會，2001年）。

383. 盧正言：《中國歷代家訓觀止》（上海：學林出版社，2004年）。

384. 盧輔聖、沈明權：《鬚眉法》（上海：上海書畫出版社，1993年）。

385. 閻愛民：《中國古代家教》（台北：台灣商務印書館，1998年）。

386. 戴翊清：《治家格言繹義》（據光緒二十三年〔1897〕《有福讀書堂叢書》本影印；收入《叢書集成續編》，〈社會科學類〉，冊60）。

387. 戴德：《大戴禮記》（《四部叢刊》景明袁氏嘉趣堂本）。

388. 薛瑄：《讀書錄》（明萬曆刻本）。

389. 謝旻：《（康熙）江西通志》，收入《景印文淵閣四庫全書》，〈史部〉271-276，〈地理類〉，冊513-518。

390. 謝啟昆：《樹經堂文集》（據清嘉慶刻本影印；收入《續修四庫全書》，〈集部〉，〈別集類〉，冊1458）。

391. 謝鵬雄：《文學中的男人》（台北：九歌出版社，1992年）。

392. 謝寶耿：《中國家訓精華》（上海：上海社會科學院出版社，1997年）。

393. 鍾于序：《宗規》（據道光十三年〔1833〕世楷堂藏板《昭代叢書》本影印；收入《叢書集成續編》，〈社會科學類〉，冊60）。

394. 韓非：《韓非子》（《四部叢刊》景清景宋鈔校本）。

395. 韓書瑞（Susan Naquin）、羅友枝（Evelyn S. Rawski）著，陳仲丹譯：《十八世紀中國社會》（南京：江蘇人民出版社，2008年）。

396. 鍾敬文、蕭放：《中國民俗史：明清卷》（北京：人民出版社，2008年）。

397. 顏之推：《顏氏家訓》（《四部叢刊》景明本）。

398. 顏光敏：《顏氏家誡》（濟南：山東友誼出版社，1989年）。

399. _____：《樂圃集》（據山東省圖書館藏清康熙刻《十子詩略》本影印；收入《四庫全書存目叢書》，〈集部〉，〈別集類〉，冊218）。

400. 魏收：《魏書》（北京：中華書局，1974年）。

401. 魏象樞：《寒松堂全集》（據遼寧大學圖書館藏清康熙刻本影印；收入《四庫全書存目叢書》，〈集部〉，〈別集類〉，冊213）。

402. 魏源：《魏源集》（北京：中華書局，1976年）。

403. 魏禧：《魏叔子文集》（北京：中華書局，2003年）。

404. 羅竹風、漢語大詞典編輯委員會：《漢語大詞典》（上海：上海辭書出版社，1986-1994年）。

405. 羅貫中：《三國志通俗演義》（明嘉靖元年刻本）。

406. 譚獻：《復堂日記八卷》（北京：學苑出版社，2005年）。

407. _____：《復堂論子書》（據民國二十年〔1931〕《念劬廬叢刊》初編本影印；收入《叢書集成續編》，〈社會科學類〉，冊60）。

408. 關槐：《士林彝訓》（據清乾隆五十四年〔1789〕刻本影印；收入《四庫未收書輯刊》，3輯21冊）。

409. 嚴復著，王栻編：《嚴復集》（北京：中華書局，1986年）。

410. 蘇復之：《金印記》（明刊本）。

411. 釋惠洪：《林間錄》，收入《景印文淵閣四庫全書》，〈子部〉358，〈小說家類〉，冊1052。

412. 《續修四庫全書》（上海：上海古籍出版社，1995年）。

413. 顧鑒塘、顧鳴塘：《中國歷代婚姻與家庭》（台北：台灣商務印書

館，1994年）。

乙、期刊、專集及學位論文

1. 小謝：〈二百年道行，毀於男色——從《閱微草堂筆記》看清代同性戀〉，《書城》，2008年10期（2008年），頁64-66。

2. 巴永貴：〈從社會制度解讀傳統家訓的萌芽、產生和發展〉，《湖南冶金職業技術學院學報》，2009年3期（2009年9月），頁100-103。

3. 尤雅姿：〈由歷代家訓檢視傳統士人家庭之經濟生活模式〉，《思與言》，36卷3期（1998年9月），頁1-59。

4. 方曙明：〈冤哉，「大丈夫」——談談漢語中的詞語反訓現象〉，《學語文》，2003年3期（2003年），頁40-41。

5. 王冬芳：〈早期滿族多妻家庭中的媵妾與妒婦〉，《清史研究》，1995年4期（1995年11月），頁103-106。

6. 王立：〈敢誇巾幗勝鬚眉——女俠與中國古代俠文學主題〉，《古典文學知識》，1995年3期（1995年5月），頁63-70。

7. 牛志平：〈唐代妒婦述論〉，收入鮑家麟編：《中國婦女史論集續集》（台北：稻鄉出版社，1991年），頁55-65。

8. 王長金：〈論傳統家訓的家庭發展觀〉，《浙江社會科學》，2005年2期（2005年3月），頁218-222。

9. 王政、高彥頤、劉禾：〈從《女界鐘》到「男界鐘」：男性主體、國族主義與現代性〉，收入王政、陳雁編：《百年中國女權思潮研究》（上海：復旦大學出版社，2005年），頁1-29。

10. 王若、李曉非、邵龍寶：〈淺談中國古代家訓〉，《遼寧師範大學學報》（社科版），1993年6期（1993年11月），頁39-43。

11. 王容：〈試論清代官方對婦女再嫁的政策和態度〉，《九江學院學報》，2008年2期（2008年），頁48-50。

12. 王偉：〈從滿族家譜看滿族家訓內容〉，《吉林師範大學學報》

（人文社會科學版），2008年4期（2008年8月），頁86-88。

13. 王國林：〈由「鬚眉」和「裙釵」談起——說說漢語的別稱詞〉，《學語文》，2002年4期（2002年），頁46。

14. 王瑜：〈明清士紳家訓中的治生思想成熟原因探析〉，《河北師範大學學報》（哲學社會科學版），2009年2期（2009年3月），頁135-140。

15. 王萬盈：〈魏晉南北朝時期上流社會閨庭的妒悍之風〉，《西北師大學報》（社會科學版），2000年第5期（2000年9月），頁77-82。

16. 王學：〈中國古代家訓的價值取向初探〉，《湖南師範大學教育科學學報》，2005年1期（2005年1月），頁66-70。

17. 牛曉玉：〈試論明清家訓中的德育教育觀〉，《安陽工學院學報》，2008年2期（2008年），頁125-128。

18. 王燕：〈略談中國古代家訓的內容和形式〉，《生活教育》，2008年4期（2008年），頁數缺。

19. 王雙梅：〈中國古代家訓中德育資源探析〉，《船山學刊》，2005年3期（2005年），頁63-65。

20. 付林：〈論傳統家訓的德教思想〉，《吉林師範大學學報》（人文社會科學版），2005年6期（2005年12月），頁76-78。

21. 付慶芬：〈《姚氏家訓》：明清吳興姚氏的望族之道〉，《寧波大學學報》（人文科學版），2009年1期（2009年1月），頁56-61。

22. 朱仰東：〈試論明清小說中妒婦何以成「妒」〉，《延安大學學報》（社會科學版），2008年2期（2008年4月），頁89-92。

23. 朱明勛：〈論曾國藩的家訓思想〉，《西南交通大學學報》（社會科學版），2007年6期（2007年12月），頁132-138。

24. 朱國山：〈形形色色大丈夫〉，《中學生百科》，2008年27期（2008年），頁6-7。

25. 衣若蘭：〈才女史評越扶桑——和刻本李晚芳《讀史管見》的出版與流傳〉，《台大歷史學報》，55期（2015年6月），頁173-217。

26. ＿＿＿＿：〈「天下之治自婦人始」：試析明清時代的母訓子政〉，收入游鑑明編：《中國婦女史論集‧九集》（台北：稻鄉出版社，2011年），頁111-137。

27. ＿＿＿＿：〈明清女性散傳研究〉，收入張顯清編：《第十三屆明史國際學術研討會論文集》（長沙：湖南人民出版社，2011年），頁714-729。

28. ＿＿＿＿：〈誓不更娶——明代男子守貞初探〉，《中國史學》，15期（2005年9月），頁65-86。

29. 何大衛：〈明末清初的「男色」風氣與笠翁之文學作品〉，《中國文學研究》，19期（2004年12月），頁133-158。

30. 何宇軒：〈「為夫之道」：清代家訓所呈現的男性性別角色認知〉，《中國史研究》（大邱），第90輯（2014年6月），頁169-199。

31. ＿＿＿＿：〈明清女性著作研究趨勢初探——附明清女性作品總集、女性別集知見錄〉，《書目季刊》，51卷4期（2018年4月），頁97-116。

32. ＿＿＿＿：〈漸放異彩：中國男性史之賡續研究〉，《漢學研究通訊》，36卷4期（2017年12月），頁26-35。

33. ＿＿＿＿：〈中國男性史研究論著目錄〉，《書目季刊》，49卷2期（2015年12月），頁105-121。

34. ＿＿＿＿：〈方興未艾：學術界的中國男性史研究〉，《漢學研究通訊》，32卷4期（2013年11月），頁1-10。

35. ＿＿＿＿：〈明清女性作家之個別研究論著知見錄〉，《書目季刊》，50卷4期（2017年4月），頁75-114。

36. ＿＿＿＿：〈近年學術界對清代邊疆城市與內地城市經濟的探討：以伊犁、蘇州為例〉，《新北大史學》，13期（2013年5月），頁57-74。

37. ＿＿＿＿：〈書評：*Lost Bodies: Prostitution and Masculinity in Chinese Fiction*〉，《漢學研究》，30卷4期（2012年12月），頁

351-356。

38. _____：〈書評：*Masculinities in Chinese History*〉，《漢學研究通訊》，35卷2期（2016年7月），頁25-27。

39. _____：〈書評：國民革命軍與近代中國男性氣概的形塑，1924-1945〉，《歷史人類學學刊》，10卷1期（2012年4月），頁162-165。

40. _____：〈書評：優游坊廂：明清江南城市的休閑消費與空間變遷〉，《中國史研究》（大邱），第88輯（2014年2月），頁273-278。

41. _____：〈清代女性著作中有關養生議題的探討〉，《新北大史學》，19期（2016年6月），頁25-43。

42. _____：〈清代家訓文獻所呈現的男性人格〉，收入周佳榮、范永聰編：《東亞世界：政治‧軍事‧文化》（香港：三聯書店〔香港〕有限公司，2014年），頁80-100。

43. _____：〈韓愈詩文的性別內容〉，《中正歷史學刊》，15期（2012年12月），頁63-94。

44. 何志宏：〈男色興盛與明清的社會文化〉（國立清華大學碩士論文，2002年）。

45. 何冠彪：〈乾綱獨御、乾綱獨斷──康熙、雍正二帝君權思想的一個側面〉，《漢學研究》，20卷2期（2002年12月），頁275-300。

46. 何炳棣著，張勉勵譯：〈捍衛漢化：駁伊芙琳‧羅斯基之「再觀清代」〉，《清史研究》，2000年1期（2000年2月），頁113-120；2000年3期（2000年8月），頁101-110。

47. 吳友軍：〈「巾幗」、「鬚眉」詞義探源〉，《中學語文園地》（初中版），2008年9期（2008年），頁40。

48. 吳秀華、尹楚彬：〈論明末清初的「妒風」及妒婦形象〉，《中國文學研究》，2002年3期（2002年），頁42-47。

49. 吳建華：〈湯斌毀「淫祠」事件〉，《清史研究》，1996年1期（1996年），頁93-98。

50. 吳瑞元：〈古代中國同性情慾歷史的研究回顧與幾個觀點的批評〉，收入何春蕤編：《從酷兒空間到教育空間》（台北：麥田出版股份有限公司，2000年），頁159-197。

51. 呂妙芬：〈陽明學者的講會與友論〉，《漢學研究》，17卷1期（1999年6月），頁79-104。

52. 呂凱鈴：〈李尚暲、錢韞素合集所見之夫婦情誼：清代友愛婚姻一例〉，《中國文化研究所學報》，50期（2010年1月），頁189-217。

53. 宋光宇：〈試論明清家訓所蘊含的成就評價與經濟倫理〉，《漢學研究》，7卷1期（1989年3月），頁195-214。

54. 宋清秀：〈試論明清時期貞節制度的積極意義〉，《中國典籍與文化》，2004年3期（2004年9月），頁66-71。

55. 杜芳琴：〈明清貞節的特點及其原因〉，《山西師大學報》（社會科學版），1997年4期（1997年10月），頁41-46。

56. 李長泰：〈孟子「大丈夫」人格思想探析〉，《船山學刊》，2006年4期（2006年），頁83-86。

57. 李桂奎：〈論中國古代小說男性軀體描寫的「動物化」傾向〉，《商丘師範學院學報》，2004年3期（2004年6月），頁38-42。

58. 李晶：〈清代滿族女性家庭地位特點的人類學闡釋〉，《中華女子學院山東分院學報》，2007年2期（2007年），頁27-31。

59. 李景文：〈中國古代家訓文化透視〉，《河南大學學報》（社會科學版），1998年6期（1998年11月），頁114-118。

60. 李慧：〈明清帝王教子比較研究——以家訓為視角〉，《黑龍江科技信息》，2009年14期（2009年），頁119。

61. 李輝：〈男性視角下的傳統女性形象分析〉，《河南師範大學學報》（哲學社會科學版），2006年3期（2006年5月），頁182-184。

62. 沈時蓉：〈中國古代家訓著作的發展階段及其當代價值〉，《北京化工大學學報》（社會科學版），2002年4期（2002年），頁5-10、28。

63. 那曉凌：〈明清時期的「義夫」旌表〉，《北京大學研究生學志》，2007年2期（2007年），頁51-65。

64. 周宗賢：〈清代台灣節孝烈婦的旌表研究〉，《台北文獻》，35期（1976年3月），頁113-155。

65. 周淑屏：〈清代男同性戀文學作品研究〉（私立能仁書院碩士論文，1997年）。

66. 孟志安：〈漫說中國古代家訓〉，《閱讀與寫作》，2007年7期（2007年7月），頁34-35。

67. 岸本美緒：〈妻可賣否？——明清時代的賣妻典妻習俗〉，收入陳秋坤、洪麗完編：《契約文書與社會生活（1600-1900）》（台北：中央研究院台灣史研究所籌備處，2001年），頁225-263。

68. 宗玉磊：〈在選擇中繼承與發揚——對中國傳統家訓文化的理性再審視〉，《考試周刊》，2008年19期（2008年），頁220-221。

69. 岳孝利：〈明清時期家教文化研究〉（曲阜師範大學碩士論文，2003年）。

70. 定宜莊：〈滿族早期的一夫多妻制及其在清代的遺存〉，《清史研究》，1998年4期（1998年11月），頁37-47、81。

71. ＿＿＿＿：〈由美國的「新清史」研究引發的感想〉，《清華大學學報》（哲學社會科學版），2008年1期（2008年），頁9-11。

72. 林雨潔：〈明男色小說研究——以《龍陽逸史》《弁而釵》《宜春香質》為本〉（佛光大學碩士論文，2005年）。

73. 林慧芳：〈《弁而釵》、《宜春香質》與《龍陽逸史》中的男色形象研究〉（國立中正大學碩士論文，2004年）。

74. 林慶：〈家訓的起源和功能——兼論家訓對中國傳統政治文化的影響〉，《雲南民族大學學報》（哲學社會科學版），2004年3期（2004年5月），頁72-76。

75. 林錦香：〈中國家訓發展脈絡探究〉，《廈門教育學院學報》，2011年4期（2011年11月），頁45-51。

76. 姜碧純：〈淺析孟子的「大丈夫」思想〉，《武警學院學報》，2008年3期（2008年3月），頁55-57。

77. 施敏鋒：〈古代家訓中的教化意蘊及其當下價值探析〉，《長江大學學報》（社會科學版），2009年2期（2009年4月），頁226-227。

78. 施曄：〈晚明男色小說及其文化價值〉，《上海師範大學學報》（哲學社會科學版），2008年3期（2008年5月），頁82-89。

79. 段江麗：〈「傳統」中的「現代性」——中國古代文學中的「審父」意識〉，《中國文化研究》，2008年3期（2008年8月），頁65-74。

80. 胡國台：〈家譜所載家族規範與清代律令——以錢糧、刑名與社會秩序為例〉，收入聯合報文化基金會國學文獻館編：《第六屆亞洲族譜學術研討會會議記錄》（台北：聯經出版社，1993年），頁267-311。

81. 胡敏：〈試析中國古代男性人體審美尚陰柔之成因〉，《福建論壇》（社科教育版），2008年12期（2008年），頁10-12。

82. 孫小力：〈悍婦與益友——晚明江南婦女的家庭角色新變〉，《深圳大學學報》（人文社會科學版），2007年6期（2007年11月），頁142-146。

83. 孫倩：〈傳統家訓中的德育觀及現實價值〉，《長江大學學報》（社會科學版），2009年1期（2009年2月），頁195-196。

84. 徐少錦：〈試論中國歷代家訓的特點〉，《道德與文明》，1992年3期（1992年6月），頁9-12。

85. 徐秀麗：〈中國古代家訓通論〉，《學術月刊》，1995年7期（1995年7月），頁27-32、91。

86. 徐紫雲：〈從《三言》中女性覺醒看明代士人的訴求〉，《江西社會科學》，2007年11期（2007年11月），頁109-112。

87. 秦起秀：〈明末男色靡行的表現和成因〉，《文教資料》，2007年18期（2007年6月），頁114-116。

88. 翁珮倫：〈明代之婆媳關係〉（國立中正大學歷史所碩士論文，2009年）。

89. 馬婷：〈古代家訓自立教育的啟示〉，《內蒙古師範大學學報》（教育科學版），2005年6期（2005年），頁85-87。

90. 張弘：〈宗法宗族制度下明清時期的婦女婚姻生活〉，《中華女子學院山東分院學報》，2001年2期（2001年），頁32-35。

91. 張兆凱：〈魏晉南北朝的妒婦之風〉，《文史知識》，1993年10期（1993年10月），頁114-118。

92. 張孟珠：〈人身安全之憂：清代貞節實踐的困境〉，《政大史粹》，10期（2006年6月），頁89-130。

93. 張明富：〈明清士大夫女性意識的異動〉，《東北師大學報》（哲學社會科學版），1996年1期（1996年1月），頁14-19。

94. 張經科：〈孟子的大丈夫論〉，《孔孟月刊》，35卷3期（1996年11月），頁11-20。

95. 張壽安：〈十八、十九世紀中國傳統婚姻觀念的現代轉化〉，《近代中國婦女史研究》，8期（2000年6月），頁41-87。

96. 張瀛太：〈照花前後鏡，情色交相映——《品花寶鑑》中的男色世界〉，《中國文學研究》，13期（1999年5月），頁227-247。

97. 莊亭：〈何為大丈夫〉，《領導文萃》，2007年11期（2007年），頁164-166。

98. 許水濤：〈清代族規家訓的社會功能〉，收入中國人民大學清史研究所編：《清史研究集‧第八輯》（北京：中國人民大學出版社，1997年）。

99. 陳水根：〈曾國藩家訓詩文書法美育思想述論〉，《江西教育學院學報》，1998年2期（1998年），頁數缺。

100. 郭玉峰：〈略論漢代士大夫階層的母子關係〉，《聊城師範學院學報》（哲學社會科學版），2001年1期（2001年），頁51-55。

101. 郭守信：〈「士有朋友」——古代社會人際關係初探（上）〉，

《文化學刊》，2007年3期（2007年），頁142-150。

102. _____：〈「士有朋友」——古代社會人際關係初探（下）〉，
《文化學刊》，2007年4期（2007年），頁145-153。

103. 陳延斌：〈中國古代家訓論要〉，《徐州師範大學學報》（哲學社
會科學版），1995年3期（1995年5月），頁125-128。

104. 郭松義：〈清代婦女的守節和再嫁〉，《浙江社會科學》，2001年
1期（2001年1月），頁124-132。

105. 郭長華：〈傳統家訓的文化功能論略〉，《河南社會科學》，2008
年4期（2008年7月），頁180-182。

106. 陳弱水：〈近世中國心靈中的社會觀——以童蒙書、家訓、善書為
觀察對象〉，見其《公共意識與中國文化》（台北：聯經出版事業
股份有限公司，2005年），頁139-182。

107. 陳捷先：〈清代族譜家訓與儒家倫理〉，收入聯合報文化基金會國
學文獻館編：《第二屆亞洲族譜學術研討會會議記錄》（台北：聯
經出版社，1985年）。

108. _____：〈康熙好色〉，《歷史月刊》，193期（2004年2月），頁
47-53。

109. 陳節：〈古代家訓中的道德教育思想探析〉，《東南學術》，1996
年2期（1996年3月），頁70-74。

110. 陳靜梅：〈男越女界：論晚明兩部同性戀小說集的性別意義〉，
《南京師大學報》（社會科學版），2007年4期（2007年7月），頁
119-123。

111. 陳寶良：〈從「義夫」看明代夫婦情感倫理關係的新轉向〉，《西
南大學學報》（人文社會科學版），2007年1期（2007年1月），頁
48-55。

112. 傑之：〈傳統著名人物的家訓與現代家庭的演變〉，《樂清會
刊》，10期（2007年6月），頁28-33。

113. 彭定光：〈論清代家庭道德生活〉，《倫理學研究》，2008年6期

（2008年11月），頁18-24。

114. 彭衛：〈漢代「大丈夫」語匯考〉，《人文雜誌》，1997年5期
（1997年9月），頁73-75。

115. 曾凡貞：〈論中國傳統家訓的起源、特徵及其現代意義〉，《懷化
學院學報》，2006年4期（2006年4月），頁1-4。

116. 黃勇生：〈男性情愛的想像與期待——論《品花寶鑑》〉，《宜春
學院學報》，2008年1期（2008年2月），頁86-89。

117. 黃建軍、高志忠：〈湯斌與康熙的詩文交往考論〉，《內蒙古大
學學報》（哲學社會科學版），2010年3期（2010年5月），頁123-
128。

118. 黃衛總：〈「情」「欲」之間——清代豔情小說《姑妄言》初
探〉，《明清小說研究》，1999年1期（1999年），頁213-223。

119. _____：〈晚明朋友楷模的重寫：馮夢龍《三言》中的友倫故事〉，
《人文中國學報》，2012年18期（2012年12月），頁225-238。

120. 馮國華：〈清朝滿族婚姻型態與相關律令研究成果述評〉，《史
耘》，6期（2000年9月），頁93-103。

121. 馮爾康：〈清代的婚姻制度與婦女的社會地位述論〉，見其《顧真
齋文叢》（北京：中華書局，2003年），頁184-224。

122. _____：〈清代的家庭結構及其人際關係〉，《文史知識》，1987
年第11期（1987年），頁1-6。

123. 黃興濤：〈清代滿人的「中國認同」〉，《清史研究》，2011年1
期（2011年2月），頁1-12。

124. 廉萍：〈「今古未有之一人」——試論賈寶玉對傳統男性形象的背
離〉，《紅樓夢學刊》，1998年2期（1998年3月），頁316-324。

125. 楊雨：〈中國男性文人氣質柔化的社會心理淵源及其文學表現〉，
《文史哲》，2004年2期（2004年），頁107-112。

126. 楊欽英：〈論孟子仁智勇統一的大丈夫理想人格〉，《學理論》，
2009年16期（2009年），頁146-147。

127. 楊華：〈90年代以來古代家訓文化研究綜述〉，《甘肅農業》，2006年5期（2006年），頁214-215。

128. 楊寧寧：〈從《史記》看古人交友〉，《學術論壇》，2007年8期（2007年8月），頁164-168。

129. 溫克勤：〈談古代的家庭道德教育－家訓〉，《南開學報》，1982年6期（1982年11月），頁71-75。

130. 葉平：〈北宋中期諸儒「君臣朋友」的觀念與政治理想〉，《華章》，2009年14期（2009年），頁24-25。

131. 路彩霞：〈清代喪偶女性的家庭責任問題——以中下層女性為主的考察〉，《中華女子學院學報》，2006年5期（2006年10月），頁78-81。

132. 熊秉真：〈建構的感情：明清家庭的母子關係〉，收入盧建榮編：《性別、政治與集體心態：中國新文化史》（台北：麥田出版社，2001年），頁315-341。

133. 趙世瑜：〈冰山解凍的第一滴水——明清時期家庭與社會中的男女兩性〉，《清史研究》，1995年4期（1995年12月），頁93-99。

134. 趙璐：〈重義輕利：中國傳統家訓族規教化的價值選擇〉，《晉中學院學報》，2008年4期（2008年8月），頁105-108。

135. 劉佳：〈清代婆媳沖突管窺〉，《清史研究》，2007年3期（2007年8月），頁100-104。

136. 劉振修：〈「鬚眉」與「巾幗」〉，《閱讀與寫作》，2010年7期（2010年7月），頁12。

137. 劉鳳山：〈古代家訓對當代家庭教育的啟示和借鑑〉，《科學決策》，2008年11期（2008年），頁133-134。

138. 劉劍康：〈論中國家訓的起源——兼論儒學與傳統家訓的關係〉，《求索》，2000年2期（2000年2月），頁107-112。

139. 劉豔琴：〈論《三言》中士之交友〉，《時代文學》（下半月），2009年7期（2009年7月），頁122-123。

140. 蔡邦光：〈心坎里別是一般疼痛──論為丈夫、父親角色之湯顯祖〉（2006中國撫州湯顯祖國際學術研討會論文，江西省撫州社科院，2006年）。

141. 蔣明宏、曾佳佳：〈清代蘇南家訓及其特色初探〉，《社會科學戰線》，2010年4期（2010年4月），頁133-138。

142. 蔣海漁：〈中國古代家訓教育〉，《山西高等學校社會科學學報》，2009年10期（2009年10月），頁107-109。

143. 衛周安（Joanna Waley-Cohen）著，董建中譯：〈新清史〉，《清史研究》，2008年1期（2008年2月），頁109-116。

144. 鄭漫柔：〈清代家訓中的家庭理財觀念〉，《黑龍江史志》，2010年9期（2010年），頁11-12。

145. 鄭曉江：〈論「大丈夫」的人格與氣節〉，《孔孟學報》，67期（1994年3月），頁64-77。

146. 盧嘉琪：〈清代廣嗣思想研究〉（香港浸會大學哲學博士論文，2007年）。

147. 賴惠敏：〈清朝父權對婦女婚姻的影響〉，收入漢學研究中心編：《中國家庭及其倫理研討會論文集》（台北：漢學研究中心，1999年），頁177-201。

148. 錢泳宏：〈清代的夫妻關係──基於《大清律例》與刑科檔案的法文化考察〉，《南通大學學報》（社會科學版），2010年5期（2010年9月），頁44-51。

149. 戴素芳：〈傳統家訓的倫理理念及其當代價值〉，《道德與文明》，2007年3期（2007年6月），頁31-33。

150. ＿＿＿＿：〈曾國藩家訓倫理思想探略──兼論其在現代社會的意義〉，《湘潭師範學院學報》（社會科學版），2000年4期（2000年7月），頁17-20。

151. 謝金穎：〈明清家訓及其價值取向研究〉（東北師範大學碩士論文，2007年）。

152. 謝鵬雄：〈《野叟曝言》中的假聖人——大男人主義的範例〉，見其《文學中的男人》（台北：九歌出版社，1992年），頁53-62。

153. 鍾豔攸：〈明清家訓族規之研究〉（國立台灣師範大學歷史研究所博士論文，2003年）。

154. 羅友枝（Evelyn S. Rawski）著，張勉勵譯：〈再觀清代在中國歷史上的重要性〉，《清史研究》，1999年2期（1999年5月），頁113-117、124。

155. 羅香萍：〈略論孟子的理想人格——以大丈夫為例〉，《讀與寫》（教育教學刊），2009年8期（2009年8月），頁83、157。

156. 譚德紅：〈俠氣、才氣、骨氣——試論柳如是作品的鬚眉之氣〉，《中華女子學院山東分院學報》，2007年1期（2007年），頁58-60。

（二）英文資料

甲、專書

1. Bays, Daniel H. *China Enters The Twentieth Century: Chang Chih-tung and the Issues of a New Age, 1895-1909.* Ann Arbor: University of Michigan Press, 1978.

2. Birdwhistell, Joanne D. *Mencius and Masculinities: Dynamics of Power, Morality, and Maternal Thinking.* Albany: State University of New York Press, 2007.

3. Boretz., Avron. *Gods, Ghosts, and Gangsters: Ritual Violence, Martial Arts, and Masculinity on the Margins of Chinese Society.* Honolulu: University of Hawai'i Press, 2011.

4. Brod, Harry. *The Making of Masculinities: The New Men's Studies.* Boston: Allen & Unwin, 1986.

5. Brokaw, Cynthia Joanne. *The Ledgers of Merit and Demerit: Social Change and Moral Order in Late Imperial China.* Princeton, N.J.:

Princeton University Press, 1991.

6. Brownell, Susan and Jeffrey N. Wasserstrom, eds. *Chinese Femininities/ Chinese Masculinities: A Reader*. Berkeley: University of California Press, 2002.

7. Connell, Raewyn. *Gender and Power: Society, the Person and Sexual Politics.*Cambridge, UK: Polity Press, 1987.

8. Crossley, Pamela Kyle. *A Translucent Mirror: History and Identity in Qing Imperial Ideology*. Berkeley: University of California Press, 1999.

9. Ebrey, Patricia Buckley. *The Inner Quarters: Marriage and the Lives of Chinese Women in the Sung Period*. Berkeley, L.A. & London: University of California Press, 1993.

10. _____. *Women and The Family in Chinese History*. London and New York: Routledge, 2003.

11. Ebrey, Patricia Buckley and James L. Watson, eds. *Kinship Organization in Late Imperial China, 1000-1940*. Berkeley, California: University of California Press, 1986.

12. Ebrey, Patricia Buckley and Rubie S. Watson, eds. *Marriage and Inequality in Chinese Society*. Berkeley: University of California Press, 1991.

13. Edwards, Louise P. *Men and Women in Qing China: Gender In The Red Chamber Dream*. Honolulu: University of Hawai'i Press, 2001.

14. Elman, Benjamin A. *Civil Examinations and Meritocracy in Late Imperial China*. Cambridge, MA: Harvard University Press, 2013.

15. Fong, Grace S., Nanxiu Qian, and Harriet T. Zurndorfer, eds. *Beyond Tradition and Modernity: Gender, Genre, and Cosmopolitanism in Late Qing China*. Leiden and Boston: Brill, 2004.

16. Forth, Christopher E. *Masculinity in The Modern West: Gender, Civilization and The Body*. Basingstoke; New York: Palgrave Macmillan, 2008.

17. Franklin, Clyde W. *The Changing Definition of Masculinity.* New York: Plenum Press, 1984.

18. Gardiner, Judith Kegan. *Masculinity Studies and Feminist Theory: New Directions.* New York: Columbia University Press, 2002.

19. Gerth, Karl. *China Made: Consumer Culture and the Creation of the Nation.* Cambridge: Harvard University Asia Center, 2003.

20. Goodman, Bryna and Wendy Larson, eds. *Gender in Motion: Divisions of Labor and Cultural Change in Late Imperial and Modern China.* Lanham, Boulder, New York and Oxford: Rowman and Littlefield Publishers, 2005.

21. Griffith, Brian. *A Galaxy of Immortal Women: The Yin Side of Chinese Civilization.* New York: Exterminating Angel Press, 2012.

22. Gulik, Robert Hans van and Paul R. Goldin, eds. *Sexual Life in Ancient China, a Preliminary Survey of Chinese Sex and Society from ca. 1500 B.C. till 1644 A.D.* Leiden: Brill, 2003.

23. _____. *Erotic Colour Prints of the Ming Period: with an Essay on Chinese Sex Life from the Han to the Ch'ing Dynasty, B.C. 206-A.D. 164.* Leiden: Brill, 2004.

24. Harding, Jennifer. *Sex Acts: Practices of Femininity and Masculinity.* London; Thousand Oaks, Calif.: Sage, 1998.

25. Hinsch, Bret. *Masculinities in Chinese History.* Lanham, MD: Rowman and Littlefield Publishers, 2013.

26. _____. *Passions of The Cut Sleeve: The Male Homosexual Tradition in China.* Berkeley: University of California Press, 1990.

27. Ho, Clara Wing-chung, ed. *Biographical Dictionary of Chinese Women: The Qing Period, 1644-1911.* Armonk, New York and London: M.E. Sharpe, 1998.

28. _____, ed. *Overt and Covert Treasures: Essays on the Sources for*

Chinese Women's History. Hong Kong: Chinese University Press, 2012.

29. Hobson, Barbara Meil. *Making Men into Fathers: Men, Masculinities, and The Social Politics of Fatherhood*. Cambridge, UK; New York: Cambridge University Press, 2002.

30. Hsü, Immanuel C.Y. *The Rise of Modern China*. New York and Oxford: Oxford University Press, 2000.

31. Huang, Martin W. *Male Friendship in Ming China*. Leiden and Boston: Brill, 2007.

32. _____. *Negotiating Masculinities in Late Imperial China*. Honolulu: University of Hawai'i Press, 2006.

33. _____. *Desire and Fictional Narrative in Late Imperial China*. Cambridge: Harvard University Press, 2001.

34. _____. *Intimate Memory: Gender and Mourning in Late Imperial China*. Albany, NY: State University of New York, 2018.

35. Kang, Wenqing. *Obsession: Male Same-Sex Relations in China, 1900-1950*. Hong Kong: Hong Kong University Press, 2009.

36. Karl, Rebecca E. and Peter Zarrow, eds. *Rethinking The 1898 Reform Period: Political and Cultural Change in Late Qing China*. Cambridge, Mass.: Harvard University Asia Center, 2002.

37. Kimmel, Michael S. and R.W. Connell, eds. *Handbook of Studies on Men & Masculinities*. Thousand Oaks, Calif.: Sage Publications, 2005.

38. Kimmel, Michael S. *Changing Men: New Directions in Research on Men and Masculinity*. Newbury Park, Calif.: Sage Publications, 1987.

39. Ko, Dorothy. *Teachers of The Inner Chambers: Women and Culture in Seventeenth-Century China*. Stanford, California: Stanford University Press, 1994.

40. Leaman, Oliver. *Friendship East and West: Philosophical Perspectives*. Surrey: Curzon, 1996.

41. Louie, Kam and Morris Low, eds. *Asian Masculinities: The Meaning and Practice of Manhood in China and Japan*. London: RoutledgeCurzon, 2003.

42. Louie, Kam, ed. *Changing Chinese Masculinities: From Imperial Pillars of State to Global Real Men*. Hong Kong: Hong Kong University Press, 2016.

43. Louie, Kam. *Chinese Masculinities in a Globalizing World*. Abingdon, Oxon and New York: Routledge, 2015.

44. _____. *Theorising Chinese Masculinity: Society and Gender in China*. Cambridge: Cambridge University Press, 2002.

45. Lu, Weijing. *True to Her Word: The Faithful Maiden Cult in Late Imperial China*. Stanford, CA: Stanford University Press, 2008.

46. _____. *Arranged Companions: Marriage and Intimacy in Qing China*. Seattle: University of Washington Press, 2021.

47. Lu, Tonglin. *Gender and Sexuality in Twentieth-century Chinese Literature and Society*. Albany: State University of New York Press, 1993.

48. Mann, Susan. *Precious Records: Women in China's Long Eighteenth Century*. Stanford, California: Stanford University Press, 1997.

49. _____. *Gender and Sexuality in Modern Chinese History*. New York: Cambridge University Press, 2011.

50. May, Larry. *Masculinity and Morality*. Ithaca: Cornell University Press, 1998.

51. Murphy, Peter F. *Feminism and Masculinities*. Oxford; New York: Oxford University Press, 2004.

52. Naquin, Susan and Evelyn S. Rawski, eds. *Chinese Society in The Eighteenth Century*. New Haven: Yale University Press, 1987.

53. Peterson, Willard J., ed. *The Cambridge History of China, vol. 9: The Ch'ing Dynasty, Part 1: To 1800*. Cambridge, Mass.: Cambridge University Press,

2002.

54. Pong, David and Edmund S.K. Fung, eds. *Ideal and Reality: Social and Political Change in Modern China, 1860-1949*. Lanham, Md.: University Press of America, 1985.

55. Qian Nanxiu, Grace S. Fong and Richard J. Smith, eds. *Different Worlds of Discourse: Transformations of Gender and Genre in Late Qing and Early Republican China*. Leiden and Boston: Brill, 2008.

56. Rawski, Evelyn S. *The Last Emperors: A Social History of Qing Imperial Institutions*. Berkeley: University of California Press, 1998.

57. Reeser, Todd W. *Masculinities in Theory: An Introduction*. Chichester; Malden, MA: Wiley-Blackwell, 2010.

58. Rouzer, Paul F. *Articulated Ladies: Gender and The Male Community in Early Chinese Texts*. Cambridge, Mass.: Harvard University Asia Center, 2001.

59. Rowe, William T. *China's Last Empire: The Great Qing*. Cambridge, Mass.: Belknap Press of Harvard University Press, 2009.

60. Schillinger, Nicolas. *The Body and Military Masculinity in Late Qing and Early Republican China: The Art of Governing Soldiers*. Lanham: Lexington Books, 2016.

61. Scott, Joan Wallach. *Gender and the Politics of History*. New York: Columbia University Press, 1988.

62. Seidler, Victor J. *Unreasonable Men: Masculinity and Social Theory*. London; New York: Routledge, 1994.

63. Smith, Richard J. *China's Cultural Heritage: The Ch'ing Dynasty, 1644-1912*. Boulder: Westview Press, 1994.

64. Sommer, Matthew H. *Polyandry and Wife-Selling in Qing Dynasty China: Survival Strategies and Judicial Interventions*. Oakland, CA: University of California Press, 2015.

65. _____. *Sex, Law and Society in Late Imperial China*. Stanford: Stanford University Press, 2000.

66. Song, Geng and Derek Hird, eds. *Men and Masculinities in Contemporary China*. Leiden: Brill, 2014.

67. Song, Geng. *The Fragile Scholar: Power and Masculinity in Chinese Culture*. Hong Kong: Hong Kong University Press, 2004.

68. Spence, Jonathan D. *The Search for Modern China*. New York: Norton, 1990.

69. Spence, Jonathan D. and John E. Wills, Jr, eds. *From Ming to Ch'ing: Conquest, Region and Continuity in Seventeenth-Century China*. New Haven: Yale University Press, 1979.

70. Stearns, Peter N. *Be A Man!: Males in Modern Society*. New York: Holmes & Meier, 1990.

71. Szonyi, Michael. *Practicing Kinship: Lineage and Descent in Late Imperial China*. Stanford, California: Stanford University Press, 2002.

72. Theiss, Janet M. *Disgraceful Matters: The Politics of Chastity in Eighteenth-Century China*. Berkeley and Los Angeles, California: University of California Press, 2004.

73. T'ien Ju-k'ang. *Male Anxiety and Female Chastity: A Comparative Study of Chinese Ethical Values in Ming-Ching Times*. Leiden: E.J. Brill, 1988.

74. Fairbank, John King and Kwang-Ching Liu, eds. *The Cambridge History of China, vol. 10-11: Late Qing, 1800-1911*. Cambridge: Cambridge University Press, 1987.

75. Vitiello, G. *The Libertine's Friend: Homosexuality and Masculinity in Late Imperial China*. Chicago: The University of Chicago Press, 2011.

76. Waltner, Ann Beth. *Getting an Heir: Adoption and The Construction of Kinship in Late Imperial China*. Honolulu: University of Hawai'i Press,

1990.

77. Wu, Cuncun. *Homoerotic Sensibilities in Late Imperial China.* London and New York: RoutledgeCurzon, 2004.

78. Yang, Binbin. *Heroines of the Qing: Exemplary Women Tell Their Stories.* Seattle: University of Washington Press, 2016.

79. Zamperini, Paola. *Lost Bodies: Prostitution and Masculinity in Chinese Fiction.* Leiden; Boston: Brill, 2010.

80. Zhong, Xueping. *Masculinity Besieged?: Issues of Modernity and Male Subjectivity in Chinese Literature of The Late Twentieth Century.* Durham: Duke University Press, 2000.

81. Zhou, Zuyan. *Androgyny in Late Ming and Early Qing Literature.* Honolulu: University of Hawai'i Press, 2003.

乙、期刊、專集及學位論文

1. AHR Forum."Gender and Manhood in Chinese History."*American Historical Review* 105, no. 5 (2000): 1559-1667.

2. Carlitz, Katherine."Desire, Danger, and the Body: Stories of Women's Virtue in Late Ming China."In Christina K. Gilmartin, *et al.* eds., *Engendering China: Women, Culture, and the State.* Cambridge, Mass.: Harvard University Press, 1994.

3. Davis, Adrian."AHR Forum-Fraternity and Fratricide in Late Imperial China."*American Historical Review* 105, no. 5 (December 2000): 1630-1640.

4. Feng, Jin."The Great (Surrogate) Mother of the West: the Genealogy of Masculinity in Yung Wing's My Life in China and America."*Tamkang Review* 35, no. 1 (Fall 2004): 57-78.

5. Furth, Charlotte."Androgynous Males and Deficient Females: Biology and Gender Boundaries in Sixteenth- and Seventeenth-Century

China."*Late Imperial China* 9, no. 2 (December 1998): 1-31.

6. _____."The Patriarch's Legacy: Household Instructions and the Transmission of Orthodox Values."In Liu Kwang-Ching, ed., *Orthodoxy in Late Imperial China.* Berkeley: University of California Press, 1990.

7. Gerritsen, Anne."Friendship Through Fourteenth-Century Fissures: Dai Liang, Wu Sidao and Ding Henian."*Nan Nü: Men, Women and Gender in China* 9, no. 1 (March 2007): 34-69.

8. Grant, Beata."*Da Zhangfu*: The Gendered Rhetoric of Heroism and Equality in Seventeenth-Century Chan Buddhist Discourse Records."*Nan Nü: Men, Women and Gender in China* 10, no. 2 (September 2008): 177-211.

9. Hershatter, Gail and Wang Zheng,"Chinese History: A Useful Category of Gender Analysis."*American Historical Review* 113 (December 2008): 1404-1421.

10. Hinsch, Bret."Male Honor and Female Chastity in Early China."*Nan Nü: Men, Women and Gender in China* 13, no. 2 (September 2011): 169-204.

11. Ho, Ping-ti."The Significance of the Ch'ing Period in Chinese History."*The Journal of Asian Studies* 26, no. 2 (February 1967): 189-195.

12. _____."In Defense of Sinicization: A Rebuttal of Evelyn Rawski's "Reenvisioning the Qing."*The Journal of Asian Studies* 57, no.1 (February 1998): 123-155.

13. Huang, Martin W."A Selected Bibliography of Secondary Sources (a List of Articles Related to Male Friendship in Chinese History) ."*Nan Nü: Men, Women and Gender in China* 9, no. 1 (March 2007): 179-184.

14. _____."Introduction: Remembering Female Relatives: Mourning and Gender in Late Imperial China."*Nan Nü: Men, Women and Gender in*

China 15, no. 1 (March 2013): 4-29.

15. _____."Male-Male Sexual Bonding and Male Friendship in Late Imperial China."*Journal of the History of Sexuality* 22, no. 2 (May 2013): 312-331.

16. _____."Negotiating Wifely Virtues: Guilt, Memory and Grieving Husbands in Seventeenth-Century China."*Nan Nü: Men, Women and Gender in China* 15, no. 1 (March 2013): 109-136.

17. Kutcher, Norman."AHR Forum-The Fifth Relationship: Dangerous Friendships in the Confucian Context."*American Historical Review* 105, no. 5 (December 2000): 1615-1629.

18. Lam, Joseph S.C."Music and Male Bonding in Ming China."*Nan Nü: Men, Women and Gender in China* 9, no. 1 (March 2007): 70-110.

19. Lo, Kwai-Cheung."Review of *Theorising Chinese Masculinity: Society and Gender in China*."*Philosophy East and West* 56, no. 3 (July 2006): 497-499.

20. Lui, Hoi Ling."Gender, Emotions, and Texts: Writings to and about Husbands in Anthologies of Qing Women's Works."M.Phil. dissertation, Hong Kong Baptist University, 2010.

21. Mann, Susan."Women's History, Men's Studies: New Directions in Research on Gender in Late Imperial China."In Huang Kewu, ed., *Gender and Medical History*. Taipei: Institute of Modern History, Academia Sinica, 2002.

22. _____."AHR Forum-The Male Bond in Chinese History and Culture."*American Historical Review* 105, no. 5 (December 2000): 1600-1614.

23. _____."Grooming a Daughter for Marriage: Brides and Wives in the Mid-Ch'ing Period."In Rubie S. Watson, and Patricia B. Ebrey, eds., *Marriage and Inequality in Chinese Society*. Berkeley: University of

California Press, 1991.

24. McDermott, Joseph P."Friendship and Its Friends in the Late Ming."In Institute of Modern History, Academia Sinica, ed., *Family Process and Political Process in Modern Chinese History*. Taipei: Institute of Modern History, Academia Sinica, 1992.

25. McIsaac, Lee."AHR Forum-'Righteous Fraternities'and Honorable Men: Sworn Brotherhoods in Wartime Chongqing."*American Historical Review* 105, no. 5 (December 2000): 1641-1655.

26. Meyer-Fong, Tobie."Packaging the Men of Our Times: Literary Anthologies, Friendship Networks, and Political Accommodation in the Early Qing."*Harvard Journal of Asiatic Studies* 64, no. 1 (June 2004): 5-56.

27. Nye, Robert A."AHR Forum-Kinship, Male Bonds, and Masculinity in Comparative Perspective."*American Historical Review* 105, no. 5 (December 2000): 1656-1666.

28. Paderni, Paolo."Fighting for Love: Male Jealousy in Eighteenth-Century China."*Nan Nü: Men, Women and Gender in Early and Imperial China* 4, no. 1 (March 2002): 35-69.

29. Rawski, Evelyn S."Presidential Address: Reenvisioning the Qing: The Significance of the Qing Period in Chinese History."*The Journal of Asian Studies* 55, no. 4 (November 1996): 829-850.

30. _____."The Qing Formation and the Early-modern Period."In Lynn A. Struve, ed., *The Qing Formation in World-historical Time*. Cambridge, Mass.: Harvard University Asia Center, 2004.

31. Ruan, Fangfu."Homosexuality: From Golden Age to Dark Age."In Fangfu Ruan, ed., *Sex in China: Studies in Sexology in Chinese Culture*. New York: Plenum Press, 1991.

32. Russell, Terence C."The Spiritualization of Feminine Virtue: Religion

and Social Conservativism in the Late Qing."In Steven Totosy de Zepetnek and Jennifer Jay, eds., *East Asian Cultural and Historical Perspectives: Histories and Society, Culture and Literatures*. Edmonton: Research Institute for Comparative Literature and Cross-Cultural Studies, University of Alberta, 1997.

33. Sommer, Matthew H."Dangerous Males, Vulnerable Males, and Polluted Males: The Regulation of Masculinity in Qing Dynasty Law."In Susan Brownell and Jeffrey N. Wasserstrom, eds., *Chinese Femininities/Chinese Masculinities: A Reader*. Berkeley: University of California Press, 2002.

34. Tao, Chia-lin Pao."Women and Jealousy in Traditional China."In Institute of History and Philology, Academia Sinica, ed., *Papers on Society and Culture of Early Modern China*. Taibei: Institute of History and Philology, Academia Sinica, 1992.

35. Telford, Ted A."Family and State in Qing China: Marriage in the Tongcheng Lineages, 1650-1880."In Institute of Modern History, Academia Sinica, ed., *Family Process and Political Process in Modern Chinese History*. Taipei: Institute of Modern History, Academia Sinica, 1992.

36. Theiss, Janet."Explaining the Shrew: Narratives of Spousal Violence and the Critique of Masculinity in Eighteenth-century Criminal Cases (Shrewish Women) ."In Robert E. Hegel and Katherine Carlitz, eds., *Writing and Law in Late Imperial China: Crime, Conflict, and Judgment*. Seattle: University of Washington Press, 2007.

37. Vitiello, G."The Forgotten Tears of the Lord of Longyang: Late Ming Stories of Male Prostitution and Connoisseurship."In De Meyer, J. and Engelfriet, P., eds., *Linked Faiths: Essays on Chinese Religions and Traditional Chinese Culture in Honour of Kristofer Schipper*. Brill: Leiden, 2000.

38. _____."Exemplary Sodomites: Male Homosexuality in Late Ming

Fiction."Ph.D. dissertation, University of California, Berkeley, 1994.

39. _____."Exemplary Sodomites: Chivalry and Love in Late Ming Culture."*Nan Nü: Men, Women and Gender in Early and Imperial China* 2, no. 2 (April 2000): 207-257.

40. Volpp, Sophie."Classifying Lust: The Seventeenth-Century Vogue for Male Love."*Harvard Journal of Asiatic Studies* 61, No. 1 (June 2001): 77-117.

41. Waley-Cohen, Joanna."The New Qing History."*Radical History Review* 88 (Winter 2004): 193-206.

42. Wu, H. Laura."Through the Prism of Male Writing: Representation of Lesbian Love in Ming-Qing Literature."*Nan Nü: Men, Women and Gender in Early and Imperial China* 4, no. 1 (March 2002): 1-34.

43. Zhou, Lili."The Reconstruction of Masculinity in China, 1896-1930."Ph.D. dissertation, University of Technology, Sydney, 2012.

44. Zhou, Zuyan."Aspiring to Be A *Da Zhangfu*: Masculinization in Late Imperial Chinese Literature."*Tamkang Review* 35, no.1 (Fall 2004): 79-117.

（三）日文資料（專書）：

1. 谷田孝之：《中國古代家族制度論考》（東京：東海大學出版會，1989年）。

2. 滋賀秀三：《中國家族法の原理》（東京：創文社，1975年）。

3. 愛新覺羅・顯琪、江守五夫：《滿族の家族と社會》（東京：第一書房，1996年）。

（四）電子資料

1. 「中國歷代人物傳記資料庫」（http://isites.harvard.edu/icb/icb.do？keyword=k35201）。

2. 「中國基本古籍庫」（http://library.hkbu.edu.hk/hkbuonly/accd.html）。

3. 「漢典：男兒膝下有黃金、鰥男、大丈夫、男子漢、好漢、男兒、鬚眉」（http://www.zdic.net/）。

史地傳記類　PC1010　讀歷史138

丈夫守則與「齊家」之道
——清代家訓中的男性建構

作　　者/何宇軒
責任編輯/陳彥儒
圖文排版/楊家齊
封面設計/劉肇昇

發　行　人/宋政坤
法律顧問/毛國樑　律師
出版發行/秀威資訊科技股份有限公司
　　　　　114台北市內湖區瑞光路76巷65號1樓
　　　　　電話：+886-2-2796-3638　傳真：+886-2-2796-1377
　　　　　http://www.showwe.com.tw
劃撥帳號/19563868　戶名：秀威資訊科技股份有限公司
　　　　　讀者服務信箱：service@showwe.com.tw
展售門市/國家書店（松江門市）
　　　　　104台北市中山區松江路209號1樓
　　　　　電話：+886-2-2518-0207　傳真：+886-2-2518-0778
網路訂購/秀威網路書店：https://store.showwe.tw
　　　　　國家網路書店：https://www.govbooks.com.tw

2021年9月　BOD一版
定價：300元
版權所有　翻印必究
本書如有缺頁、破損或裝訂錯誤，請寄回更換

讀者回函卡

國家圖書館出版品預行編目

丈夫守則與「齊家」之道：清代家訓中的男性建構 /
何宇軒著. -- 一版. -- 臺北市：秀威資訊科技股份有
限公司, 2021.09
　　面；　公分. -- (史地傳記類；PC1010)(讀歷史；
138)
　　BOD版
　　ISBN 978-986-326-958-8(平裝)

　1. 性別研究　2. 男性　3. 家訓　4. 清代

544.7　　　　　　　　　　　　　　110012313